国学经典

姜忠喆／主编

鉴古中国兴衰成败　通五千年沧桑流变

中国通史

辽海出版社

【第三卷】

前 言

　　中国是一个拥有五千年灿烂文明史，又充满着生机与活力的泱泱大国。中华民族以其先辉的历史屹立于世界的东方。

　　在中华民族的历史长河中，曾创造了无数的文明奇迹，谱写了许多不朽的篇章。

　　自公元前 3000 至公元前 21 世纪，是中国文明初起的时代，也就是历史上三皇五帝时期。"三皇"是伏羲、女娲与神农。"五帝"为黄帝、颛顼、帝喾、唐尧与虞舜。后来黄帝统一各部，所以中华民族一向自称为"黄帝后裔"，又因炎、黄两部落融合成华夏民族，故也称为"炎黄子孙"。

　　公元前 21 世纪至公元前 17 世纪，是中国第一个王朝——夏王朝时期。夏朝的建立标志着中国若干万年的原始社会基本结束，数千年的阶级社会从此开始，它的诞生成为中华文明史上的一个重要里程碑。夏朝总共传了 14 代 17 个王，延续近 500 年。

　　商汤灭夏，是历史的进步。新建立的商王朝，虽然在社会形态上与夏王朝并无区别，但是它的诞生，毕竟给古代社会内部注入了新的活力，健全了古代阶级社会的机制。所以古书对商汤伐桀灭夏一事给予了充分的肯定，认为"汤武革命，顺乎天而应乎人"。

　　商朝共历 30 主 17 世。

　　西周从武王灭商建国，到幽王亡国，一以共历近 300 年，是中华文明的一个重要时期，也是中华古典文明的全盛时期，它的物质、精神文明对后世历史的发展产生了深远的影响。

周朝经历了 37 代天子，共 800 多年。

春秋时期，是中国历史上社会经济急剧变化、政治局面错综复杂、军事斗争层出不穷、学术文化异彩纷呈的一个变革时期，是中华古代文明逐渐递嬗为中世纪文明的过渡时期。

据史书记载，春秋 242 年间，有 36 名君主被杀、52 个诸侯国被灭，有大小战事 480 多起，诸侯的朝聘和盟会 450 余次。

战国时期，战争愈来愈多，愈打愈大。据统计，从周元王元年（公元前 475 年）至秦王政二十六年（公元前 221 年）的 255 年中，有大小战争 230 次。

公元前 221 年，秦王嬴政灭六国，终于建立了中国历史上第一个统一的多民族的中央集权的国家——秦，历史从此翻开了新的一页。

为了加强对全国的统治，使秦帝国长治久安、万世不移，秦始皇在政治、军事、经济、交通、文化及对外开拓诸方面，采取了一系列新的政策。

西汉是中国的一个黄金时代，在国力上达到空前的强盛，疆域也是扩张到空前的辽阔，势力也伸展至中亚。

东汉皇统屡绝，外蕃入侵，母后与天子多无骨肉之亲，所以多凭外戚专政。及至天子年壮，欲收回大权，必然和外戚发生冲突，于是天子引宦官密谋除掉外戚。此一时期，外戚、宦官明争暗斗，此起彼伏。

公元 581 年，北周相国杨坚接受北周静帝的"禅让"称帝，国号"隋"，建元"开皇"。

隋继承了北周的强大，等内部安定后，随即在 589 年灭南方的陈国，结束了 270 余年的大混战，统一了中国。

唐代把中国封建时期的繁荣昌盛推向了顶峰：有发达的农业、手工业和商业，纺织、染色、陶瓷、冶炼、造船等技术也都有了进一步的发展。

宋朝时，中华文化继续发展，是中华文化的鼎盛期，唐代最突出的成就是诗歌，而宋代在教育、经学、史学、科技、词等方面都超越了唐代。

南宋的历史都与抗击北方外族的战争相关，从 1127 年开始，南宋王朝对金王朝进行了 5 次战争，最后被蒙古人所灭。

1271 年，蒙古大汗忽必烈把原来属西夏帝国、金帝国、宋帝国、大理帝国和蒙古本土合并成一个帝国，国号"大元"。不断的征战和元政府的歧视汉人政策，导致汉人不断地反抗，元朝皇帝终被逐出中原，回到蒙古故地，元帝国也随之灭亡。

朱元璋建立的大明王朝，使中华民族从一个厄运又走进另一个黑暗的长夜。

明末，"辽饷""剿饷""练饷"加重了给百姓的负担。政治腐朽，贪污成风，是明末的一大痼疾。明王朝终于在内忧外患之下，走向灭亡。

明王朝的腐败，再加上李自成的暴动，加速了这个汉族建立的封建王朝的灭亡。取而代之的是中国北方的清王朝。清王朝是中国的最后一个王朝。清朝前期它带领中国进入了另一个强盛时代。

19 世纪中期以后，清王朝迅速衰败。鸦片战争之后，英、美、法、俄、日等国家不断强迫清政府签订各种不平等条约。自此，中国逐渐沦为半殖民地半封建社会。

1911 年孙中山领导的辛亥革命，推翻了清王朝 368 年的统治，同时也结束了延续 2000 多年的封建君主制，建立了中华民国，这是中国近代史上最伟大的事件之一。

但随后中国又陷入了新的混乱之中，新旧、大小军阀连年混战，日本侵略者大举入侵。以毛泽东等为代表的中国共产党人，经过 28 年艰苦卓绝的斗争，终于在 1949 年 10 月 1 日建立了崭新的中华人民共和国，中国人民自此走向新生。

《中国通史》是一部全景式再现中国历史的大型图书，它在吸收国内史学研究成果的基础上，将中华文明悠久历史沉淀下来的丰富的图文资料，按历史编年的形式进行编排，直观地介绍中国历史的发展进程，全书共分 6 册，以众多珍贵图片，配以 160 多万字的文字叙述，全方位地介绍中国历史的荣辱兴衰，内容涵盖政治、军事、经济、文化、外交、科技、法律、宗教、艺术、民俗等各个领域。

因编写时间仓促、编者水平所限，书中难免存在疏漏之处，敬请广大读者与专家学者批评指正。

《中国通史》编委会

目　录

宋、辽、夏、金

（916—1279 年）

元　朝

（1271—1368 年）

明　朝

（1368—1644 年）

周　朝

郭威建立周朝

951 年，后汉权臣郭威灭后汉而建立周朝。郭威出身贫寒，后应募从军，先后随石敬瑭、刘知远征战，屡建功绩，官至后汉枢密使、邺都（今河北大名）留守兼天雄军节度使。后汉末年，吏治败坏，将相之间互相倾轧，内部矛盾十分尖锐。乾祐三年（950 年）底，隐帝刘承祐一日之间即剪除权臣杨邠、史弘肇、王章等 3 人，尽灭其族，又密遣使臣赴邺都，欲杀禁军大将王殷和郭威。郭威等被迫起兵反叛，率军南下，攻克开封，隐帝为乱军所杀。郭威请李太后（后汉高祖刘知远妻）临朝听政，议立刘知远之侄、武宁节度使刘赟为帝。后郭威诬称契丹南侵，遂受命率禁军北上抵御。军至澶州（今河南濮阳），将士哗变，拥郭威为帝，返回汴京。刘赟行至宋州（今河南商丘），被杀。次年（951 年）正月，郭威即帝位，改元广顺，国号周，史称后周。郭威即后周太祖。

周世宗柴荣改革

郭威在位期间，已在政治、经济诸方面进行了局部改革，国力大为增强。郭威在位 4 年死去，其养子柴荣即位，是为周世宗。周世宗统治时期又进一步将改革引向深入。在经济方面，他奖励耕织，招抚流亡，规定逃户庄田处理法，把中原无主荒地分配给逃户耕种；颁布均田图，均定河南 6 0 州的租赋，虽显贵亦不能免，取消两税外的苛捐杂税；抑制寺院经济，废寺院 3 万多所，勒令大批僧尼还俗为国家编户，限制剃度出家，悉毁铜佛以铸钱；兴修水利，治理黄河，整顿漕运。在政治方面，继续提倡文治，重用文臣主持朝政；整顿科举，再开制举，广搜人才；进一步澄清吏治，严惩贪官污吏，严治弄虚作假；将地方机构中判官一职的任免权收归朝廷，加强中央集权；广采群言，令朝官撰写《为君难为臣不易论》及《平边策》各一篇，以供参考；制定法典，修定《大周刑统》，一改过去法制紊乱、刑法滥酷的状态。在军事方面，提出"凡兵务精不务多"的原则，裁汰老弱，选择精壮，武艺精湛者选为"殿前诸班"，即皇帝禁军。柴荣的各项改革，进一步打击了悍夫武将的势力，加强了封建中央政治、经济和军事实力，遂进行统一全国的战争：西取后蜀秦（今甘肃天水）、凤（今陕西凤县）、阶（今甘肃武都）、成（今甘肃成县）

4 州，南收南唐长江以北 14 州 64 县之地，北复契丹所占淤口、益津、瓦桥 3 关及莫（今河北雄县南）、瀛（今河北河间）、易（今河北易县）3 州。疆域较前四代为大。

宋取代周

显德六年（959 年），柴荣病死，年仅 7 岁的恭帝继位。次年，为禁军大将赵匡胤取代。后周亡。历 3 帝，共 10 年。

十国概况

吴国（892—937 年）

吴国是由杨行密建立的。杨行密，庐州合肥（今安徽合肥）人，出身普通农民家庭，身材魁梧，能举 300 斤重，又智勇双全，善于争取人心。早年应募为州兵，因受上司欺压，带头起事，自称八营都知兵马使。淮南节度使高骈以他为淮南押牙。不久，杨行密率兵占据庐州，高骈即封他为庐州刺史。

唐光启三年（887 年），高骈部将毕师铎反叛，攻陷扬州，幽禁高骈，杨行密就以讨伐叛军为名，进攻扬州，夺取地盘。

这次扬州争夺战两军相持长达半年之久，扬州成为一座孤岛，内外交困。城中无粮，一斗米值 50 缗，树皮、草木都被吃光，居民只好以观音土充饥，后来竟出现人吃人的现象。军士抓到人卖给肉店，屠户就把活人宰割出售，甚至有的夫妻、父子被互相捆系在一起送到屠门任人宰割，扬州城内仅因饥饿致死者过半。杨行密攻破扬州城的时候，城中只剩居民数百家，都饿得不像人样了。

杨行密率军进驻扬州，自称淮南留后，以后又攻破孙儒军队。唐景福元年（892 年）八月，唐昭宗任杨行密为淮南节度使、同平章事（宰相衔），以田頵为"知宣州留后"，以安仁义为润州刺史。

景福二年（893 年）八月，杨行密占歙州。十月，又得舒州。唐乾宁元年（894 年）至三年，杨行密先后占领黄、濠、寿、蕲、光州，据有淮南大部地区。

乾宁三年（896 年）七月，凤翔节度使李茂贞逼京师。此时，杨行密上表昭宗，请迁都江淮。而朱温则请昭宗迁都洛阳；王建请迁都成都。史称三人"皆欲迎天子，挟之以令诸侯"。由此可知，此时杨行密已与朱温、王建分庭抗礼。

乾宁四年（897 年）九月，朱温大举进攻杨行密。朱温遣部将庞师古率 7 万兵屯清口（楚州），以攻取扬州；葛从周屯安丰县（今寿春东南 60 里），以攻取寿州（治寿春）；朱温自率兵屯宿州（符离）。淮南震恐。杨行密与部将朱瑾率兵 3 万至楚州。十一月初二，朱瑾与侯瓒率 5000 骑渡淮水，从清口之北向南攻；杨行密亲率大军从清口之南向北攻。在淮南军的南北夹击之下，大败朱温军，斩其大将庞师古及将士万余人，余众皆溃。葛从周闻庞师古败，遂逃奔淮北。杨行密击退朱温的大举进攻，"由是，遂保据江、淮之间，（朱温）不能与之争"，唐天复二年（902 年）三月，唐昭宗拜杨行密为吴王，杨行密建立吴政权，国都为扬州。

唐天复三年（903 年）八月，杨行密部将田𫖯在宣州叛变，而杨行密部将、润州团练使安仁义也在润州举兵反杨行密。杨行密于当年十一月收复宣州，斩田𫖯。唐天祐二年（905 年）正月，杨行密收复润州，斩安仁义。吴国复有宣、润二州。当年二月，吴攻占鄂州。十一月，杨行密病死，庙号太祖。

杨行密死后，长子杨渥即位。后梁开平二年（908 年）渥死，其弟隆演立。后梁贞明五年（919 年）四月，杨隆演即吴王位，"建宗庙、社稷，设百官如天子之制"，改年号为武义元年。六年，隆演死，其弟杨溥即吴国王位。后晋天福二年（937 年）九月，吴国灭亡。

南唐（937—976 年）

南唐是徐温的养子徐知诰建立的。后晋天福二年（937 年）十月，徐知诰篡夺吴国政权，于金陵（今南京市）即皇帝位，改国号为唐，即南唐。北宋开宝九年（976 年）正月，南唐为宋所灭。

徐知诰原名李昇（888—943 年），徐州彭城（今江苏徐州）人，出身低贱。唐乾宁二年（895 年），被杨行密收为养子，但为杨行密诸子所不容，杨行密遂使大将徐温收养，冒姓徐，名知诰。

后梁开平二年（908 年），杨渥死，杨隆演继为吴王，大将徐温专政。徐温自镇广陵（今扬州），又以徐知诰为升州（治今南京）防遏使。不久，徐知诰任升州刺史，治理金陵。修建金陵"治城市府舍甚盛"。

后梁贞明三年（917 年），徐温至金陵，见城市府舍甚盛，爱其繁富，遂留金陵，迁徐知诰为润州团练使。贞明四年六月，徐温子徐知训，在扬州被平卢节度使朱瑾杀死。朱瑾怒知训暴虐，故杀死他。而吴王杨隆演因畏惧徐温，故拒绝承担责任，迫使朱瑾自杀。徐知诰闻扬州乱，从润州引兵渡长江至扬州。徐温"乃以知诰代知训执吴政"，徐温自己则"总吴朝大纲"。

后梁贞明五年（919 年）四月，在徐温的劝进之下，杨隆演即吴国王位，"建宗庙、社稷，置百官，宫殿、文物皆用天子礼"。加徐温"大丞相、都督中外诸军事"等官爵。八月，徐温以吴国王隆演名义遣使与吴越王钱镠通好，"自是，吴国休兵息民，三十余州民乐业者二十余年"。贞明六年五月，杨隆演死，其弟杨溥即吴国王位。后唐天成二年（927 年）徐温死。徐知诰将徐温另一子徐知询从金陵召入扬州，并将金陵兵征调扬州，徐知诰"自是始专吴政"。

后唐长兴三年（932年），徐知诰扩建金陵城，扩建后的金陵城周围20里。又以其子景通镇守金陵。后唐清泰元年（934年），徐知诰又在金陵大建私人住宅，并从扬州移居金陵私宅。徐知诰的这些举措，皆为其篡夺政权、迁都做准备。迫于形势，吴国王杨溥于后晋天福二年（937年）二月，遣使至金陵，册封徐知诰为齐王。徐知诰更名"诰"，去"知"字，以示不与徐氏兄弟排名。九月，吴国王杨溥命江夏王杨璘奉玺绶至金陵（不久，杨溥被迁至润州丹阳宫）。十月初五日，齐王徐诰即皇帝位于金陵，改元"升元"，改国号为唐，复姓李氏。

李昇当皇帝后，不忘根本，他穿着朴素，平时穿蒲履鞋，夏天在寝殿穿麻布衫。他不用金银玉器，平时用的是一个铁脸盆，宫殿没有扩建，侍候他的宫女也不多，而且经常裁减其中的老丑者。由于他本人以身作则，南唐的宫廷在当时的各国中是没有奢侈风的。

在政治上，李昇也注意澄清吏治，不让外戚、宦官干政。有一次，他派宦官去祭庐山，这位宦官一路上吃鱼吃肉，不遵守斋戒的规定，回到金陵后，这位宦官还自称一路上素食，酒肉不沾。其实，李昇早已派人监视，当场揭穿他说："你在某处买鱼吃，某处买肉吃，怎么能说素食至今？"吓得那个宦官面如土色，服罪认错。李昇妃种氏，想让自己的儿子为继承人，对李昇说："江王景逖（种氏所生）的才能超过齐王景通（即长子李璟，宋氏所生）。"李昇认为她非法干政，将她幽禁别室，又令她削发为尼。由于李昇治国有道，南唐的政治比较清明，国势也日益强盛，文化事业也逐渐发展起来，成为当时中国经济文化相当发达的先进地区。

后周显德三年（956年），周世宗亲征淮南。此后至显德五年，后周夺得南唐江北10州。当年二月，李璟遣使献江北尚未被后周占领的4州。至此，南唐淮南、江北所有14州土地皆入后周。五月，李璟去帝号，改称"国主"，"凡天子仪制皆从降损"。

北宋建隆元年（960年）三月，南唐国主李璟遣使向宋朝进贡绢2万匹、银万两，贺宋太祖赵匡胤即皇帝位。建隆二年二月，宋太祖迁李璟于洪州（南昌），以李璟子李从嘉为太子，留金陵监国。六月，李璟死，李从嘉继为国主，更名为"煜"。开宝八年（975年）三月，吴越攻占常州。六月，宋师及吴越兵联军围润州，南唐守将刘澄以城降。十一月，宋师及吴越军攻陷金陵。开宝九年正月，南唐后主李煜至宋朝汴京（开封）。宋太祖御明德楼，李煜以下"白衣纱帽至楼下待罪"，南唐灭亡。太平兴国三年（978年）七月，李煜死。

前蜀国（891—925 年）

前蜀国为王建所建。王建在据有西川、东川、山南西道，即今四川广大地区以后，于后梁开平元年（907 年）即皇帝位，建立蜀国，即中国历史上的"前蜀"地方政权。后唐同光三年（923 年）灭于后唐。

王建（847—918 年），许州舞阳县（今属河南）人，少时以贩私盐为生，后应募为兵，升为军将。黄巢起义时，他为监军杨复光部下八都将之一，参与镇压起义军。唐大顺二年（891 年），攻占成都，自称西川留后。唐天复三年（903 年），唐封王建为蜀王。后梁开平元年（907 年），朱温篡唐，王建也就在四川称帝，国号蜀。据有整个四川以及汉中等地。

王建自己不识字，但他却很重视文士，厚待唐朝的名臣世族。王建称帝后，以唐末著名文人韦庄为宰相，又任命张格、王锴为翰林学士。唐末中原丧乱，到蜀地避难的文人学士、世家子弟很多，王建对他们照顾得十分周到，经常与他们交谈，让他们参与国家典章制度的拟定。有人说他过于优待文士，王建回答说："我做神策军将官的时候，晚上在宫中宿卫，经常看到皇帝召见学士，态度恳切，好像是同僚朋友一般。现在我对文士的礼遇，还不及当时的百分之一，怎么能说过头呢？"这些文人学士，有丰富的文化知识，对发展蜀中文化起了积极的作用。

后梁贞明四年（918 年），王建死，太子王衍继位。王衍耽于游乐，不理国政。中书令王宗弼与内枢密使宋光嗣内外擅权，选拔官吏不看才干，而是根据行贿的多少。皇太后、皇太妃也各以教令干政，直接下教令出卖刺史、县令等官职。王衍的亲信吏部侍郎文思殿大学士韩昭等人也作威弄权，根据亲旧关系选拔官吏。一时，政出多门，混乱不堪。王衍平时不是在宫中宴饮，就是到外面游乐。有一年，他声称要亲征凤翔，率领妃嫔随从由成都往汉中，王衍身着金甲，头戴珠帽，装束古怪，人不像人，神不像神，随从队伍连亘百余里。百姓们远远望见，以为是灌口妖神下凡，急忙各自躲入房中持香叩头。王衍还命人沿途搜寻美女，阆州百姓何康有一女儿长得十分美丽，已受聘待嫁，王衍得知后命人强行抢来，结果此女的丈夫因过度悲伤而死去。

王衍的奢侈腐化，倒行逆施，使得前蜀朝政不举，士庶离心，后唐同光三年（925 年），后唐庄宗李存勖发兵攻蜀，王衍降，前蜀亡。前蜀共传两主，存 23 年。

后蜀国（923—965 年）

孟知祥（874—934 年），邢州龙冈（河北邢台西南）人。其父孟道是晋王李克用部将，孟知祥任"亲卫军使"。李克用死后，李存勖即皇帝位，建立后唐。李存勖庙号庄宗。庄宗以太原府（今晋阳）为北京，以孟知祥为太原尹、北京留守。

925年，后唐灭蜀，后唐庄宗就以孟知祥为剑南西川节度使。933年，后唐封孟知祥为蜀王，第二年，孟知祥称帝，国号蜀，史称后蜀。同年，孟知祥死，儿子孟昶继位。

在孟知祥、孟昶统治时期，后蜀境内很少发生战乱，维持了几十年的安定局面，统治者在国政治理上也能实行一些发展经济、改良政治的措施，后蜀的社会经济有所发展。孟昶又亲自写了一篇《官箴》，颁发郡县，告诉地方官吏们说，你们的官俸官禄，都是民脂民膏，不要作为百姓的父母官，还做出侵夺百姓、虐待民众的坏事。其中有"无令侵削，无使疮痍，下民易虐，上天难欺"4句，后来被宋太祖选出作为座右铭，令各地郡县刻石置于公座前。

为了避免武将专横跋扈，改善地方吏治，后蜀统治者曾罢免武将们兼领的节度使职务，改由文臣担任。对于贪官污吏，也能从重惩处。眉州刺史申贵在任职期间贪赃枉法，残害百姓，他指使狱中盗贼诬告平民百姓为同党，百姓如果贿赂他就没事，如果不贿赂则会遭到迫害。他常指着监狱的大门对左右的人说："这是我家的钱窟。"孟昶得知后，即贬申贵为维州司户，尚未到达任所，又在途中将他赐死，眉州百姓得知后，非常高兴，奔走相告。

但是，后蜀统治者生活奢侈腐化，做了不少劳民伤财的事，孟昶曾建筑新宫，下令大选民女入宫，凡年在13岁以上20岁以下的美貌女子都要选入宫中，一时举国骚动，百姓们纷纷将女儿嫁出，当时叫做"惊婚"。尽管有人劝谏，孟昶仍选美不止，使后宫人满为患。孟昶的生活起居，极为豪奢，连所使用的溺器，也用七宝做装饰。更为严重的是，孟昶在一批宿将旧臣退出政治舞台之后，重用一些误国害民的奸佞之臣，专擅朝政，搞得后蜀国政日衰。宋乾德三年（965年），终于为宋所灭。后蜀共传2主，共33年。

吴越国（902—978年）

唐天复二年（902年），钱镠建立的吴越地方政权，都城在杭州，控制了太湖和浙江地区。北宋太平兴国三年（978年）灭亡，存在76年。在吴越时期，太湖和浙江地区社会经济有显著的发展。

后梁开平四年（910年）八月，于杭州城外濒浙江筑捍海石塘。上起六和塔，下抵艮山门外。塘外植"滉柱"（即在水坝外栽植数尺高的方形石柱）10余行，用以缓和海浪对堤坝的冲击。

同年，又于吴越北部置龙山、浙江两闸。浙江"江源自歙州界东北流经界石山，又东北经州治（钱塘县）北，又东北流入于海。江涛每日昼、夜再上……小则水渐涨不过数尺；大则涛涌高至数丈"。筑两闸，是用来控制江潮入海。

后梁乾化五年（915年），在苏州设置"都台营使"主管水利。招募士卒曰"撩清军"，在太湖旁设"撩清军"4部，共七八千人，治河筑堤，疏通太湖至海的水路。一路自太湖东经吴淞江入海；一路自太湖北向"急水港"，下"淀山湖"入海。旱则引水种田；涝则引水出田。又在越州会稽县疏浚鉴湖（南湖）。

后汉乾祐二年（949年），钱弘俶在位，募民能垦荒者，听其垦荒，免其赋税，"由是，境内无弃田"。又置营田卒数千人，在淞江"辟地面耕"。

继唐景福二年筑杭州罗城之后，又于后梁开平四年（910年），扩建杭州城，"大修台馆"；又筑子城。开二门，南曰"通越门"；北曰："只门"。史称，在杭州的水利工程和扩建城市之后，"钱塘富庶由是盛于东南"。

由于吴越的北面与西面邻吴，南面邻闽，三面受敌，因而钱镠一直向中原王朝称臣纳贡。钱镠临终嘱咐其子元瓘："子孙善事中国（指中原王朝），勿以易姓，废事大之礼。"因而，吴越国始终向中原王朝称臣纳贡。

从后唐至北宋开宝年间的50余年中，吴越国向中原王朝进贡的物品，除了茶和干姜以外，均属手工业产品。其中以各种精美丝织品尤为突出。秘色瓷器，是当时重要的新产品。细纸、精制木橱、藤箱也反映了吴越地区手工业生产水平的提高。吴越地区贡品数量之大是隋唐五代史书中仅见的。尤其值得注意的是，愈到后来数量愈大。以金银而论，后唐同光年间贡白金5000两，而至北宋开宝年间贡白金10万两；后晋天福年间贡金器500两，至北宋开宝年间则贡金银器物6000两。天福以前贡绫绢数千匹，而至后周、北宋初年，动辄数万匹。这都说明：吴越国在其存在的70余年中，太湖、浙江地区的社会经济，特别是手工业有了长足的发展。

楚国（907—951年）

楚国为马殷所建。楚国据有湖南以及广西、广东部分地区。

马殷（852—930年），许州鄢陵县（今属河南）人。唐僖宗中和年间为忠武军（忠武军节度使为秦宗权，治所在蔡州）士卒。马殷在忠武军指挥使孙儒、刘建锋麾下以勇敢闻名。孙儒战死淮南，刘建锋、马殷等乃收余众7000人加以整编，以刘建锋为帅、马殷为先锋指挥使。此后转战江西道之豫章（今南昌）、虔、吉等州，队伍不断壮大，有众至10万人。唐昭宗乾宁元年（894年），进军湖南，攻占潭州（今长沙），刘建锋自为"留后"。刘建锋乃庸人，"不能帅其下"，军士杀刘建锋拥马殷为帅。乾宁三年九月，唐廷授马殷潭州刺史、判湖南军府事。光化元年（898年），唐昭宗任马殷为武安军节度使（治所在长沙）。

是时，湖南管内有7州，除潭州以外，"皆以州人聚兵据都"。杨思远据衡州，唐世旻据永州，蔡结据道州，陈彦谦据郴州，鲁景仁据连州。马殷虽为"判湖南军府事",但只据有潭州(今湖南长沙)、邵州(今湖南邵阳)二州而已。自光化三年(899年)五月开始,马殷先后攻占衡、永、郴、连、道等5州,"湖南悉平"。

接着,马殷派遣部将李琼、秦彦晖率兵攻占桂、宜、岩、柳、象(皆属广西)5州。

开平元年(907年)四月,后梁太祖朱温封马殷为楚王。六月,楚王马殷派遣部将秦彦晖攻占岳州。二年五月,秦彦晖又攻占朗州。澧州刺史来降。至此,洞庭湖以东、以西地区亦归马殷占有。

九月,楚王马殷遣步军都指挥使吕师周伐岭南,与清海节度使刘隐多次激战,取其昭、贺、梧、蒙、龚、富(皆属广东)6州。楚王马殷"土地既广,息民礼士,湖南遂安"。

马殷晚年纵情享乐,不理政事,10个儿子也多已成年,眼盯着马殷死后的位置。后唐长兴元年(930年),马殷死,时年79岁。遗命次子希声继立,并命希声之后,诸兄弟依次继立,有违命者斩之,这就打开了马氏诸子内讧、争夺王位的大门。马希声、希范、希广相继当王以后,马希萼不服,从朗州发兵,下岳州,入长沙,杀希广,自立为楚王。马希萼将军政大权交给马希崇掌管,马希崇却勾结宿将徐威等人发动兵变,缚希萼,也自立为楚王。另一位宿将彭师嵩在奉命囚禁马希萼时,却反戈一击,在衡山奉希萼为衡山王,向南唐李璟称臣。马希崇害怕李璟干涉,也请命于南唐。李璟趁此机会,于后周广顺元年(951年)派边镐等统兵入湖南灭亡,楚。楚共传6主,共45年。

马氏亡后,其部将刘言打败南唐守将边镐,赶走唐军,继续据有湖南,但不久为部下所杀。马氏旧将周行逢继位,周行逢注意选择廉洁的官吏,与民休息,湖南才又逐渐得到恢复。传到他的儿子周保权时,为北宋所灭。

闽国(909—945年)

闽国为王潮、王审知兄弟所建。王潮,原是光州固始(今属河南)县佐,父、祖世为农民。黄巢起义时,曾参加到王绪的起义军中。唐光启元年(885年),王潮兄弟随王绪转战江西、福建。王绪不善用人,疾贤妒能,王潮利用众心不服王绪的机会,设计囚禁王绪,夺得义军的领导权。

王潮带兵,纪律严明,深得军心、民心。泉州刺史廖彦若贪暴凶残,使百姓苦不堪言。着老百姓在泉州人张延鲁的率领下携带牛酒迎进王潮。唐光启二年(886年),王潮攻下泉州城,就以这里为根据地,招抚流散的农民,发展生产,减轻赋税,训练士兵,很得民众拥护。唐景福二年(893年),王潮攻占福州,接着占领了福建全境。唐昭宗任命王潮为福建观察使、威武军节度使。唐乾宁四年(898年)初,王潮病逝,王审知接替了他的官职。

后梁开平三年（909年），后梁朱温封王审知为闽王。

王氏兄弟出身贫苦，对民间疾苦比较了解，自己的生活也较为俭朴。他们注意保境安民，减轻赋役，与民休息。在他们两人在位的30多年中，福建境内基本上保持安定的局面，这有利于生产的发展，王氏兄弟特别重视利用福建濒海的优势，发展沿海商业和海外贸易。他们免除繁重的商税，奖励通商，招徕外国商贾。泉州、福州两地，船舶出入频繁，逐渐成为我国重要的商港。当时海外进口商品，主要是香料、珍宝等贵重货物。王审知的侄儿王延彬，在泉州30年，发展海上贸易，被人称为"招宝侍郎"。王审知还广泛搜罗人才，厚待唐末流寓福建的士人，设立学校，对福建文化的发展，起了一定的促进作用。

后唐同光三年（925年），王审知死之后20年间，闽国换了5个国王。兄弟子侄争权夺利，相继死于自相残杀的宫廷事变之中。先是王审知的二儿子王延钧杀死继位的兄长王延翰，自立为国王，9年后，却被儿子王昶谋杀了。接着，王审知少子王延羲杀死侄儿王昶，夺了他的王位，但是，王延羲又与兄弟建州节度使王延政发生混战，后延羲被部将所杀。正当王延政即将占有福建全境的时候，南唐军开始进攻福建，后晋开运二年（945年），南唐兵破建州，俘王延政，闽国亡，闽国共历6主，共37年。

南汉国（917—971年）

刘隐、刘岩兄弟所建。刘隐，原籍上蔡（今属河南），后迁居闽中泉州（今属福建）。刘隐的祖上世代为商贾，自河南移家福建，又因做生意搬迁到南海。刘隐的父亲刘谦，唐末为封州（今广东封开县）刺史，拥有上万人的军队和成百的战舰。刘谦死，刘隐继任封州刺史。后因广州兵变，刘隐率兵前来平息。唐天祐二年（905年），唐任刘隐为清海军（岭南东道）节度使。后梁开平三年（909年），朱温封刘隐为南平王。刘隐死，刘岩继立，先后改名为涉、龚、䶮。后梁贞明三年（917年），刘岩称帝于番禺，国号大越，次年改国号为汉，史称南汉。

南汉皇帝，都极其奢侈。刘岩继位以后，骄奢淫逸，经常携带爱妃幸臣四出巡游，各处的地方官竞相进奉，大肆铺张，以求升迁。刘岩醉心于搜集珍宝，他对国内富商和手下将校所拥有的珍宝情况都了如指掌，一打听到谁有新的宝物，马上千方百计地设法搞到。宫中库房珍奇异宝堆积如山，他一入库内，便流连忘返，十分得意。一有外地富商到南汉来，他便经常要招入宫中，展示库中所藏珍宝，以夸耀自己的富有。他连年大修宫殿，极尽奢华。后唐应顺元年（934年）所修昭阳殿，以金为顶，以银铺地，殿中开设水渠，渠底遍布珍珠，又将水晶琥珀琢成日月形状，镶嵌到东、西两玉柱之顶，穷极奢丽。晚年所修南薰殿，也极尽豪华。

刘岩对国内的统治，极其残酷，他设置了灌鼻、割舌、肢解、炮炙、烹蒸等酷刑。甚至把人推入养满毒蛇的水牢里，叫做下水狱。有时将人先投入热水中，再取出日晒，敷上盐酒，一直弄到肌体腐烂，慢慢死去。刽子手在施行酷刑时，刘岩还喜欢亲自观看，有时甚至把犯人拉到宫殿中施刑，专门供他作乐。岭南百姓对他又惧又恨。后晋天福七年（942年）七月，张遇贤领导的农民起义在岭南的循州（今广东龙川西南）爆发，起义军多次打败南汉官军，给南汉统治者的残暴统治以有力打击。

刘岩死后，他的几个儿子相互争夺权位，到了刘鋹即位后，政治更加腐败。刘鋹对于官吏的任用，凡是有才干的大臣、进士、状元及僧道，在任用之前要先下蚕室（指阉割下身）。为什么呢？因为他认为大臣们都是有家室，顾及子孙，也就都有私心，不会精忠报国，只有宦者、宫人无牵无挂，肯忠心为皇帝效力。刘鋹委政于宦官龚澄枢、陈延寿和宫婢卢琼仙、巫师樊胡子。龚澄枢号内太师，卢琼仙称女侍中，南汉的军国大政，全由宦官和宫人处理，朝中大臣根本无法参与朝政，只是一种摆设。不仅如此，以龚澄枢为首的宦官集团还对文臣武将动不动就大行杀戮，宰相钟允章主张严明法纪，宦官对他恨之入骨，诬蔑他谋反，将钟允章斩首。一些趋炎附势的文臣甚至不惜变为阉宦。南汉政治败坏，武力废弛。宋开宝四年（971年），为宋将潘美所灭。南汉共传4主，共55年。

南平国（924—963年）

南平国为高季兴所建。

高季兴（858—928年）（原名季昌，后为避后唐祖讳，乃更名。），陕州峡石县（今河南三门峡南）人。少为汴州富人朱友让家僮。朱温为宣武节度使（治汴州）时，高季兴经朱友让推荐，被任命为毅勇指挥使。天复三年（903年）因军功，唐昭宗命高季兴为宋州团练使。不久改为颍州防御使。天祐三年（906年）十月，梁王朱温以高季兴代"荆南节度观察留后"贺瓌，从此，高季兴据有荆南。开平元年（907年）四月，朱温即皇帝位，建后梁。五月，梁太祖朱温任高季兴为荆南节度使。荆南节度使原统领江陵府、澧、朗、峡、夔、忠、万、施、归等8府州。自唐僖宗、昭宗以来，为诸道蚕食，高季兴为荆南节度使时，只有江陵一城而已。由于兵火之后，井邑凋零，高季兴至任，"招辑抚绥，民皆复业"。

后梁乾化二年（912年），高季兴"有据荆南之志"。扩建江陵外城，在西北面，复建"雄楚楼"（杜甫有"西北楼成雄'楚'都"之句，因以为楼名。）和"望江楼"。"执畚锸者十数万人，将校、宾友皆负土相助"，可见其规模。高季兴造战舰 500 艘，赶造兵器，扩建军队。翌年八月，后梁封高季兴为渤海王。

由于原隶属于荆南节度使统辖的夔、万、忠、涪 4 州，被前蜀攻占。高季兴遂于乾化四年（914 年）正月，兴兵攻蜀，但被蜀兵击退。

同光二年（924 年）三月，后唐庄宗封高季兴为南平王。翌年九月，后唐伐蜀，后唐庄宗命高季兴为"西川东南面行营招讨使"，以配合伐蜀，并允许其在攻占夔、忠、万、归、峡五州后，将此 5 州隶属于荆南。然而，由于高季兴不敢出军，因此，此 5 州仍由后唐占领。十一月，后唐灭前蜀。同光四年（926 年），高季兴上表庄宗，求领夔、忠等 5 州，后唐庄宗不得已而许之。后唐明宗天成二年（927 年）二月，高季兴进一步向明宗要求：后唐朝廷不要任命此 5 州刺史，而由高季兴子弟充任，遭到拒绝。在这种情况下，高季兴遣兵突入夔州州城，杀戍兵而强行占领。此时，适值后唐运蜀珍宝金帛 40 万，浮江而下，往京师。高季兴发兵在峡口拦截，杀押运者 10 余人，尽掠其珍宝金帛。后唐明宗大怒，发兵数万，从三面进攻江陵。后唐军队虽未攻下江陵，但却收取夔、忠、万 3 州。高季兴只有荆州（江陵府）、归州、峡州之地。

由于与后唐关系破裂，高季兴遂于天成三年（928 年）六月，以荆、归、峡三州之地，向吴国王杨溥称臣。吴国王封高季兴为秦王。十二月，高季兴死，子高从诲即位。吴国王改任高从诲为荆南节度使。高从诲惧后唐再次进攻，遂于天成四年七月，请求楚王马殷为其向后唐明宗疏通，后唐明宗应允，遂任命高从诲为荆南节度使。长兴三年（932 年）二月，后唐明宗赐高季兴爵为渤海王，应顺元年（934 年）后唐闵帝改封高从诲为南平王。

后晋天福六年（941 年），高从诲向后晋进贡金器、绫绢；天福十二年（947 年），高从诲向后汉进贡金银器、锦罗。

这时，荆南地狭兵弱，夹在吴、楚之间。南汉、闽皆臣服中原王朝，每年向中原王朝进贡物品，多路经荆南。自高季兴至高从诲，经常邀留其贡使，乘机掠取其贡物。如遇南汉、闽为此而兴兵，即将贡物退还，"而无惭色"。其后，南汉与闽先后称帝，只有荆南高氏"所向称臣"，从而能获得赐物。"故诸国贱之，皆曰为'高赖子'，又曰'高无赖'。"

后汉乾祐元年（948 年）十一月，高从诲死，子高保融即位。十二月，后汉授高保融"荆南节度、荆归峡观察使"。

广顺元年（951 年）正月，后周太祖郭威即帝位，建后周。高保融贡白金、法锦。周太祖封高保融为渤海郡王。

建隆元年（960 年）正月，宋太祖赵匡胤称帝，建宋朝。高保融惧，"一岁三入贡于宋"。八月，高保融死，弟高保勖即位。建隆三年十一月，高保勖死，高保融长子高继冲即位。宋太祖授高继冲荆南节度使。乾德元年（963年）二月，宋太祖派遣枢密副使李处耘平荆南。李处耘率轻骑数千至江陵，高继冲降于宋朝。北宋平荆南，得3州府（江陵府、归、峡二州）17县共143300户。

北汉（951—979年）

北汉由刘崇所建。刘崇，又名刘旻，后汉高祖刘知远的弟弟。刘崇年少时号称无赖，爱好赌博，嗜酒如命，曾因犯罪被黥刺为士卒，后随兄长刘知远四处征战。后晋时，刘知远为河东节度使，任他做马步都指挥使。刘知远当皇帝，建立后汉，任命他为太原尹。后周广顺元年（951年），郭威代汉称帝，建立后周。刘崇眼看着自家的政权被人抢去，恼羞成怒，于是就在太原称帝，占据河东一带，仍用后汉乾祐年号，国号汉，史称北汉。

河东地狭民少，只拥有并、汾、代、圻等11州土地，国力微弱。面对这种局面，刘崇决定效法石敬瑭，借助契丹力量与后周抗衡，而契丹也想利用汉与周的矛盾，从中渔利。刘崇即位不久，即向契丹求援，表示愿意按照晋与契丹的先例。这时的契丹已改为辽，辽主要与刘崇约为父子之国，刘崇感到石敬瑭的儿皇帝名声太臭，提出要约为叔侄之国，对辽国王的复函也称"侄皇帝致书于叔天授皇帝"。这是中国第一个儿皇帝石敬瑭出现之后，在中国出现的第一个"侄皇帝"，其实两者并无本质的区别，都是依附在契丹（辽）的卵翼之下，屈膝投降，苟且偷安。

有了辽的支持，刘崇马上准备对后周用兵。刘崇引狼入室，联合契丹，进攻后周的晋州（今山西临汾），但这时的后周，在郭威的统治下，已经气象一新。北汉和辽占不到什么便宜，结果兵士死伤过半，大败而归。

北汉建立后，战事频繁，兵役繁重，统治者强征17岁以上男子为兵，又滥征赋税以输巨额贡奉给辽，人民被迫逃亡以避战乱和苛敛。宋太平兴国四年（979年），宋太宗率军亲征北汉，宋先击溃辽援军，而后攻下太原，北汉主刘继元出降，北汉亡。北汉从刘崇传至刘继元，共历4主29年。

十国中只有北汉在北方，其他九国都在南方。十国与五代并存，但各国存在时间长短不一，最终都为北宋所统一。

宋、辽、夏、金

（916—1279 年）

赵匡胤建立北宋

从五代十国的分裂割据转化为北宋的统一，这是历史发展的必然趋势。赵匡胤一生对历史的主要贡献，就是他的所作所为顺应了这个历史发展的总趋势。

赵匡胤（927—976 年）是涿州（今河北涿州）人。在后周时，随周世宗作战有功，任殿前都点检，统领精锐的禁军。959 年，周世宗死，7 岁的幼子宗训（恭帝）即位，赵匡胤又兼任宋州归德军节度使，防守京师（开封）。建隆元年（960 年），镇、定二州谎报辽朝和北汉兵南下，后周宰相范质、王溥等派遣赵匡胤领禁军出城抵御。京师城里在传播着"点检作天子"的舆论。当行抵汴京以北 20 里的陈桥驿时，赵匡胤的弟弟赵光义、归德军掌书记赵普和军中一班将领，就扮演了一出"黄袍加身"的闹剧。军士们在深夜五鼓，一齐聚集在陈桥驿门，宣言要请殿前都点检赵匡胤为天子。到了天刚亮时，军士们拥到赵匡胤的寝所，由赵光义入内传达军士们的请求。诸将露刃于庭，赵匡胤的爱将罗彦瓌叫嚷说："我辈无主，今日须得天子！"于是他们就把预先准备好的皇帝的黄袍，披在赵匡胤的身上，大家高呼万岁，并把赵匡胤扶上马，准备返回京城，登上皇帝宝座。

赵匡胤通过"陈桥兵变"，用和平的手段，避免了一场流血的战斗，夺得了皇位，使北方正在好转的社会生产力没有遭到破坏。赵匡胤把周恭帝降为郑王，对拥立有功的将帅，都一一加以奖赏和提拔，如石守信就做了侍卫马步军副都指挥使，顺利地解决了统治集团内部的矛盾。至于个别领兵在外的节度使如李筠、李重进（周太祖郭威的外甥）等人，不肯降服。结果，在赵匡胤强大兵力的冲击下，顷刻瓦解。二李都在无可奈何的情况下以"自杀"而告终。

辽朝的兴衰

契丹部落的发展

早在 4 世纪，即西晋、南北朝时期，在我国北方的潢河（今西拉木伦河）和土河（今老哈河）一带，居住着契丹族，这时的契丹人，主要还是经营渔猎。稍后，契丹人也经营畜牧。他们住在帐篷里，"逐寒暑，随水草畜牧"，在各处往来迁徙。

契丹族最初有 8 个部落，部落之间是以血缘关系为纽带的。

在北魏统治时期，曾攻打过契丹，契丹也曾不断对北魏边塞进行侵扰。

但这时期，契丹 8 个部落仍是各自行动，不相统属，没有形成部落间的联盟，没有一个统一的首领。他们各自与周边相邻部落、民族及中原地区进行物品交换，发生着政治的和经济的联系。随着生产的发展和氏族部落的繁衍，契丹人游牧的范围不断扩大，日益要求开拓领地，赶走邻人，建立起自己的相对稳定的活动区域。这使他们与周围部落及中原政权之间的矛盾冲突不断发生。北齐天保四年（553 年），契丹攻扰北齐边境，齐文宣帝亲自到营州（今辽宁朝阳）指挥军队，分兵两路攻打契丹，契丹大败，丧失了大批的人口和牲畜，一部分契丹人被北齐俘虏后安置在各州。北齐天保七年（556 年），契丹又被强邻突厥族侵袭，不得不东徙依附于高丽（今朝鲜）。隋朝建立后，大量的契丹人纷纷内附，回迁故地。他们也不时侵扰隋的边境，大业元年（605 年），契丹入侵营州，隋大将韦云起发兵迎击，大败契丹，并掳走了契丹的大量人口和牲畜，此次冲突，契丹族损失惨重。

由于自卫的需要，契丹各部逐渐在军事上联合在一起。唐初，契丹各部推举共同的军事首领，称为"夷离堇"。每遇战斗，就召集各部首领共同商议，协同作战。契丹族开始出现了部落联盟的组织。

大贺氏部落联盟

唐贞观二年（628 年），契丹酋长大贺氏摩会率领各部落依附于唐朝。唐太宗把在北方诸族中象征着部落联盟酋长的旗鼓赐给了摩会，表示承认了摩会的部落联盟酋长的地位。

648 年，唐朝在契丹人居住的地区设置行政管理机构，叫做"松漠都督府"，以契丹部落联盟的首领窟哥为都督，并赐姓"李"，下设 10 个州，都用契丹各部落的首领担任各州的刺史。从此，契丹和中原汉族人民的关系也就更加密切。唐太宗又在奚人居住的地区，设置饶乐都督府，也任用奚族首领为都督。以上两个都督府，都受营州都督府节制。

唐朝武则天统治时期，契丹族部落联盟有了较快的发展。契丹和唐朝之间，时常发生矛盾。唐朝曾派 28 将率领大军袭击契丹，大败而归，说明契丹已有足够的力量保卫他们自己。但是契丹族还没有形成一个统一的共同体。唐玄宗开元三年（715 年），契丹部落联盟首领失活统率各部归于唐朝。当时唐朝的国势强大，北边突厥的势力已经日衰。唐玄宗依照先例，封失活为松漠都督。开元五年（717 年），失活到长安朝见唐玄宗，唐朝把永乐公主嫁给失活。

开元六年六月，失活死，弟娑固继任联盟长，承袭唐官职为松漠都督、静析军大使。这时，契丹部落联盟军事首领，静析军副大使可突于想与之争权。十一月，娑固与唐公主入朝长安，受到玄宗赏赐，返回契丹后即被可突于发兵围攻。娑固投依唐营州都督许钦澹。许钦澹令薛泰领州兵与奚部落长李大醝及娑固合兵攻可突于。娑固及大醝战败被杀。可突于另立娑固从弟郁于为大贺氏联盟长。

郁于死后，弟吐于继任联盟长，又遭到可突于的威胁。开元十三年（725年），吐于携公主奔唐不返，可突于另立李尽忠弟邵固为联盟长。3年后，可突于杀邵固，另立别部屈烈为联盟长，并胁迫奚族一起背叛唐朝，投附于突厥。从此，大贺氏联盟时代结束，契丹中衰。

遥辇氏部落的重建

当大贺氏联盟在与唐朝的激烈对抗战争和内部纷争中力量衰落、难以振作的时候，联盟以外的乙室活部落逐渐壮大起来。部落长郁捷已拥有了强大的军事力量，并且得到唐玄宗的认可，封他为契丹知兵马官。734年，唐幽州节度使张守珪联合乙室活部攻打契丹可突于部，杀其部落长屈烈和军事首领可突于。唐玄宗加封郁捷为北平郡王、松漠都督。次年，由于郁捷残暴被部落贵族涅里杀死，玄宗遂以涅里为松漠都督。

736年，唐将张守珪派平卢讨击使安禄山出兵攻契丹涅里部，大败而回。次年二月，张守珪再次出兵，大败契丹，涅里出走松漠，重建契丹部落联盟。

涅里以其所属的乙室活部落为基础，收集、联合了大贺氏联盟溃散后的余部以及联盟以外的分散的氏族部落，推选遥辇氏阻午为联盟长，重新建立起遥辇氏部落联盟。

天宝四年（745年）回纥族攻杀突厥白眉可汗，推翻了突厥的统治。突厥毗伽可敦率众归唐。契丹联盟长阻午亦率部降唐，唐拜阻午为松漠都督，封崇顺王，赐其姓名李怀秀。不久，李怀秀杀唐赐公主而叛。

751年，唐将安禄山领兵出击契丹，安禄山大败，率20骑逃走。从此，契丹与唐朝处于敌对状态。

从氏族部落到奴隶社会

755年，唐朝爆发了安史之乱，此后，河北地区藩镇割据，道路不通，契丹与唐很少往来，只保持着"朝贡"关系，不再有政治上的联系。这期间，契丹族处于回纥汗国的统治之下。回纥在契丹族、奚族地区都派有使臣监督，每年要征收赋税，发展缓慢，一直到840年回纥汗国被推翻之后，契丹部落联盟才重新归附于唐朝。此后的60年间，契丹族由于摆脱了回纥的统治，使他们在与中原不断加强的联系中得到较为顺利的发展。唐末，由于中原地区的封建割据斗争，北方汉族军民为了逃避战乱，成群结队移居到契丹人生活的地区，每次迁移，多达几千人。汉人把中原地区的生产工具、生产技术带到北方和东北边疆，与契丹人民共同进行艰苦的生产劳动。到了契丹迭剌部耶律阿保机的祖父匀德实担任夷离堇时，已经开始"教民稼穑，养畜牧，国以殷富"。契丹人民除了畜牧以外，已从事农业生产。匀德实的儿子撒刺的担任夷离堇时，契丹人民已学会冶铁，铸造铁器。撒刺的的兄弟述澜，引导契丹人民栽种桑麻，从事纺织，并修造房舍，建筑城邑。这些情况表明，在耶律阿保机的祖父和父亲这一辈，契丹人民在生产方面，不但开始有农业，还有冶铁和纺织等手工业，有房舍和城寨。契丹社会从4世纪到10世纪初，经过几百年的时间，才从氏族制进入奴隶占有制，契丹社会有了新的飞跃。

阿保机建国

唐末五代时期，契丹逐渐强大起来。

契丹八部之一的迭剌部接近中原地区，汉族人民流入契丹地区的，多数也是进入迭剌部，使迭剌部成为契丹部落联盟中生产最先进的一部。9世纪时，契丹各部还在氏族制阶段，迭剌部已经出现阶级分化。加上汉族的影响，使迭剌部最先产生奴隶占有制。部落联盟长和军事首长由世选制（3年一选）而逐渐成为事实上的世袭制。遥辇氏部落联盟的夷离堇由迭剌部涅里的后裔耶律氏家族世选，自阿保机四代祖耨里思以下，阿保机一家任夷离堇职位共13人，24任。家族地位仅次于遥辇氏，具有强大的势力，是部落内部其他家族觊觎的目标。自鲜质可汗以来，联盟内部先后爆发了3次较大规模争夺夷离堇权位的斗争，而且都是在迭剌部内部家族中进行的，阿保机就是在这样的环境下出生、成长、建立国家的。耶律阿保机生于872年，是撒刺的的儿子。当时迭剌部是契丹部落联盟中最强大的一部，部落联盟的军事首领夷离堇，都是从迭剌部中选出的。

901年，耶律阿保机被推选为夷离堇，掌握了军事大权。在新的历史条件下，他统一了契丹，并以武力威服邻近各部，连破室韦、奚、女真等族，俘获了大量的人口，又南下攻入中原地区，俘虏大批汉人。连年的俘掠，使契丹部落联盟内部增添了大批汉人、室韦人、奚人、女真人。外来各族力量的加入，自然地引起契丹族内部的变化。耶律阿保机的威信越来越高了，他掌握了军事大权。契丹各部首领也从对外战争中得到大批财富、牲畜和俘户。他们变成了新的贵族，对外掠夺被当做"光荣"的职业。

907年，耶律阿保机终于得到各部落首领的承认，成为契丹族新的部落联盟的首领。

阿保机为了进一步加强个人的权力，在继续对外掠夺征战中，对部落联盟组织也进行了一系列的改革。首先是限制于越的权力。其次，设立惕隐官。惕隐的职务是调节迭剌部落贵族集团的内部事务，以确保他们对阿保机的服从。第三，设立宿卫军。这是阿保机的侍卫亲军，主要是为了加强联盟首领的力量，扈从和保卫部落联盟的首领。

部落联盟组织的改革，实际是维护、巩固个人权力的改革，是由氏族社会向阶级、国家过渡的一个重要环节和步骤。

阿保机在强化个人权力的同时，也同部落联盟中一些贵族反对势力展开了斗争。在联盟中，原来世选联盟长的遥辇氏贵族虽然不满于权力旁落他人，但是他们没有军事力量与阿保机抗衡。遥辇氏 8 部之一的小部落涅刺部曾起兵反抗，但由于他们力量弱小，很快被讨平。

911 年，即阿保机任联盟长的第五年，阿保机之弟刺葛、迭刺、寅底石、安端等人共同策划谋反。阿保机立即采取措施，制止了叛乱，随后改任刺葛为迭刺部夷离堇。912 年，刺葛奉命分兵攻破平州（河北卢龙）后返回途中，再一次与迭刺、寅底石、安端等发动叛乱，又被阿保机平息下去。

913 年，刺葛一面派想当奚王的迭刺与安端一起领兵千余骑以入觐为名谋杀阿保机，一面亲自率领部众进入迭刺部兄弟部落乙室堇淀，准备旗鼓，图谋自立。阿保机发现了这个密谋，拘捕了前来的迭刺、安端，又亲自率大军击讨刺葛。这次，阿保机依靠他的腹心部侍卫军和被征服的邻族室韦、吐浑的兵力，联合作战，终于击溃了刺葛的叛军。

这次叛乱持续达两个月之久，造成了巨大的物质财产的损失。百姓财产被剽掠，生命遭残害，大批物资被丢弃，物价上涨了 10 倍。这是阿保机任联盟长以来，社会动荡、经济损失最严重的一次。同时，这次叛乱对阿保机个人权力直接构成了巨大的威胁。这不得不使阿保机在平叛后进一步采取措施，加强和巩固自己的权力，防范他人对自己权力构成的威胁。

阿保机对外连年征战，对内平定叛乱，把契丹诸部已经完全置于自己的控制之下。后梁贞明二年、辽神册元年（916 年）二月一日，阿保机在龙化州（内蒙古昭盟八仙筒）金铃冈筑坛称帝。阿保机称"天皇帝"，妻称"地皇后"。建年号为"神册"。至此，阿保机正式建立了契丹国。阿保机是为辽太祖。

神册三年（918 年），辽太祖在黄河沿岸建立皇都。都城的建筑是在汉族知识分子康默记等人的主持下完成的。都城的结构完全仿照汉族的城邑。

天显元年（926 年），在汉族知识分子贾去疑的帮助下，扩建了皇都，增加了宫殿庙宇。耶律阿保机还建立孔子庙，命皇太子春秋设奠，传播汉族封建文化。

阿保机称帝以后，形成了以南府和北府为核心的行政统治。南府宰相由皇族贵族担任，北府宰相由后族贵族充任。

契丹族原来没有文字。政权建立以后不久，于 920 年仿照汉字偏旁，制造了契丹文字。现在已经发现的契丹字，大约有 1200 多个。921 年，阿保机又制定了法律。除统治区内的汉人仍旧使用唐朝的法律外，契丹和其他各族都要受新法律的管束。

辽对邻族的侵略

建国后，阿保机继续不断地向周围邻族和地区展开了大规模的掠夺和扩张。

以武力压服了邻近的奚、室韦等部族，取得了一部分突厥故地。阿保机还以武力西征突厥、吐谷浑、党项、沙陀等部，俘获无数的人口和驼马牛羊。契丹政权的领地，西达甘州（今甘肃张掖），西北至鄂尔浑河。阿保机又南下侵入中原地区。当时中原正处于混乱时期。921 年，阿保机率大军冲入居庸关（今北京市昌平西北云台），攻陷了檀州（今北京市密云）、顺州（今北京市顺义）等 10 多个城市。阿保机还亲自率领皇后述律氏、太子耶律倍、次子耶律德光等东征。汉族知识分子韩知古、唐默记、韩延徽等人，成为辽太祖的重要帮手，随军出征，终于在 926 年年初占领扶余城（今吉林农安），吞灭了辽东的渤海政权。阿保机改渤海为"东丹"，即东契丹的意思，并封太子耶律倍为东丹王，统治具有较高封建文明的渤海故地。渤海故地出产粟米、布、马匹等，是农业生产比较兴旺的地区。耶律倍采用"权法"建立各项制度。这一年（926 年）的七月，耶律阿保机死于扶余府。

阿保机死后，皇后述律氏月理朵称制，权决军国大事。天显二年（927 年）十一月，掌握兵马大权的大元帅耶律倍被迁往东平（今辽阳），受到疑忌和监视，后来，耶律倍偕妻子高氏逃奔到后唐，唐明宗赐姓李名赞华。

辽太宗耶律德光即位后，继承太祖阿保机的事业，继续进兵汉族地区，一再率大军南下，深入中原，大规模掠夺财富和奴隶，抢占中原土地，使契丹族由奴隶制迅速转入封建制。

928 年，唐定州守将王都降契丹，唐派兵讨伐。辽太宗命奚兵统帅铁刺去救定州，败唐将王晏球。唐兵又大举攻定州。辽惕隐涅里衮等出兵增援。七月，唐兵破定州，铁刺战死，涅里衮等被俘。十一月，太宗准备亲自领兵攻唐。唐停止进攻，遣使臣来辽。太宗班师。929 年 10 月，辽太宗检阅诸军，命皇弟李胡领兵攻掠云中诸郡。李胡攻下寰州。次年二月，还军。太宗以李胡为天下兵马大元帅。

936 年，后唐河东节度使石敬瑭反后唐自立，向契丹求援。八月，辽太宗亲率大兵南下救石敬瑭。九月，入雁门，进驻太原，大败后唐张敬达军。十一月，太宗与石敬瑭约为父子，册封石敬瑭为"大晋皇帝"。唐将赵德钧、赵延寿父子投降。十二月，石敬瑭进驻河阳。唐废帝李从珂兵败，杀死投奔后唐的耶律倍，然后自焚而死。太宗自太原领兵北还。937 年，石敬瑭遣使臣来，愿以幽、蓟、瀛、莫、涿、檀、顺、妫、儒、新、武、云、应、朔、寰、蔚等 16 州土地"奉献"给契丹。938 年，燕云十六州归入契丹的统治领域。辽太宗把皇都建于上京，称临潢府。幽州称南京，原南京东平府改称东京。又改年号为会同。这时，契丹政权已有 3 个统治中心：上京统治草原地区；南京统治 16 州之地；东京统治渤海故地。

942 年，晋石敬瑭死，石重贵（晋出帝）继位，向契丹称孙，拒不称臣。943 年冬，太宗到南京，以晋降将赵延寿为先锋，统兵 5 万，大举伐晋。公元944 年，晋贝州守将开城投降。太宗采赵延寿议，大兵直趋澶州，石重贵也亲至澶州督战。两军在澶州北戚城交锋，互有胜负。契丹不能胜，沿路掳掠大批财物和民户北还。这年冬季，太宗再度领兵南侵，进围恒州，晋兵退守相州。

945 年，契丹分兵在邢、洺、磁 3 州大肆杀掠，进入磁、洺之间的邺都。晋石重贵下诏亲征，至澶州，并攻下契丹所占泰州。

泰州战后，契丹受挫，准备再度大举南侵。后晋兵获胜，却以为从此太平无事。后晋开运三年八月，太宗再次领大兵南侵直至恒州。杜重威领后晋兵迎敌，两军夹滹沱河对阵。

后晋杜重威怯懦不敢战，置酒作乐。契丹别部由萧翰（太宗妻兄）率领，出后晋军之后，切断后晋军粮道和归路。萧翰至栾城，后晋守城军投降。

太宗率领契丹兵自相州南下，杜重威率领后晋降兵从行。太宗命皇甫遇为前锋攻打后晋都城开封，皇甫遇拒命自杀。后晋降将张彦泽领先锋军攻开封。后晋石重贵奉表投降。

会同十年（947 年）正月，太宗进入晋都开封，改穿汉族皇帝的服装，受百官朝贺。二月，建国号大辽，改年号为大同。

辽太宗并没有在汉地建立统治，而是按照奴隶制的传统，把后晋国的宫女、宦官、百工等作为奴隶掳走，连同后晋宫的财宝，运回上京临潢府。辽兵灭后晋过程中，四处掳掠人口和财物，称为"打草谷"。各地人民纷起反抗，辽兵遭到沉重打击。辽太宗慨叹说："不知中原的人，难治如此！"在返回上京的路上，病死在栾城（今属河北）。晋河东节度使刘知远在晋阳（今山西太原西南）称帝，建立后汉，进驻开封。

辽朝的统治制度在太祖阿保机和太宗耶律德光统治时期，逐步建立起来，重要的有以下几项：

斡鲁朵宫帐制

皇帝宫帐称斡鲁朵。斡鲁朵有其直属的军队、民户、奴隶和州县，构成一个独立的军事、经济单位。皇后也可有自己的斡鲁朵。

阿保机宫帐称算斡鲁朵。侍卫亲军，称腹心部。另在地方要地设提辖司。各地蕃汉民户抽丁充军，归提辖司统辖，称提辖司人户，直属斡鲁朵。太宗宫帐直属军称皮室军。述律后也有宫帐直属军，称"属珊"。

宫帐设有著帐诸局，契丹奴隶编入"瓦里"，为皇室制造各种器物，由著帐郎君统辖。后妃也各有自己的著帐局。又有"著帐户"，是为皇室宫帐服役的契丹奴隶。服役奴隶首领称"小底"，统由承应小底局统领。宫帐的侍从、伶官也属著帐户。著帐户隶属宫帐，又称"宫户"。辽朝皇帝有时也把宫户赐给臣下贵族，成为他们的私奴。

斡鲁朵所有的奴隶财产，为皇帝所私有。皇帝死后，他的斡鲁朵依然存在，由帝后家族继承，以奉陵寝。

投下州县制

阿保机南侵汉地，俘虏大批汉族居民做奴隶。被俘掠的渤海人也掳到契丹故地建置州县统治，或与汉人俘户杂居。在阿保机和辽太宗时代，先后建置了许多这样的州县。

俘户州县起初当是属于契丹最大奴隶主阿保机所有，或者说，其实只是他私有的奴隶，隶属于宫帐斡鲁朵。皇后另有自己的州县。述律皇后以西征的俘奴建仪坤州广义县（本回鹘牧地），当是属于述律后的"私奴"。

皇帝、皇后以下的契丹贵族，也各自占有这样的寨堡，称"投下"或"头下"。

辽灭渤海后，东丹国内基本上仍保持原有的封建制度和文化，只是以汉人和渤海俘户新建了一些州城。燕云十六州汉族居住地区，仍然实行原来的封建社会制度。这样，辽朝境内，便以上京、南京（幽州）和东丹国为中心，形成为社会状况互不相同的三大区域。

北南面官制

皇帝宫帐设在西方，所以官职都分为北南，和汉族官职的分为左右相似。辽太宗占领燕云十六州后，建立起两套政治制度，一面根据唐朝的制度，扩大了旧日管理汉人的事务部门，在汉族地区维持原来的封建统治，州设刺史，县置县令，成为"南面官"；对待契丹本部，采取适应契丹部落传统的统治方式，称为"北面官"。北面官运用契丹部族习惯法为基础的成文法，管理契丹及各族人民。这种"以汉制待汉人""以国制治契丹"的统治方式，既有利于封建制的巩固和发展，又促进了契丹本族的繁荣。历史的总趋势已经表明：在辽太宗统治时期，封建制已占了优势。

抗宋战争

开宝二年 969 年，二月，世宗第二子耶律贤（景宗）率领侍中萧思温、飞龙使女里和南院枢密使高勋等领甲兵千人，赶到穆宗枢前即皇帝位，改年号为保宁。太宗次子罨撒葛逃入沙陀。辽朝皇权由此又转到耶律倍、世宗一系。

景宗即位后，将拥立他的萧思温和高勋分别任北院和南院枢密使。萧思温封魏王，高勋封泰王，又任命他早已交结的汉人韩匡嗣（中书令韩知古之子）为上京留守。亲信贵族耶律贤适封检校太保，景宗由此组成了他的统治集团。

但是，这个统治集团的内部，又很快地出现了相互倾轧的争斗。970年，统领汉军的南院枢密使高勋和飞龙使女里合谋，指使萧海只、海里等刺杀了北院枢密使萧思温。景宗处死了萧海只、海里等凶手。随即任命耶律贤适为北院枢密使，并且把即位前的侍卫组成为挞马部，以加强皇权。高勋、女里到978年才被处死。

969年景宗即位后，宋太祖赵匡胤即领兵攻打北汉，辽出兵援汉，宋兵退走。974年，辽宋议和。

宋太祖统一江南后，分道向北汉都城太原进军。景帝命南府宰相耶律沙、冀王敌烈领兵出援，宋兵败退。十一月，宋太祖病死，宋太宗赵光义即位。979年，宋太宗亲领大兵攻太原。耶律沙、敌烈与宋兵战于白马岭，敌烈战死，辽兵大败。六月，北汉帝刘继元降宋。北汉是辽朝的属国，宋灭北汉，是辽朝一个惨重的失败。宋太宗乘胜向辽南京进攻。驻在南京的北院大王奚底与南京留守韩德让（韩匡嗣子）合力防守。奚底出战，南京城被宋兵围困，韩德让登城坚守，辽景宗命惕隐耶律休哥代奚底领兵。

七月，耶律沙自太原退兵来援，与宋军战于高梁河（今北京外城一带），耶律休哥与南院大王耶律斜轸从后面分兵合击，宋兵大败，太宗乘驴车仓皇逃走，韩德让乘胜出击。此次战役被称为高梁河之战或幽州之战，宋军损伤惨重，而辽兵则转败为胜。九月，景帝以燕王、摄枢密使韩匡嗣为都统，反攻南伐。十月，韩匡嗣与耶律休哥等与宋兵战于满城。韩匡嗣指挥失误，辽兵大败。耶律休哥力战退敌。景宗下诏责备韩匡嗣，赏赐耶律休哥，任命他为北院大王，总领南面戍兵。

太平兴国五年（980年）十月，辽景宗到南京，领兵攻宋，围瓦桥关。耶律休哥斩宋守将张师，追击宋兵，至莫州还军。

辽景宗击败了宋朝收复燕云的企图，巩固了对这些地区的统治。

汉人势力的增长

蓟州玉田韩知古在阿保机平蓟时降契丹，总管汉人事务。其子韩匡嗣在景宗时任上京留守、南京留守，摄枢密使。韩德让代父韩匡嗣守南京，败宋兵，以功任辽兴军节度使，进为南院枢密使，权势超过高勋，蓟州韩氏日益成为辽朝汉人官员中最有权势的一个家族。

太平兴国七年（982年）九月，辽景宗在云州出猎时病死于焦山。韩德让与耶律斜轸受景宗遣命，立皇子隆绪（圣宗）继皇帝位。圣宗年12，军国大事都由承天太后（景宗后）裁治。韩德让与耶律斜轸分任南北院枢密使。

韩德让承天后宠幸，又以汉人总知宿卫，加开府仪同三司，兼政事令。999年，耶律斜轸病死，韩德让以南院枢密使兼北院枢密使，总管契丹、汉人两院事，进封大丞相。韩德让总揽辽朝军政大权，进而赐姓耶律（先后赐名德昌、隆运），封晋王，列于皇族横帐，权位仅次于帝后。韩德让是辽朝汉人地主势力的一个代表。韩氏掌权，标志着汉人地主的势力大为增长了。

辽圣宗、承天太后以韩德让等汉人官僚为辅佐。在他们的统治下，辽朝制度发生了如下的一些变革。

宫帐奴隶置部：原处在宫帐奴隶地位的俘户改为部民，分统于北府和南府。新征服的民户，也不再编为宫帐奴隶，而分别设部统治。

投下州县赋税：奴隶不再属奴隶主所有，而成为向朝廷纳税的编民，鼓励农耕，西北沿边各地设置屯田垦耕，在屯民户"力耕公田，不输税赋"，即不再向朝廷输税，积粟供给当地军饷。在屯户实际上是为朝廷服力役的农奴。

刑法：将汉人与契丹人斗殴致死、治罪轻重不同的旧律，改为同等治罪。契丹人犯十恶大罪，也按照汉人法律制裁。

捺钵：辽朝建国后，皇帝游猎设行帐称"捺钵"（《辽史》释"行营"，宋人释"行在"）。辽帝去捺钵时，契丹大小内外臣僚随从出行，汉人枢密院、中书省也有少数官员扈从。夏冬并在捺钵"与北南大臣会议国事"。夏冬捺钵因此又是辽朝决定军政大事的中心。

至圣宗时，汉族的封建文明已有了越来越广泛的影响。圣宗喜读《贞观政要》，又善吟诗作曲，后族萧合卓以善属文为圣宗诗友，充南面林牙（翰林）。四时捺钵制，使契丹贵族在接受汉文明的同时，仍能不废鞍马射猎，保持勇健的武风。契丹不像前世北魏的拓跋、后世金朝的女真那样由汉化而趋于文弱，四时捺钵制是有一定作用的。

辽圣宗时，先后出现的多方面的变革，显示契丹族的历史正在跨入一个新时期，此后的辽朝，虽然仍保留着严重的奴隶制的残余（对外作战俘掠和宫户、私奴），但封建制已经逐步确立起来。辽朝由此形成它的全盛时代。

宋辽澶渊之盟

圣宗即位后，雍熙三年（986年）三月，宋太宗分3路进兵，再取燕云。曹彬等军出雄州道，田重进出飞狐道，潘美、杨业出雁门道。宋军连克歧沟、涿州、固安、新城。辽兵败于田重进，飞狐关辽军降宋。潘美连克寰、朔、应、云等州。承天太后与圣宗至南京（幽州）督战，调集各地重兵反攻。四月，耶律休哥军复涿州、固安。五月，辽军在歧沟关大败曹彬，宋军奔高阳又被辽师截击，死者数万。六月，耶律斜轸军复朔州，擒宋将杨业。云州等地宋兵都弃城而走。辽军获得全胜。

999 年,圣宗再次亲率大兵南下。十月,在瀛州大败宋军,擒宋将唐昭裔,进踞乐寿县。攻遂城,又败宋军。次年正月,还师南京。1002 年,再度南侵。南京统军使萧挞凛破宋军于泰州。1004 年,圣宗大举亲征,先在唐兴大破宋军,又在遂城、祁州、洺州获胜。十一月,攻破宋德清军。辽军进至澶渊,宋遣使请和。十二月,辽宋在澶渊议成。宋以辽承天太后为叔母,每年向辽输纳银 10 万两、绢 20 万匹,两朝各守旧界。澶渊盟后,辽宋不再发生大的战事。

对鞑靼和回鹘的战争

辽朝西境的鞑靼,这时有了较快的发展,已开始形成部落联盟。辽圣宗在古可敦城设镇州(今蒙古鄂尔浑河上游哈达桑东北古回鹘城),镇压北方诸部。统和二十九年,对鞑靼采取分部统治的办法,辽向各部落分别派遣节度使统治。鞑靼诸部杀辽节度使,起兵反抗。辽发大兵镇压,鞑靼兵败降辽,每年向辽进贡马驼和皮张。

甘州回鹘,在阿保机时曾被契丹所征服,但此后与辽朝并无从属或朝贡关系,而与宋朝通贡使。1008 年,萧图玉进讨甘州回鹘,直抵肃州,俘掠大批生口。1026 年,萧惠再统兵攻甘州,不能取胜,被迫还军。

沙州回鹘在敦煌郡王曹顺的统治下,也曾一度向辽纳贡。西州回鹘世居高昌,可汗号为“阿厮兰汉(汗)”。

辽圣宗时,阿萨兰回鹘连年有贡使来辽。996 年,阿萨兰回鹘王遣使来为子求婚,辽朝不许。大抵至辽兴宗时,许嫁公主,加强了联系。

西联大食、东侵高丽

阿保机时,大食曾遣使来契丹。此后,不见再有往还。1020 年,大食遣使来辽,进象及土产,并为王子册割请婚。次年,再遣使来,辽以皇族女可老封公主许嫁。

高丽王建(太祖)在 918 年建高丽国。935 年、936 年先后灭新罗、百济,统一了朝鲜半岛,成为海东强国。辽太祖、太宗时与高丽曾有聘使往来。公元 934 年,渤海世子大光显率众数万投高丽,赐姓王氏。此后,高丽与辽绝交,互相敌视。统和十年(992 年)十二月,辽以东京留守萧恒德统兵东侵高丽。次年,辽兵攻破高丽蓬山郡,高丽请和。辽册封高丽成宗王治为高丽国王,并以萧恒德女许嫁。1010 年,高丽穆宗(成宗子)被贵族康兆谋杀,显宗继位。辽圣宗亲率大兵 40 万出征,高丽康兆率兵 30 万迎击。辽兵连陷郭州、肃州,直抵高丽都城开京。高丽显宗弃城而逃。辽圣宗入开京,大肆焚烧而去。

1013 年,辽圣宗遣耶律资忠使高丽,强索兴化、通州等 6 城。高丽拒绝,扣留资忠。1016 年,辽耶律世良统兵再侵高丽,破郭州。高丽死者数万人。

1017 年，辽萧合卓攻兴化，失败。1018 年，辽萧排押等以兵 10 万入侵高丽，高丽姜邯赞大败辽兵，辽军死伤甚众。1019 年，辽集结大军，准备再侵高丽，高丽显宗遣使议和，送还耶律资忠。辽朝强索高丽 6 州被挫败，此后，高丽仍依成宗时旧制，对辽"纳贡如故"。

契丹内部的倾轧

承天皇太后死于统和二十七年。此后，辽圣宗亲自执政，至景福元年（1031年）六月病死，子耶律宗真（兴宗）即位。清宁元年（1055 年）兴宗死，子耶律洪基（道宗）继位。辽道宗统治时期长达 45 年，辽朝进入衰乱时期。

辽兴宗、道宗朝，契丹贵族之间不断相互倾轧。兴宗为圣宗元妃萧耨斤所生，由圣宗齐天后收养。兴宗 16 岁即位，元妃谋夺政权，自立为皇太后，迫使齐天后自杀，又密谋废兴宗，另立少子耶律重元。耶律重元密告兴宗。兴宗将皇太后废黜。

辽道宗即位，尊耶律重元为皇太叔，加号天下兵马大元帅。清宁九年七月，耶律重元与子耶律涅鲁古等谋反，道宗平宿卫军乱，耶律重元兵败自杀。南院枢密使耶律乙辛平乱有功，权势显赫，与汉人官员北府宰相张孝杰勾结，专擅朝政。太康元年（1075 年），太子耶律濬 18 岁，参与朝政，兼领北、南院枢密使事。耶律乙辛与张孝杰诬陷太子生母宣懿皇后与伶人私通。宣懿后受诬自尽。三年，又诬告太子阴谋废帝。太子被囚禁在上京，耶律乙辛派人将太子暗杀，耶律乙辛借此兴起大狱，贵族官员多人因此被处死或流放。七年，道宗发觉耶律乙辛、张孝杰等人的奸谋，将他们免官。辽朝贵族和官员长期陷入相互攻讦倾轧之中，统治集团日益削弱。

辽圣宗末年以来，处在封建压迫下的各族人民不断举行武装起义。辽圣宗时，把汉地的封建租税制推行于渤海地区，引起了渤海人民的反抗。太平九年（1029 年）八月，渤海居民以东京舍利军详稳大延琳为首举行起义，杀辽户部使，囚禁辽留守。自建国号兴辽，年号天庆。兴辽军西攻沈州，不下，退守东京辽阳府（今辽宁辽阳）。次年，大延琳被擒，起义失败。天庆五年（1115 年）二月，饶州（今内蒙古巴林右旗）的渤海居民在古欲领导下起义，有步骑 3 万余人。六月间，起义失败，古欲被擒，这一时期，燕云地区的汉族农民也不断起义，天庆三年，有以"李弘"为号的农民起义。史称"李弘以左道聚众为乱，支解，分示五京"，而"李弘"可能是利用道教符谶的称号。七年，易州涞水县民董庞儿起义。被辽军战败，投附宋朝。八年，辽东诸路爆发了安生儿、张高儿等领导的起义，发展到 20 万人。这些起义虽然先后被辽兵镇压下去，但给予辽朝统治以沉重的打击。

女真族的侵扰

黑龙江和松花江一带的女真族，自阿保机建国以来，即受到辽朝的控制，向辽朝贡纳海东青和各种土产。辽兴宗时，女真向外掳掠，但还只是各部落单独行动。道宗时，形成部落间的联盟，联盟长称都勃极烈（大部长），日渐强盛。1101年，在辽天祚帝即位的同年，女真完颜部长阿骨打为都勃极烈。此后连续侵掠周邻各部。1114年，阿骨打统领女真诸部兵攻陷混同江东的宁江州。天祚帝遣后兄萧嗣先和萧兀纳统契丹、奚及诸路兵7000出击，大败于出河店。女真渡混同江进击，萧嗣先军望风奔溃。家属资财，都被女真掠获。女真收编辽俘虏入军中，军势更盛。辽天庆五年（1115年），阿骨打建立国家，称皇帝（金太祖），国号金，年号收国。

辽朝后期，契丹贵族日趋腐化。辽军两败，天祚帝起用汉人张琳、吴庸等领兵东征。张琳军在涞流河大败。数月间，金兵接连攻陷州城，大肆杀掠，1115年秋，辽天祚帝下诏亲征，率契丹、汉军号称10余万，以精兵两万为先锋，期以必灭女真。十一月，天祚帝与女真兵遇，接战不久，辽军败溃，天祚帝一昼夜逃奔500里，退保长春。金兵乘胜侵占辽阳等54州。

辽政权西迁

耶律章奴见辽军溃败，谋废天祚帝，另立燕王、南京留守耶律淳。章奴与同谋者2000骑奔上京迎位，遣淳妃弟萧敌里去南京报淳。耶律淳斩敌里，往见天祚帝。章奴事败，投女真，中途被捕获腰斩。

1116年，渤海人高永昌据东京反，称大渤海皇帝，占据辽东50余州，只沈州未下。天祚帝命张琳往讨，高永昌向金兵求援，金兵大举来侵，辽兵败逃入沈州城，金兵随后入城。

天祚帝命耶律淳为都元帅抗金。耶律淳招募辽东饥民得2万余，另募燕云民兵数千。耶律淳攻沈州不下，还军。金兵斩高永昌，据有其地。1117年，耶律淳统领的"怨军"有两营起义反辽。耶律淳往讨起义的"怨军"，在徽州东与金兵遇，大溃败，金兵占领新州，成、懿、壕、惠等州均降。金兵又攻耶律淳于显州蒺藜山，辽兵又大败。

1117年，阿骨打建号大圣皇帝，改元天辅，遣使与辽议和。金对辽提出的条件，大体近似澶渊之盟时辽对宋的条件：辽册金帝为大金大圣大明皇帝，称兄，岁输银绢25万两、匹，割辽东、长春两路地。辽朝册阿骨打为东怀国皇帝，不称兄，其余一切照办。阿骨打不允。1120年，阿骨打亲攻辽上京，上京留守降。天祚帝去西京。辽朝郡县至此已失去半数。

辽朝灭亡在即，贵族之间仍在相互诛杀。1121年，文妃与统兵副都监耶律余睹（文妃妹夫）、驸马萧昱，贵族耶律挞曷里（文妃姐夫）等谋立晋王敖鲁斡。天祚帝元后兄、北院枢密使萧奉先派人告发，文妃赐死，萧昱、耶律挞曷里都被处死。晋王因没有参与此事，免罪。萧昱、耶律余睹在军中叛变投金。1122年，金兵攻陷辽中京，进陷泽州。天祚帝出居庸关，至鸳鸯泊（辽捺钵）。耶律余睹引金兵来攻。萧奉先向天祚帝献策说：余睹此来不过为了晋王。杀了晋王，耶律余睹自回。晋王敖鲁斡由此无罪而被处死，满朝贵族更加解体。耶律余睹引金兵直逼天祚帝行帐，天祚帝率卫兵5000逃往云中。三月，金兵进陷云中，天祚帝逃入夹山。

汉人宰相李处温与皇族耶律大石等在南京拥立耶律淳称帝，号为"北辽"。3个月后，耶律淳病死。宋军两次大举攻辽，均遭失败。金兵攻陷辽南京，耶律大石在居庸关被金兵捕获，保大三年九月领兵逃出，去夹山见天祚帝。天祚帝责他擅立耶律淳为帝。耶律大石不自安，又见辽将亡，于是率骑兵200人北走，自立为王。保大四年，天祚帝自夹山出兵，败溃。次年二月被金兵俘虏。在金朝被囚一年多后病死。契丹自916年太祖阿保机建国至天祚帝被俘，凡209年。太宗于947年灭晋，建国号大辽。圣宗时一度改国号大契丹，道宗时复号为辽。自阿保机至天祚帝，习惯上都称为辽朝。

辽皇族耶律大石率部西迁，重建辽朝，史称西辽。西辽存在于我国西北约90余年。正像南迁后的南宋是北宋的继续一样，西迁后的西辽也是辽朝的继续。

1124年，大石率200铁骑向西北方行进。西北边地是诸游牧族的地区，在金朝南侵过程中，仍然是辽朝的统治范围，局势是稳定的。

耶律大石领兵至镇州（今蒙古鄂尔浑河上游，哈达桑东北古回鹘城），召集西北地区18个部落，征兵万人，设置官员，重新组成统治机构。延庆七年（1130年），耶律大石率部经回鹘西行，至叶密立（今新疆塔城一带），征服突厥各部落。耶律大石建号称帝，号天祐皇帝，又号古儿汗，耶律大石仍用辽国号，史称西辽，又称哈喇契丹（黑契丹）。康国元年（1134年），耶律大石在楚河南岸八剌沙衮建都，号为虎思斡鲁朵。

耶律大石建都后，出兵东征喀什噶尔，进至和阗。向西征服撒马尔罕和花剌子模。康国十年，耶律大石病死，依汉制立庙号德宗。

西辽德宗耶律大石死后，由皇后塔不烟执政7年，以后传子耶律夷列（仁宗）。崇福元年，西辽仁宗死，妹普速完摄政，号承天皇太后，普速完与夫弟萧朴古只私通，谋杀夫萧朵鲁不。萧朵鲁不父萧翰里剌为西辽元帅，领兵杀普速完及萧朴古只。天禧元年（1178年），西辽仁宗子耶律直鲁古继帝位。

天禧二十七年，蒙古成吉思汗灭乃蛮部，乃蛮部长塔阳汗败死，子屈出律西逃。年初，屈出律逃奔西辽。耶律直鲁古将女儿嫁给屈出律。屈出律又离西辽东去收集乃蛮残部，与花剌子模相约，夹攻西辽。三十四年，耶律直鲁古被迫退位。屈出律篡夺了西辽王位，奉耶律直鲁古为太上皇。1218年，蒙古军灭其国，屈出律被捕处死。

宋太宗收复燕云战争的失利

太平兴国四年（979年），宋太宗乘灭北汉之势，移师辽南京幽都府（今北京），企图一举收复为石敬瑭割让契丹的燕云地区。

宋军初战获胜，连下易（今河北易县）、涿（今河北涿州市）等州，嗣即因辽军的苦守待援，不得不屯兵于坚城之下。宋太宗率军于高梁河（今北京西直门外）与辽援军展开激战。在耶律休哥、耶律斜轸等军的夹击之下，宋军大败，宋太宗中箭，急乘驴车逃走，从此不再亲临战场。雍熙三年（986年），宋军再次发动了大规模的攻势战。东路主力由曹彬率领，自雄州（今河北雄县）北上，攻涿州；中路田重进军出飞狐（今河北涞源），攻蔚州（今河北蔚县）；西路军由潘美、杨业率领出雁门（今山西代县），攻山后诸州。宋方的战略意图是以东路军牵制住辽的主力，使西、中两路乘隙攻取山后诸州，然后3路大军合击幽都府。

宋西路军进展迅速，连下寰（今山西朔县东）、朔（今山西朔县）、应（今山西应县）、云（今山西大同）4州，中路军亦攻占了蔚州。东路宋军主力连续受耶律休哥军的阻击和骚扰，虽然攻占了涿州，但粮道被切断。在辽承天皇太后亲率援军和耶律休哥军的攻击下，宋东路军于歧沟关（今河北涞水东）大败溃散，伤亡惨重。西、中两路军因此被迫撤军。西路军杨业由于得不到主帅潘美的支援，在陈家谷口（今山西宁武东北）受伤被俘，绝食3日而死。

宋太宗两次攻辽失败，便放弃收复燕云的打算，只在河北平原上疏浚、沟通沿边河道，使西起沉远泊（今河北保定北）、东达泥沽海口（今天津塘沽南）的屈曲九百里之地，遍布塘泊，筑堤贮水，沉远泊以西则依靠种植榆柳林木，设置寨、铺，派兵戍守，以与辽朝相对峙。

在宋取守势后，辽朝对宋却展开攻势。就在宋军第二次收复燕云战争失利的冬天，辽数万骑逾燕山南下，宋军刘廷让率军阻击，分精兵与李继隆，令其支援，而李继隆逃至乐寿（今河北献县），坐视刘廷让军数万人被歼于君子馆（今河北河间北）。自此，辽利用其骑兵优势不时进扰。咸平二年（999年），辽承天皇太后、辽圣宗耶律隆绪率兵南下，宋将傅潜率大军驻定州（今河北定县），闭门自守，不敢出战。次年正月，辽兵到瀛州（今河北河间），大败宋军，擒宋将康保裔。咸平六年，望都（今属河北）之战，宋将王继忠兵败降辽。景德元年（1004年），辽承天皇太后、圣宗又以收复瓦桥关（今河北雄县旧南关）以南地区为名，发兵南下，回避不少城市的攻坚战，直趋黄河边的澶州（今河南濮阳附近），对宋的都城开封构成严重威胁。

宋朝大臣王钦若主张放弃东京逃跑，迁都昇州（今江苏南京），陈尧叟主张迁都益州（今四川成都），只有新任宰相寇准等少数人力请宋真宗赵恒亲往澶州前线督师，以振作士气。这时寇准倚重的将领，是在历次抗辽战斗中屡立战功的杨嗣和杨延朗（杨业之子，后改名延昭）。杨延朗上疏，建议"饬诸军，扼其要路，众可歼焉，即幽、易数州可袭而取"，但未被采纳。宋军在澶州前线射杀辽南京统军使萧挞览，辽军士气大挫。宋真宗进入澶州后，两军处于相持局面。

辽军的南侵，原是以掠夺财物和进行政治讹诈为目的，及侵入宋境后，因屡受挫败，就示意愿与宋朝议和。这恰好符合了宋真宗的意愿。他只盼辽军能够尽快北撤，不惜代价。十二月，宋、辽商定和议，交换誓书，约定：①宋朝每年交给辽期绢 20 万匹、银 10 万两；②沿边州军各守疆界，两地人户不得交侵，不得收容对方逃亡"盗贼"；③双方不得创筑城堡、改移河道。此外，还约定辽帝称宋帝为兄，宋帝称辽帝为弟。这就是所谓的澶渊之盟。澶渊之盟后，王钦若转而在宋真宗面前攻击寇准，说寇准把宋真宗当做"孤注"一掷，订立"城下之盟"是大耻辱。宋真宗罢免寇准，改任王旦作相。此后，宋朝裁减河北戍兵一半、沿边戍兵 1/3。

杨家将的抗辽斗争

契丹地方政权建立以后，不断南侵，与宋朝发生军事冲突。宋、辽之间曾经先后发生过 3 次较大规模的战争。

第一次战争发生在 979 年，即宋太宗太平兴国四年，辽景宗乾亨元年。这一年，宋太宗赵匡义消灭了北汉政权，准备乘胜收复幽、云等 16 州，对辽发动了反击战。战争开始阶段，宋军进展十分顺利，很快逼近幽州。但是，由于宋军长期连续作战，兵将没有好好地得到休整，战斗力已经十分疲乏；而辽朝以强大的兵力援救幽州，终于在高梁河打败了宋军。七月，高梁河之战刚刚停了下来，九月间辽军又向镇州（今河北正定）进攻，后来被宋军赶走。第二年（980 年）的三月，10 万辽兵又向雁门关（山西代县北）进攻，气势汹汹。宋朝杨业一军，在雁门关战中，发挥了巨大的作用。

杨业的祖先是麟州（今陕西神木北）人，到杨业时已迁往太原。他原名重贵，原是北汉的将领。由于他勇敢善战，人称"杨无敌"。北汉统治者替他改名刘继业。

杨业的妻子折氏，也是一个很有军事才能的人，出自云州（今山西大同）的大族。她的祖父折从阮，五代后唐时担任府州（陕西神木东北）的防务。她的父亲折德扆、兄弟折御勋、折御卿，在五代后周和北宋初年，先后镇守过府州，多次与契丹交战，保护北方的边防门户。今山西保德折窝村还有杨业妻子折太君墓。在元曲和传统戏里面，都作"佘太君"，大概是由于"折""佘"读音相近的关系。她善骑射，曾帮助丈夫屡建奇功。

在北汉统治时期，杨业做过建雄军节度使，镇守今山西代县。由于契丹的干扰，经常发生武装冲突。北宋政权建立后，杨业一度劝说北汉统治者刘继元归附宋朝，共同抵抗契丹。刘继元没有这样做。979年，宋太宗转攻太原，消灭了北汉政权，杨业恢复原姓，单名"业"，成为北宋王朝的一名将军。这时，他已经是50岁左右的人了。宋太宗知道他熟悉北方的边疆情况，便派他做代州（山西代县）刺史，隶属大将潘美部下。

太平兴国五年三月，辽军进犯雁门关的紧急战报传到代州时，杨业手下只有几千名骑兵，没有办法同10万辽兵硬拼。他带领数百名轻骑兵，从雁门关西侧的羊肠小道绕到雁门关以北，从辽兵的背后杀出，杀死了辽朝驸马萧咄李，活捉了将军李重海，打乱了辽军的攻势，取得了胜利。

经过雁门关这次出奇制胜的袭击，北方形势暂时稳定下来。宋太宗给杨业升了官。但是身为主将的潘美并不高兴，因为杨业赢得了战功，使杨家将的声誉越来越高了。

982年，年仅12岁的耶律隆绪坐上辽朝皇帝的宝座。宋太宗想利用辽政权大变动的时机，出兵收复16州失地。

战斗终于在986年（雍熙三年）开始了。

这一次军事行动，是宋太宗亲自指挥的。他派遣军队从山西、河北分3路出兵：曹彬、崔彦进、米信率领的东路军是主力，从雄州（河北雄县）出击，采取缓行军的战术，虚张声势，向幽州进发，牵制辽兵的主力；中路军由田重进带领，出飞狐（今河北涞源北）；由潘美和杨业带领的西路军，急速出雁门关，收复关北的广大地区。

北宋的反击战，得到了北方人民的支持和响应。杨业的部队出了雁门关，在不到两个月的时间内，就收复了云州（今山西大同）、应州（今山西应县）、寰州（今山西朔县东北马邑镇）、朔州（今山西朔县）等4州。在攻打应州和朔州时，杨业的儿子杨延昭当先锋，把强悍的辽兵打得惊慌溃败。

北宋西路军连战连胜，中路军也收复了一些失地，战争的形势本来是很好的。但由于东路军的大将曹彬贪功冒进，急速攻打涿州。由于行军速度比原定作战计划加快了，军粮的运输一时间跟不上，大部队又中途退回雄州（今河北雄县），终于在离涿州西南40里的歧沟关地方，被辽军打得大败，损失惨重。当部队夜渡拒马河时，无数的士兵溺死了。部队退到易州（今河北易县）后，在沙河附近又死亡过半。

赵光义得悉东路主力部队惨败的消息，心里发慌，连忙下令全线撤兵。

辽军乘胜追击，以 10 万人马进攻寰州。宋太宗下令潘美和杨业的部队，放弃 4 州土地，退守雁门关以南的代州，并保护 4 州的百姓后撤。

杨业知道辽军已经占了主动地位，只能分散他们的兵力，予以个别击破。杨业提出了切实可行的保卫云、朔、应州人民南撤的作战方案，但没有被潘美及监军王侁、刘文裕等人所采纳。

之后，杨业又同潘美约定，由潘美带领精壮步兵埋伏在朔州以南的陈家谷口，等待杨业把辽兵引到这边时，前后夹攻，痛歼敌人。

杨业率领他的儿子杨延玉和 73 岁的老将王贵等，从拂晓出击。战士们斗志昂扬，战斗进行得十分顺利。潘美和王侁等人在陈家谷口等了多时，不见杨业部队，以为前方已经打了胜仗。为了争功，他们迫不及待地发动进攻。当潘美的部队向前推进 20 多里，听说杨业战斗失利，又慌忙掉头逃跑。杨业部队在辽兵的包围下，浴血苦战，一直打到天黑，仅剩下战士 100 多人。他们奋不顾身，突出重围，退向陈家谷口，指望潘美的部队前来接应，谁知他们早已逃之夭夭。杨业知道大势已去，吩咐他的部下，赶快另找生路。但战士们谁也不愿丢下老将杨业而独自逃生。结果，王贵壮烈牺牲，杨延玉也死在乱军中。杨业身上受伤数十处。他的战马因受重伤，不能继续奔驰杀敌，终于被俘，被俘地点是朔州西南 18 里的狼牙村。在敌人的威胁利诱下，他坚贞不屈，绝食 3 天，壮烈而死，传说里称他杨令公。

在抗辽斗争中，杨家将表现了临危不惧、视死如归的英雄气概。杨业牺牲后，他的妻子折太君向宋朝政府提出了控诉。在正义的呼声面前，宋太宗只得把潘美降级，把王侁和刘文裕革职，并给杨业的 6 个儿子以官职。

杨家祖孙 4 代，都是优秀的军事将领。

杨业的父亲名叫杨信，是五代时抗辽的著名将领。944—946 年间，正是五代后晋和辽太宗执政时期，辽军曾一度冲入后晋的都城东京（今河南开封），北方人民举起了抗辽的旗帜。杨信在火山（今山西河曲）领导人民抗辽。现在山西河曲和保德一带地方，还有"杨家寨"的地名，相传是当年杨信活动的地方。

由于杨信在抗辽斗争中表现了英勇坚强的精神，刘知远建立后汉政权时，派他在麟州带领军队，保卫边防。现在陕西神木县还有杨家城的遗址。

杨业在他父亲的熏陶下，具有慷慨好义的精神。根据历史记载，他有 7 个孩子。长子名叫延朗，后改名为延昭。延昭在北方坚守边疆达 20 多年，是一位杰出的军事将领。辽军很害怕他，称他为"杨六郎"，并不是他排行第六。其余 6 个儿子，除延玉阵亡外，还有延浦、延训、延瓌、延贵、延彬。

杨延昭在 20 多岁的时候，曾在他父亲手下守备宁武关沿线。现在山西省的平鲁、朔县、崞县的六郎寨，就是他当年抗辽斗争的活动地方。杨业死后，杨延昭仍然是宋朝守卫北方的一员名将。宋真宗曾经召见过他，说他不愧是名将的后代。当时他担任莫州（今河北任丘）刺史。他很能团结部下，与将士们同甘共苦，保持良好的军队纪律。

宋、辽的第三次大规模战争，发生在 1004 年。

宋初两次战斗失败之后，契丹贵族的骑兵经常扬鞭南下。虽然从（988 年）起，宋朝在北方边区开辟了水田，由 18000 多名战士进行屯种，来阻止契丹的骑兵。但是这种消极的防御，并不能有效地抵御辽兵的袭击。1004 年，也就是宋真宗景德元年，辽圣宗统和二十二年，辽朝萧太后和耶律隆绪带领 20 万人马南下。辽兵绕道保州、定州（今河北定县），长驱直至澶州北城（今河南濮阳），准备渡河南进，一直打到北宋的都城汴京。

在辽军攻击的危急情况下，北宋朝廷惊慌失措。宰相王钦若是江南人，主张迁都金陵；宰相陈尧叟是四川人，主张逃往成都。这些都是自私自利、不顾国家民族利益的人。独有宰相寇准等少数大臣主张积极抵抗，要求皇帝亲自上前线，反击来犯之敌。寇准严正地指出："敌骑迫近，四方危心""只可进尺，不可退寸"。

寇准的主张深得广大军民的拥护。宋真宗并非真心赞成抵抗。但在紧急关头，不得不考虑民心的向背，而且逃跑已不可能，敌兵早已迫近眼前。

在寇准领导下的抗辽斗争，极大地鼓舞了北宋军民的斗志。集结在澶州周围的宋军就有几十万人。辽朝先锋萧达览到澶州城下察看地形，当即被宋军射死。敌人的凶焰一下子就被打了下去。杨延昭的部队在广信军（今河北徐水东）拦截南下的辽兵，并上书要求北宋朝廷团结军民，打击敌人，收复失地。他认为辽朝孤军深入澶州，抢去的财物都留在马上。军队虽多，而人马困乏。只要宋军合力反击，是完全可以打败敌军的。只要打了胜仗，收复幽州等地也就不难了。但宋真宗缺乏这样的勇气和决心。

在北宋军民的合力反击下，辽兵处处被动，处于不利的地位，终于签订了和议。和议规定：辽朝皇帝称北宋皇帝为兄，但哥哥每年要送给弟弟 20 万匹绸缎和 10 万两银子。寇准和许多将领都不愿意。宋真宗为了乞求和平，根本不把这些银绢放在眼里。和议充分暴露了宋朝皇帝的昏庸与无能。

澶州盟后，宋朝于景德二年（1005 年）派杨延昭防守保州（今河北保定），后又调到高阳关（今河北高阳东）。这是宋朝的边防重镇。

杨延昭的儿子杨文广，跟他的祖父、父亲一样，是一位爱国将领。他把收复失地的军事计划，连同作战的阵图送给宋朝政府。可惜一直到杨文广去世时，并没有听到朝廷的反响。杨文广的一片爱国心，像大石沉入了海底。

杨家将中杨业、杨延昭、杨文广三代人均是北宋名将。他们的故事在民间广泛流传。后来戏曲、小说等文学作品中塑造的杨宗保、穆桂英则是虚构的人物，历史上并无其人。

宋辽幽州之战

宋太平兴国四年（辽乾亨元年，979年）至宋雍熙三年（辽统和四年，986年），宋与辽在幽州（今北京）展开了两次大规模攻防战。

辽是雄踞于宋朝北方的契丹族建立的政权。其疆域东临黄海，西抵阿尔泰山，北至西伯利亚，南至今河北中部及山西北部。五代后唐末，辽太宗耶律德光通过扶植石敬瑭为后晋皇帝，割取了燕云十六州（今北京至山西大同地区），并以此为基地，不断遣兵南袭。后汉灭亡后，辽在河东（治太原府，今太原南晋源镇）北部扶植北汉，作为燕云地区的屏障。后周显德七年（960年），赵匡胤代周称帝后，即有先取北汉，再复燕云的企图，多次遣军攻北汉。辽亦不遗余力地给北汉以军事支援。宋辽之间争端迭起，矛盾日深。开宝元年（968年），宋攻北汉，败北汉军于团柏谷（今山西祁县东南），进抵太原城下。后因辽军援太原，不果而退。二年及九年，宋太祖两度亲征北汉，均遭辽援军阻挠，未获成功。宋太宗赵光义即位后，于太平兴国四年（979年），亲率大军攻北汉，击败辽援军，破太原，迫使北汉投降，为进取燕云创造了条件。

宋太平兴国四年（辽景宗乾亨元年，979年）五月，北宋消灭北汉后，宋辽直接对峙。双方接触线大体东起泥沽口（今天津大沽口），西沿巨马河流域的信安军（治所在今河北霸州市东）、霸州、容城（今河北定兴东南），然后折向西北至飞孤（今河北涞源北）及灵丘（今山西灵丘）以南，直达代州雁门（今山西代县北）。此界线以北为辽控制的燕云地区，以南为北宋控制区。当时把位于太行山北支东南的檀、顺、蓟、幽、涿、莫、瀛7州称为"山前"，把太行山西北的儒、妫、武、新、云、朔、寰、应、代9州称为"山后"。辽军进攻，可从山前诸州沿河北平原直冲河、洛；退守，又可从山后出兵应援。地理形势处于可进可退、可攻可守的有利地位。

辽在幽州，除有大丞相、南京留守韩德让和大将耶律斜轸率兵防守外，并在宋军进攻北汉时增派北院大王耶律希达、统军使肖托古和伊实王萨哈加强防务。在此以前辽统治者曾在隋唐蓟城的基础上对幽州进行过大规模的扩建。幽州城方圆36里，城墙高3丈，宽1.5丈，共有8门，人口30万，成为辽的陪都和军事政治重镇。

太平兴国四年（979年）五月初六，宋军消灭北汉时，在太原集结了数十万部队。赵光义在当月即企图乘胜继续出击，一举夺取燕云地区。但是，宋军"攻围太原累月，馈饷粮尽，军士疲乏"，需要休整。同时"人人有希赏意"，需要论功行赏以利再战。因此，大多数将领不赞成立即向辽进军，但无人敢直言谏阻。而殿前都虞侯崔翰却怂恿赵光义说：收复燕云的事，不需要另作准备再进行，现在乘胜攻取十分容易，机不可失。这就更加坚定了赵光义的决心。于是，赵光义立即命令枢密使曹彬负责部署军队行动；命令潘美负责幽州行府，组织粮运，管理后勤；命原屯驻雁门的巡检郭进继续监视雁门以北辽军的行动，保障侧后的安全。从赵光义的作战部署和尔后的作战过程来看，其战略方针是：以幽州为主要作战目标，迅速自太原转移兵力东进，越过山丘重叠、沟壑纵横的太行山，乘辽无备，实施突然袭击，一举夺占幽州；只要幽州得手，其余诸州就会全局震动，然后乘胜收复全部燕云地区。

赵光义决策既定，宋军便于五月二十二日，从太原分路东进，翻越太行山，二十九日抵镇州（今河北正定），进入河北平原。六月初七日，赵光义遣使调发京东、河北诸州的武器装备和粮秣运往前线。十三日，赵光义亲自率10万大军从镇州出发，同时还有许多宫嫔随军行动。十九日宋军进入辽境，占领金台（今河北易县东南的黄金台），二十日进至歧沟关（今河北涿州市西南巨马河北）。由于宋军每天以百里的速度迅速开进，暴露在宋军侧后的辽东易州（治歧沟关）守军孤立无援，刺史刘禹（一作刘宇）举州投降。这时，辽北院大王耶律希达、统军使肖托古和伊实王萨哈迎战宋军于沙河（今河北易县东南之易水），企图阻止宋军向幽州推进。宋军前锋东西班指挥使傅潜、孔守正率部先到，立即向辽军进攻。接着，宋军主力赶到，投入战斗，击败辽军，俘获5000余人。二十一日，宋军进至涿州，辽涿州判官刘厚德开城投降。二十三日黎明，宋军进抵幽州城南。

辽南院大王耶律斜轸看到宋军兵锋甚锐，不敢正面交锋。他鉴于耶律希达被宋军击败，为宋军所轻视，便换上耶律希达军的旗帜，驻屯得胜口（今北京昌平北）诱敌。宋军挥兵进击，歼辽军千余。耶律斜轸率兵一部袭击宋军之背，宋军后撤，停止进攻。

由于赵光义未能全力夺取得胜口这一要点，反使幽州与得胜口、清沙河结成犄角之势，并保持幽州与山后的联系，因而提高了幽州辽军坚守的决心。赵光义认为耶律斜轸军仅能凭险据守，便以一部牵制其军，部署主力围攻幽州。六月二十五日，对幽州展开围攻：定国节度使宋渥所部攻南面，河阳节度使崔彦进所部攻北面，彰信节度使刘遇所部攻东面，定武节度使孟玄所部攻西面。在宋军的四面围攻下，辽大丞相、南京留守韩德让惊恐万状。宋军对城内辽军进行招降，城内军民人怀二心。辽铁林都指挥使李札勒灿出降后，人心更加动摇。辽御盏郎君耶律学古得知幽州被围的消息后，急率所部从山后增援。由于宋军四面合围幽州，耶律学古协便同韩德让一面加强守备，一面安定人心。宋军在转攻中，曾有300余人乘夜架梯登上城垣，但被辽军击退。

六月三十日，辽景宗耶律贤得到宋军合围幽州的消息，北院大王耶律休哥（一作休格）请求率兵10万救援。耶律贤接受了他的建议，命他与南京宰相耶律沙统率"五院"之兵越过燕山增援幽州。

七月初三日和初五日，辽建雄节度使刘延素和蓟州知州刘守恩相继投降。可是，宋军围攻幽州坚城不下，"将士多怠"。七月初六日，正当赵光义督军攻城时，耶律沙的援军到达幽州城外，同宋军激战于高梁河（今北京西直门外之河）畔。战至黄昏，耶律沙部不支，向后撤退，宋军乘势追击。这时，耶律休哥的骑兵从捷径赶到，数万人各手持两个火把，宋国不知辽军援兵究竟有多少，不敢再进，于高梁河畔布阵抵御。耶律休哥与原屯清河的耶律斜轸会合后，乘夜由两翼向宋军发起反击，城内守军闻援兵至，亦开城出击，城中呐喊助威。宋军三面受敌，陷入重围，顿时大乱，全军溃退，死者万余人，宋太宗乘驴车南逃。耶律休哥受伤，仍率军追击至涿州，获兵器、粮秣不可胜计。

初七日黎明，宋太宗赵光义乘驴车南逃。赵光义到达金台驿，令殿前都虞侯崔翰前往整饬，部队才稳定住。崔翰待赵光义及前卫部队退出辽境之后才开始撤军。初九日，宋军退至金台驿。十一日，再退至定州。辽军耶律休哥因3处负伤，不能骑马，乃乘轻车指挥部队追击至涿州，但未能追及。赵光义令崔翰及定武节度使孟玄等留屯定州，彰德节度使李汉琼屯镇州，河阳节度使崔彦进等屯关南（高阳关之南），并赋以便宜行事之权，防备辽军袭击。九月初三日，辽景宗耶律贤乘宋刚败，任命燕王韩匡嗣为都统，南府宰相耶律水秋监军，率兵数万出南京（即幽州，今北京），分兵两路南进。东路由韩匡嗣、耶律休哥、南院大王耶律斜轸等率领，西路由南京统军使耶律善补率领，企图会攻镇州。三十日，辽军进抵满城西集结。时刘廷翰已率部列阵于满城北徐河，崔彦进亦率所部自关南北上出黑芦堤（今河北容城西南）北西进，沿长城口（今徐水西北）潜师辽军侧后，对辽军形成夹击之势。未几，崔翰、李汉琼抵徐河，按太宗所授阵图布八阵，兵力分散。右龙武将军赵延进登高远望，见辽军势众，冒违诏改阵之罪，力主集中兵力对敌。监军李继隆附议，崔翰乃改八阵为前后二阵。及辽军列阵，宋遣使入辽营诈降。耶律休哥识破宋军企图，劝韩匡嗣严阵以待，不可轻信，韩匡嗣不听，放松戒备，果遭宋军突袭。辽军仓促应战，指挥失措，大败。韩匡嗣引军向西溃逃，又遭崔彦进伏兵袭击。宋军俘辽兵万余人，获战马千余匹。宋太平兴国五年（辽乾亨二年，980年）三月，辽帝耶律贤发动其大同之军南侵并州（今山西太原市），以分宋军之势，继而命大同节度使萧咄李率大军10万进攻雁门关（今山西省代县北）。此时，宋军在山西境内的戍兵不过5万人，代州刺史杨业的守军仅数千人。杨业侦知辽军大举南侵，报请驻守并州的潘美发兵来援。潘美认为雁门等地只能迟滞敌人，而不能作为长期拒止敌人之地，故欲坚守并州，不肯发兵入援雁门。杨业无奈，亲率精骑数百，自雁门关北口绕到辽军背后，突然由北向南突击辽军中军，萧咄李正准备攻关，不期杨业突自背后来袭，顿时乱了阵脚，被斩于乱军之中。辽军失去统帅，纷纷溃散，奔还大同。是年冬，辽景宗耶律贤亲率大军进攻瓦桥关（今河北雄县）获胜。宋遂以南易水为防线，大修边备。七年四月至五月，辽军3路出兵，攻宋满城、雁门、府州（今陕西府谷），被宋军击败。后辽景宗病死，圣宗耶律隆绪即位，用兵高丽、女真，无暇南顾。宋则致力于休士养马，广积军储，以图再举。宋辽边境暂趋平静。第一次幽州之战结束。

雍熙三年（986年），宋太宗认为辽（契丹）帝幼弱，太后萧绰摄政，内部不稳，决心分兵3路，大举攻辽。东路以幽州道行营马步水陆都部署曹彬、幽州西北道行营前军马步军都部署米信军率主力10万人出雄州（今河北雄县）；中路以定州路都部署田重进等率军出飞狐（今涞源）；西路以云、应路行营马步军都部署潘美、副都部署杨业率军出雁门。企图以东路牵制辽军主力，中、西路乘虚夺取山后诸州，尔后转兵东向，3路会攻幽州。

宋军各路自当年正月二十一日相继出动后，辽迟至三月初六日才得知宋军大规模发动进攻的消息。萧绰针对宋军的情况，以一部兵力先对西线宋军进行牵制性作战，而以主力对幽州威胁最大的东路宋军主力寻求决战，尔后再向山后转移兵力，击破西路宋军。其部署是：命南京留守耶律休哥率部阻止曹彬军北上，东京（今辽宁辽阳）留守耶律抹只率军继进；同时下令征诸道兵赴援幽州。以耶律斜轸为山西兵马都统进援山后，阻击田重进、潘美军；以耶律勤德守备平州（今河北卢龙）海岸，巩固后方，防备宋水师从海上进击辽东。萧后与辽圣宗耶律隆绪率军进驻驼罗口（今北京南口附近）策应。

宋军发起进攻后，开始各路进展比较顺利。

飞狐方向：中路田重进军自定州沿今河北唐河河谷北上后，于三月初九日进至飞狐北。辽冀州防御使大鹏翼，康州刺史马军、指挥使何万通率军前往增援。田重进先命前锋出战，乘辽军不支，将后续兵力投入战场，生俘辽军骁将大鹏翼等，全歼援军。二十三日，辽飞狐守将吕行德投降。二十八日，辽灵丘（今山西灵丘）守将穆超也举城降。四月十七日，宋军进攻蔚州，辽将李存璋杀其主将，以应宋军。

云应方向：西路潘美军自出雁门关后，三月初九日，在寰州击败辽军。十三日、十九日，朔州、应州的辽军守将先后投降。四月十三日，宋军又攻克云州。

幽州方向：东路是宋军主力。米信率军一部自雄州出发后，渡过巨马河，于四月初四日击破辽军于新城。

曹彬所率东路主力约10万人，三月初五日，攻克固安（今河北固安）后，十三日，即攻占涿州，全歼守军。十七日，部将李继宣率轻骑东渡涿水（从涿州城北流过），败辽军于涿州城南，歼敌千余人，杀奚部宰相贺斯。当曹彬进占涿州后，辽南京留守耶律休哥因兵力不足，采取避免决战、疲惫消耗宋军的方针。夜间用轻骑袭击，白天用精兵虚张声势，以迷惑宋军，同时派兵绕至宋军后方，截断其粮道。

曹彬军在涿州 10 多天，因粮尽不得已退回雄州。曹彬军的后退使本已有利的战局发生了很大变化。

赵光义得知曹彬军后退就食，甚为惊愕。他认为大敌当前而退军就食，甚为失策。遂急令曹彬率军沿白沟河（即巨马河）向米信军靠近，会攻幽州。这时，曹彬部下诸将听说中、西两路军连克州县，屡战屡胜，耻于东路握重兵不能有所攻取，都主张出战。曹彬不能制止，遂听信诸将意见，补充粮食后，又向涿州进攻。耶律休哥以一部兵力对曹军进行阻击，使之且行且战，行动迟缓。这时正值夏天，大军行进途中缺水，曹军士卒困乏不堪。到达涿州后曹彬得知萧绰和耶律隆绪率援军从驼罗口南进，有会同耶律休哥军钳击宋东路之势。于是，命部将卢斌携带城中民众先行向西南撤退，曹彬亲率主力断后。但撤退中宋军非常混乱，耶律休哥遂以全力追击。五月初三日，大败曹彬军于歧沟关。曹军溃退，夜间涉渡巨马河时，被辽军追上，溺死者甚多；余部继续向高阳（今河北高阳）溃退，途中又被耶律休哥追上，死伤数万人。曹军遗弃兵器、军资甚多，残部退到高阳。

赵光义得知歧沟关战败的消息，即令宋军中路田重进率军退驻定州，西路潘美部退驻代州（今山西代县），以避免中西两路军再遭失败。同时增兵北境，阻止辽军南进。

辽军在歧沟关取得胜利后，又于七月初以 10 余万兵力向西转移，先后攻占蔚州、飞狐、应州、寰州等地。赵光义令潘美等派兵掩护云、朔、寰、应 4 州居民南迁。但是，宋西路军主将潘美在兵力对比悬殊的情况下，令杨业出击。杨业根据辽军攻占寰州后兵势正盛的情况，不同意出击。他认为可领兵出大石路（今山西代县崞阳石峡口）配合云、朔两州守将率民众伺机撤退。监军王侁谴责杨业"见敌逗挠不战"。杨业不得已率兵出战，并与潘美等约定在陈家谷口（今山西朔县南）派兵接应。杨业孤军北进，遭到辽军伏击而大败。杨业退至陈家谷口时，接应兵已撤退，以致全军被歼。杨业受重伤被俘，不屈而死。宋王朝对辽发动的第二次幽州之战，又遭到惨重的失败，仅中路田重进的部队顺利退回。从此，宋朝君臣再也不敢发动对辽的进攻。

辽在两次击败宋军对幽州的进攻之后，时常派遣骑兵向南进攻。宋端拱元年（辽圣宗统和六年，988 年）辽军大举南下，曾攻占了宋的涿州、祁州（今河北安国）、新乐（今河北新乐）等地。后来，在真宗景德元年（统和二十二年，1004 年）闰九月，辽圣宗和萧绰集中全力南下，但刚入宋境，就遭到北宋军民的坚决抵抗。辽军攻威虏（今河北徐水西）、顺安（今河北高阳），作战不利；

攻北平寨（今河北顺平县东北），又受挫。接着，绕道攻保州（今河北清苑县）、定州仍不克，又东攻瀛州（今河北河间），死伤3万多人。以后，辽军虽乘隙进到澶州（今河南濮阳），但辽的主帅兰陵郡王萧达鉴战死，士气受到挫折，加之辽军的重要城镇保州、定州等，仍在宋军手中，辽军有后顾之忧，因而屯兵澶州城下，不敢南渡黄河。宋真宗赵恒在辽军的进逼下，惊慌失措，准备南逃。宰相寇准等坚决主战，并促使赵恒亲征，督战澶州。由于宋辽双方都没有取胜的把握，两军相持中议和。赵恒只希望辽军尽快撤走，就答应了每年送给辽银10万两，绢20万匹，于澶州（又名澶渊郡）订立了"澶渊之盟"。

"澶渊之盟"以后，辽由于内部统治不稳，加之看到中原地区军民的奋勇抗战情况，再未大举南下。

澶渊之盟

景德元年（1004年）闰九月，契丹发兵南犯，号称20万大军，浩浩荡荡，直逼黄河北岸。

宋真宗闻报色变，忙问计于宰臣。

副相王钦若、陈尧叟，都主张南迁都城，以避敌锋。王钦若是江南人，主张迁往金陵；陈尧叟是四川人，主张迁往成都。

宋真宗举棋莫定，又以迁都之议问计于宰相寇准。寇准明知端底，却佯作不知，故意当着两位副相的面说："谁为陛下出此败亡之策，罪当斩首！"寇准接着分析了形势，指明了利害，提出了车驾亲征以挫强敌的决策。

十月，宋真宗终在寇准等人的催促下，起驾北征。出得汴京，还未到达黄河南岸，这位怯懦的皇帝就动摇不进，又想迁都。寇准再次指出："今寇已近，四方危心，陛下只能进尺，不可退寸。进则士气百倍，敌闻丧胆；退则万众瓦解，敌乘我势，汴京失驭，金陵亦不可得！"真宗无奈，又勉强起驾北行。行至黄河南岸，又驻跸河边，畏葸不前。寇准等又固请，车驾方渡河抵达北岸。

当宋旗在澶州（今河南濮阳南）城上高高升起时，兵民欢呼，声闻十里，气势百倍。

契丹闻讯，派骑兵数千来骚扰，以探虚实，当即被宋军杀伤过半，败逃而去。

真宗临敌，住在行宫亦惴惴不安，于是，派人去察看寇准的动静。当听说寇准正与部将喝酒搏戏，诙谐如常，才放心说："寇准如是，吾有何忧呢！"

可是，正坐镇军中的契丹萧太后不能不忧。出师未捷，统帅萧达览已被宋兵射死，契丹锐气大挫；各路援宋大军正向澶州方向集结，数量甚众，远远超过契丹军；而契丹孤军深入，千里退路上宋民蜂起抗击，怎能使其不忧呢？于是，她不得不派出使臣致书大宋，以求和议。

宋接辽书，寇准即提出，辽欲求和亦可。但必须还我燕云故地（即五代时后晋石敬瑭割让给辽的 16 州），否则，兵戎相见，以决雌雄。但是，宋真宗却唯恐失去和议时机，不顾寇准之议，急派大臣曹利用使辽。临行，真宗特嘱曹利用，契丹如索岁币（即年年贡纳的银绢财物），虽百万亦可允诺。寇准得知后，立即召曹利用至军帐，说："圣上虽有敕旨，但你许给辽人的岁币不得过 30 万，否则，我就砍掉你的脑袋！"

景德二年一月，和议告成。双方议定，宋辽为兄弟，辽帝称宋帝为兄，但是，"哥哥"每年送给"弟弟"岁币 30 万（即 20 万匹绸缎和 10 万两银子）。这次宋辽和盟是在澶州签订的，澶州为古澶渊郡，故史称"澶渊之盟"。

曹利用成约而还，真宗正在用饭，未及召见，即派侍者去问许辽岁币几何，利用不肯先告侍者。侍者见利用以 3 个手指支着脸颊，回报时遂说，曹利用以 3 指支着脸颊，大概是 300 万吧！真宗失声道："太多了！"既而又说："姑且了却此事，300 万也可吧！"300 万虽属讹传，但可见宋真宗为苟且偷安。是不惜百姓的巨额脂膏的。

和议之后，妥协派王钦若等弹冠相庆，反诬主战的寇准以胁迫君王的罪名，说寇准挟君王作孤注，幸兵以自取重，结果与敌国签订城下之盟，有辱君王。是非黑白就这样全被颠倒了。功臣寇准反遭贬斥，后死雷州，契丹退兵了，宋朝又继续推行其"守内虚外"的国策。守内，即竭尽全力防范人民起义；虚外，即不修边防，理由是勿令敌国起疑。

然而，事有乖巧。宋室虽虚外而不为备。辽却因内争日剧，自顾不暇，注意力内向。宋辽关系因之基本呈现稳定状态，彼此相安达 120 年之久。

女真族的兴起和发展

建立金朝的女真族，原来居住在黑龙江流域。在古代文献上，曾出现过"肃慎"的译名，作为这一带各族的泛称。辽人和宋人称他们为"女直"或"女真"，包括了黑龙江流域和松花江流域属于同一族系的各部落。他们使用大体相同的语言。生活在辽阳一带的女真部落，逐渐接受辽文化，被编入辽朝户籍，称为"熟女真"。松花江以北宁江以东的女真诸部落，保持本族的习俗和制度，被称为"生女真"，生女真散居在山河之间，从事农业和狩猎。当时，生女真正处在父权制的氏族部落时期。氏族部落小者千户，大者数千户，各有首领。他们向辽朝交纳贡品，并以马匹皮毛等与辽人交换货物。

大约在辽兴宗时，活动在安出虎水一带的女真完颜部发展为强大的部落。联合白山部、耶悔部、统门部、耶懒部、土骨论部和辽朝称为"五国部"的薄聂（蒲奴里）、铁骊、越里笃、奥里米、剖阿里等5部，组成部落联盟。斡泯水蒲察部、泰神忒保水完颜部、统门水温迪痕部、神隐水完颜部等相继加入了联盟，完颜部长乌古迺为联盟长，接受辽朝加给的节度使称号。又设有"国相"管理联盟事务，由完颜部的雅达充任。

辽道宗时，乌古迺死去，子劾里钵继任联盟长，以弟颇剌淑为国相，免去了雅达的职务。雅达子桓赧、散达等起而反抗，部落贵族间展开激烈的战斗。颇剌淑被桓赧、散达军战败。劾里钵与族弟辞不失击败桓赧军。桓赧、散达率部降。以锻铁驰名的温都部部长乌春，曾与桓赧等联兵反抗，也被完颜部欢都击败。劾里钵与弟盈歌又战胜活剌浑水的纥石烈部，巩固了部落联盟。

辽道宗大安八年（1092年），劾里钵病死。颇剌淑继任联盟长，命劾里钵长子乌雅束、次子阿骨打等讨平纥石烈部。辽朝加给完颜旻（阿骨打）"详稳"称号。大安十年，颇剌淑死，盈歌继任联盟长，以兄子撒改为国相。这时，女真族的徒单部另组成14部的联盟，乌古伦部也组成14部联盟，蒲察部组成7部联盟。3个联盟联合攻打完颜部为首的12部联盟，展开激战。盈歌、撒改与完颜阿骨打击败三联盟，组成统一的部落联盟，称"都部长"（联盟长），并通告各部今后不得另组联盟。辽乾统三年（1103年），盈歌死，乌雅束继任。天庆三年（1113年）乌雅束死，弟完颜阿骨打继任联盟长，称"都勃极烈"。次年六月，辽天祚帝耶律延禧加给完颜阿骨打节度使称号。

阿骨打建立金国

女真受到契丹的欺压敲诈，引起女真族的不满与反抗。阿骨打于1114年任部落联盟长，开始了抗辽的斗争。阿骨打拼力奋战获胜，"辽军大奔，蹂践死者十七八。"十月，破宁江州（今吉林扶余东南小城子）城，辽出兵镇压。十一月，女真与辽在出河店（今黑龙江肇源西南）大战，阿骨打亲举火把夜战，乘着大风奋击，大败辽军，乘胜占领辽的宾州（今吉林农安东北、红石垒）、咸州（今辽宁开原老城镇）等地。

1115年，阿骨打称帝，建立大金国，年号收国，是为金太祖。金太祖设谙版勃极烈等辅佐国政。谙版在女真语中是"大"的意思，勃极烈意为"官长"。另有三勃极烈。军队仍由"猛安"与"谋克"率领。猛安，在女真语中的意思是军事酋长；谋克，是氏族长的意思。此时，猛安与谋克成为军事的组织，管理率领女真的士兵及其家口民户。

金攻占辽都黄龙府

阿骨打建国以后，继续向外扩张，收国元年（1115年）九月，占领黄龙府（今吉林农安）。辽的天祚帝率领号称70万的大军，进攻金人。阿骨打率2万精兵，大破辽军。第二年，占辽的东京辽阳府（今辽宁辽阳）。以后的几年，相继攻占辽的上京临潢府（今内蒙古巴林左旗南）、中京大定府（今内蒙古宁城西大名城）、西京大同府（今山西大同）。到1122年，金军攻下南京析津府（今北京）。1123年，阿骨打去世。金太祖死后，弟谙版勃极烈完颜晟（金太宗）即位，联合西夏，追击辽天祚帝。天会三年（1125年）二月，擒天祚帝，辽亡。后辽皇族耶律大石（西辽德宗）西迁，在中亚建西辽。

女真族的南侵和北宋的覆亡

辽亡之后，金兵乘胜南下攻宋。西路军被阻于太原城下，东路军长驱直入，包围北宋首都开封，宋徽宗仓皇出逃，传位给儿子赵桓，是为钦宗。北宋政府内部分裂为两派，以张邦昌为代表的投降派主张赔款割地，屈辱求和；以李纲、宗泽为代表的主战派主张保卫东京，坚决抗战。这时河北、山东人民纷纷组织义军，前来救援首都，宋钦宗被迫任命李纲为亲征行营使，负责守卫开封。李纲领导军民多次击退金兵的进攻。正当形势开始对宋有利的时候，宋钦宗却听从了投降派的意见，向金求和，并罢免了李纲。当即激起以陈东为首的太学生上书，要求恢复李纲职务，首都10余万军民也起来响应，钦宗被迫重新起用李纲。金兵见不能取胜，只得退兵。

金兵一退，投降派再次得势，李纲被贬斥，义军被遣散，徽宗返回开封，北宋君臣依然过着荒淫腐朽的生活。

靖康元年（1126年）秋，金兵再次分两路南下，攻占开封。大肆搜刮勒索以后，于靖康二年（1127年）二月废徽、钦二宗，北宋灭亡。三月，金人扶植傀儡张邦昌建立伪楚政权。四月初一日，撤兵北去，掳走宋徽、钦二帝和后妃、宗室、大臣等3000余人，开封城内的珍宝、图籍及百工、倡优等等，也被劫掠一空。史称"靖康之难"。

金朝政治制度的改革和统治集团内的派别斗争

天会十三年（1135年），金太宗病死。在此以前，已立太祖孙完颜亶为皇位继承人，加号谙版勃极烈。13岁的完颜亶（金熙宗）即帝位。

为了巩固金朝的统治，金熙宗时适应新形势的要求，对统治制度一再进行改革。在朝廷中枢废除传统的谙版勃极烈等辅政制，依辽、宋制度设太师、太傅、太保，称三师，朝中设尚书、中书、门下三省，由领三省事综理政务，下设左、右丞相及左、右丞（副相）。天会十五年，金熙宗又废除属邦齐国，在汴京（今河南开封）设行台尚书省。天眷元年（1138年），又改燕京枢密院为行台尚书省。两行台尚书省负责对华北地区的统治。同年，又进一步改定官制，史称"天眷新制"。新制实际上是全面实行汉族官制。女真官员予以"换官",即将原来的女真官职换授为相应的汉称的新职。又在尚书省设平章政事和参知政事,位在左、右丞之下,以加强尚书省的权力。金熙宗又在会宁府(今黑龙江阿城南白城子)仿汉制修建都城和宫殿,建号上京(辽上京则改称临潢府)。制定百官朝见的礼仪和有关制度。当年又颁布一种笔画简省的新文字,称为女真小字以供行用。

金熙宗时,金朝统治集团内部发生激烈的纷争,完颜宗翰一派的势力,不断受到削弱。天会十五年,太师、领三省事完颜宗磐以贪赃罪逮捕完颜宗翰的亲信尚书左丞高庆裔,使庆裔死于狱中,完颜宗翰抑郁而死,完颜希尹也被罢相。天眷元年,完颜昌、完颜宗磐等坚持主张将河南、陕西地归还宋朝,以换取宋向金称臣纳币,并将汴京行台移治大名府(今河北大名东),又移治祁州(今河北安国)。这时,金朝的统治仍以女真族的"内地"为中心。二年,完颜希尹复任左丞相,与完颜宗幹、完颜宗弼等劾奏完颜宗磐私通宋朝。郎君吴矢(吴十)谋反被处死,也涉及完颜宗磐。金熙宗诏完颜宗幹、完颜希尹等逮捕完颜宗磐和完颜宗隽(太祖子)处死。完颜宗幹升任太师,宗颜宗弼为都元帅。三年,金熙宗采用宗幹、宗弼议,再次出兵夺回陕西、河南地。金行台尚书省又移治汴京,以燕京路直属中央尚书省,从而撤销燕京行台尚书省的建置。完颜宗弼进军至淮南,掳掠而还。完颜宗弼劾奏完颜希尹曾窃议皇位继承,于是金熙宗杀希尹。

皇统元年(1141年),完颜宗弼领兵南下侵宋,南宋请和。金宋议定以淮水为界,宋向金纳币称臣。这年,完颜宗幹病死。完颜宗弼进拜太傅,仍为尚书左丞相、都元帅,并领行台尚书省,掌握了军政大权,七年,进为太师,领三省事,都元帅,领行台尚书省。次年,病死。完颜宗弼死后,金熙宗无力控驭朝政,皇后裴满氏结纳朝臣干预政事,帝后之间与贵族朝臣之间相互倾轧。金熙宗一再杀逐大臣,朝政日益混乱。皇统九年初,完颜宗幹次子完颜亮为都元帅;三月,拜太保,领三省事,五月,被逐出朝,领行台尚书省事,中途又召还,为平章政事。十二月,完颜亮与左丞相完颜秉德等杀熙宗。完颜亮篡夺帝位,改年号为天德。

海陵王统一中国的努力

完颜亮(金海陵王)即位后,杀完颜秉德等同谋者,又诛杀金太宗子孙70余人,以弟完颜衮领三省事,不任宗室。又任用渤海人大臬、张浩,汉人张通古、奚人萧裕等入尚书省执政。海陵王削弱女真皇室贵族势力,组成多民族的集团,以巩固其统治。

天德二年(1150年),废除汴京行台尚书省,政令统一于朝廷。正隆元年(1156年),又废除附于尚书省形同虚设的中书、门下两省,由尚书省专理政务，直属于金帝。金朝军事原统于都元帅府，设都元帅及左、右副元帅等。海陵王废都元帅府，改依汉制设枢密院，由枢密使、副使统军。尚书省与枢密院成为政治和军事的最高机构，形似北宋旧制，但枢密院仍由尚书省节制。海陵王改定的官制，成为此后金朝的定制。

海陵王又命渤海人张浩在燕京营建都城。贞元元年（1153 年），自上京会宁府迁都燕京，定为中都。金太祖、太宗的陵寝也自上京迁至中都附近的大房山。海陵王的统治巩固后，随即策划进兵江南，消灭南宋。正隆六年六月，海陵王至南京开封府（今河南开封），将其作为京都。绍兴三十一年（1161 年），完颜亮发动对南宋的进攻。

完颜亮督兵由采石（今安徽马鞍山市）渡长江，虞允文领导宋军，在采石重创金军。这就是著名的采石之战。

海陵王统治残暴，加之南侵，金朝内部矛盾进一步发展，皇室发生争斗。绍兴三十一年十月，随从海陵王南下的女真猛安完颜福寿，率领辽东征调的兵士万余人，返回辽阳，举行政变，拥立完颜雍为帝（金世宗）。金世宗下诏废黜海陵王。同月，苏保衡水军在胶西附近海面（今山东青岛附近）被宋海军歼灭。十一月，海陵王亲率军渡江受挫，在扬州被部将杀死。

封建统治的巩固

金世宗在混乱中夺得帝位，他是一个有作为的帝王。金世宗有很好的汉文化素养，注意学习儒学典籍，吸收历代帝王的统治经验，崇尚仁政王道。即位以后，他采取措施稳定了统治，任用海陵王时的臣僚，保持政治制度的相对稳定。争取女真贵族的支持，吸收汉人、契丹人以及其他各族的上层人士参加政治统治。在这同时，他镇压了汉族、契丹族和其他各族人民的起义。金军在符离大败宋军，1165 年，宋金订立了隆兴和议。宋金之间维持 40 年相对稳定的局面，双方没有发生大的战争。

在政治上，金世宗对前代的制度作了一些增减，宰相增设平章政事 2 人。进一步加强了皇权。在经济上，金世宗积极恢复发展农业生产，采取措施减轻农民的负担，招收流亡农民，开垦土地。世宗即位时，金朝有户 300 多万，20 年后，增加到 670 多万。嘉定和议之前，已经增加到 768 万多户，为金朝户口最盛的时期。恢复、增加了边境的榷场，发展贸易；鼓励百姓开采矿产，取消金银矿税。纺织、矿冶、造纸、印刷、制瓷业等手工业发展得较快。火器制造上有重要的发展，如"震天雷""飞火枪"这些在战争中得到了应用。金世宗在位时期，金朝的封建生产方式得到了发展。金世宗大定年间，政治局面稳定，财政充足，有"小尧舜"的称号。但金世宗还是保留了固有的旧俗，实行民族压迫的政策。女真贵族地主强占、兼并土地。赋税实行两税制，正税和各种杂税相当重。

1190年，金世宗卒，完颜璟（章宗）继位。金章宗进一步推行汉化的政策，提倡学习汉族文化，鼓励女真族和汉族之间的通婚，促进了民族之间的融合。

金朝的军事制度与法律制度

女真族在氏族部落制时期，原无独立的军事编制，部落氏族成员对外作战，即由猛安、谋克统领。谋克的副职蒲里衍也随同领兵。兵士从军作战带领随从一名，称为阿里喜。作战获胜，兵士即可获得财物和奴隶。初期收降外族兵士，也被编入军中，由猛安、谋克统率。金太祖对辽朝的契丹、奚、渤海等族降军，依辽制设都统司管领。攻掠燕云地区收降的汉军，仍依原来建置。金太宗任辽降将刘彦宗为枢密院事兼领汉军都统。对北宋降将，也仍官旧职。天会三年（1125年），金太宗大举侵宋，始设元帅府，由都元帅，左、右副元帅等指挥作战。金海陵王时，因军帅势力强大，改设枢密院主官军事，其长官有枢密使、枢密副使等，受尚书省节制。此后平时设枢密院，战时改元帅府。金朝后期则两套机构并置。作战时对领兵将领加给称号，战后即撤销。常驻各地的镇防军，分驻各州，向各地猛安谋克户签发兵士。猛安谋克户多由奴婢替代从军。金世宗时曾下令禁止。

金朝建国初期，皇帝有合札谋克，即亲军护卫。金海陵王时以太祖及宗王的亲军编为合札猛安。依宋制称侍卫亲军。选年轻步兵及骑兵1600人备宿卫。金世宗时置亲军4000人。金章宗时增至6000。北边地区置东北路、西北路、西南路三招讨司，设招讨使、副招讨使统领，镇抚边地诸族。各族降人编为乣军守卫边堡。河南、山西、陕西、山东诸路设统军司，统领军马，镇守边陲。

女真族在部落联盟时期，开始有原始的"条教"，主要是保护私有财产和确立秩序。杀人及盗劫者击脑处死，没收家产，并以家属为奴隶。犯重罪者可用牲畜财物赎罪，但要削去耳、鼻，以示不同于平民。金太祖建国前后，没有颁布正式的法律，只是宣布：①贫民负债需卖妻子为奴者，3年内不催督债务。②由平民沦为奴隶者，可以两奴隶赎一人为平民。这些规定旨在减少平民和奴隶的反抗，以巩固金国奴隶制的统治。金太宗占领辽、宋地区，沿用旧制。金熙宗皇统间制定法令，称为《皇统制》，是金朝的第一部法典。皇统制是"以本朝旧制，兼采隋唐之制，参辽宋法类以成书"，今已不存。海陵王颁布《续降制书》，作为皇统制的补充，增加了限制女真贵族奴隶主特权的内容。金世宗大定五年（1165年），命有司删定条例，与前制书兼用。大定二十年前后，修成《大定重修制条》，将前朝的条制加以整理补充，共得例、律、条格1190条，编为12卷。金章宗明昌五年（1194年），制定《明昌律义》。泰和元年（1201年），正式制定法律总集并加疏解，称为《泰和律义》，凡 563 条，编为 30 卷，依《唐律疏义》体例，分为 12 篇。这次制定法典，将律、令、敕、格式分别编纂，另编律令 20 卷、新定敕条 3 卷、六部格式 30 卷。金朝法律基本上沿袭辽宋旧法，同时，也保有金朝的特点。辽代刑名有杖、徒、流、死 4 种刑法。金朝因南有南宋，北有蒙古，不宜流放边地。因而只有杖、徒、死 3 种刑法。徒刑也可以杖刑代替。女真旧制击脑处死、没为奴隶等已不复存在。金朝女真族自熙宗至世宗时逐步封建化，但仍保有奴隶制的残余。金律一方面对女真奴隶主贵族的特权有所限制，另一方面也对驱奴与良民的不同地位作了法律上的规定。

金的衰落

金世宗死后，金章宗即位。在章宗统治的 20 年间，北方和南方又都爆发了战争。北边的鞑靼和蒙古合底斤、山只昆等部一再起兵反抗金朝的控制。金右丞相完颜襄连年出兵，攻打北边各族，在北边修筑长达千余里的壕堑，以防游牧骑兵南下。临潢府路的契丹人和被统治的各族分子（诸乣）也相继起兵，威胁着金朝在边疆的统治。

泰和六年（1206 年）四月，南宋宁宗、韩侂胄发动了对金朝的进攻。五月，宋宁宗下诏北征，各路宋军相继失败，金军乘胜分路南下，攻占宋京西、淮南部分地区。南宋兵败求和。金右副元帅仆散揆、都元帅完颜宗浩等相继死于军中。泰和八年，宋金双方重新订立和约。金朝在这次作战中也损失惨重，金章宗也于当年病死。金世宗第七子完颜允济（卫绍王）即位。

在战乱频仍的年代，自大定二十九年（1189 年）至明昌五年（1194 年），黄河三次决口，泛滥成灾，黄河两岸农村遭到严重破坏，大批农民死于水患或被迫逃亡。金朝赋税收入急剧减少，对外作战的军费却与日俱增。财政入不敷出，大量发行交钞（纸币），又造成社会经济秩序的紊乱。当金朝矛盾重重的年代，北边的蒙古族兴起，开始了灭金的过程。

蒙古侵金

1206 年，蒙古成吉思汗建立大蒙古国，占据漠北。大安二年（1211 年）二月，开始南侵金朝。金卫绍王命平章政事独吉思忠领兵抵御，在乌沙堡战败退兵。七月，蒙古军攻占乌月营，进而攻入抚州（今内蒙古兴和境）。八月，卫绍王罢独吉思忠，命参知政事完颜承裕领大兵据野狐岭，又大败于蒙古军，退守宣德州宣平县（今河北旧怀安东北），成吉思汗领兵追击，在浍河堡（今河北怀安东）大败金军。完颜承裕逃往归德。蒙古的另一路大军，由西路占领金净州（今内蒙古四子王旗西北），进攻西京大同府（今山西大同）。金守将纥石烈执中弃城逃跑。十月，蒙古由者别率领的先锋军直抵中都，久攻不下。十二月，撤军。

崇庆元年（1212 年）秋，成吉思汗再次大举南侵，掠昌州（今内蒙古锡林郭勒盟太仆寺旗白城子）、桓州（今内蒙古正蓝旗西北）、抚州，再攻金西京。金西京留守抹燃尽忠坚守，蒙古军退回。又攻金东京辽阳府，掳掠而去。贞祐元年（1213 年）秋，成吉思汗自阴山进军，经宣德州至怀来（今河北怀来东），大败金完颜纲军。乘胜进攻居庸关，威胁中都。蒙古军兵分 3 路攻掠黄河以北的山东、河东、河北路州县，直抵登州（今山东蓬莱）、莱州（今属山东莱州市）海滨。二年春，掳掠大批财物后又返回居庸关一带，围攻中都。

宣宗南迁及金的灭亡

金军败退，朝中混乱。驻守中都城北的右副元帅纥石烈执中在贞祐元年八月杀卫绍王允济，迎立金世宗孙完颜珣即帝位（宣宗）。九月，金宣宗遣使向蒙古军求和。次年三月，中都被围，金宣宗献纳人口财物，并将卫绍王女歧国公主献给成吉思汗。成吉思汗许和，退军。

蒙古军退后，金宣宗深恐蒙古军再来，朝廷不保，五月间率领皇室，载运宫中珍宝，逃离中都，迁都南京开封府。留尚书右丞相完颜承晖留守中都。宣宗南迁后，驻守中都以南的金乣军起兵反金，遣使与蒙古联络。成吉思汗随即派兵南下，贞祐三年五月，攻占中都，完颜承晖自杀。

金朝末期，北方各族人民反金起义斗争也进入了高潮。山东河北的人民不堪金人的残酷统治和沉重的压榨，纷纷起义，起义者身穿红袄，因此称之为红袄军。起义的领袖中主要有益都的杨安儿、潍州的李全等。起义的形势发展很快，杨安儿牺牲后，其妹杨妙真领导起义军继续进行斗争。杨妙真与李全结为夫妇合为一支势力很大的队伍。李全后来投宋，削弱了起义的力量。1225 年，另一支起义军的领袖彭义斌牺牲。义军余部在各地继续斗争，由于受到金和蒙古军的镇压，先后失败。红袄军最后虽然失败了，但却给腐败的金朝以沉重的打击，加速了金朝的灭亡。

金宣宗死后，太子完颜守绪即帝位（哀宗）。金哀宗停止南线的侵宋战争，集中兵力抵抗蒙古。正大三年（1226 年）至四年秋，金兵进军河东，连续收复绛州（今山西新绛）、平阳、太原府。正大四年，成吉思汗军又占领德顺州（今甘肃静宁），破临洮府等地。六月，灭西夏。金哀宗遣使向蒙古求和，被拒绝。七月，蒙古军进攻凤翔府和京兆府（今陕西西安），关中大震。成吉思汗病死，延缓了金朝的灭亡日程。正大五年，陕西蒙古军经泾州（今甘肃泾州北）进入大昌原（今甘肃宁县东南）。金平章完颜合达命忠孝军提控完颜陈和尚击败蒙古军，取得重大胜利。

正大六年，蒙古窝阔台即汗位，继续出兵侵金。攻庆阳府（今甘肃庆阳），不下。次年，攻破代州（今山西代县）、石州（今山西离石），在卫州（今河南汲县）被完颜陈和尚军击退。正大八年二月，蒙古军攻破凤翔府。九月，蒙古军分3路，窝阔台亲率中军攻河中府，转攻河南府（今河南洛阳）。斡陈那颜率左军进攻济南府。成吉思汗幼子拖雷率右军自凤翔府过宝鸡，沿汉水而下，穿行宋境趋均州（今湖北均县西北），企图转攻南京，一举灭金。窝阔台攻下河中府，拖雷进军邓州（今河南邓州市）。哀宗诏枢密副使完颜合达与副使移剌蒲阿自潼关东移兵邓州。拖雷部蒙古兵不满4万人，与一部分由窝阔台派来的军队会合，进至禹山（今河南邓州市西南）。天兴元年（1232年）正月，完颜合达与移剌蒲阿率骑兵2万、步兵13万自邓州进军钧州（今河南禹县），至三峰山（今河南禹县南），遭到蒙古大军袭击，金军全部溃败，完颜合达败死，移剌蒲阿、完颜陈和尚等被俘处死。钧州三峰山之战，金军主力全部溃灭，决定了金朝的灭亡。

蒙古军乘胜进围南京开封府。城内空虚，军民制造名为"震天雷"的火炮反击，激战16昼夜。金哀宗求和，蒙古军暂退。南京粮食断绝，援兵不至。十二月，哀宗率群臣自南京逃往汝州（今河南临汝），中途改道逃往归德府（今河南商丘）。天兴二年正月，南京守将崔立降蒙。六月，哀宗又自归德府逃往蔡州（今河南汝南）。蒙古联宋，夹攻金朝。十一月，宋孟珙率兵两万至蔡州。十二月，蒙古军攻破蔡州外城。蔡州被蒙古军及宋军围困3月。天兴三年正月，哀宗将帝位传给完颜承麟，自缢而死。蒙古军入城，杀金末帝完颜承麟，金亡。

金朝的历史大体是：太祖、太宗时期，是开拓时期；熙宗、海陵王时期，是巩固和发展时期；世宗、章宗时期是兴盛和繁荣时期；章宗以后是衰亡时期。它的兴衰，除自身原因外，又是和宋、蒙古力量的变化紧密联系的。

宋政权南迁，南宋初抗金斗争

金军从开封撤退之前，册立了原北宋宰相张邦昌为楚帝，企图建立一个完全听命于女真贵族的傀儡政权，统治黄河以南地区。金军撤退后，宋廷旧臣不再拥戴张邦昌，张邦昌只好避位。五月，康正赵构即位于南京应天府（今河南商丘），改元建炎元年（1127年），是为宋高宗。

宋高宗赵构即位之初，起用当时深孚众望的抗战派李纲为相。这时河北、河东地区都有忠义民兵抗击入侵的金军。李纲要把这些力量加以组织、领导和使用，使其发挥更大的作用，便推荐宗泽任东京留守，张所任河北西路招抚使，王瓘为河东经制使，傅亮任经制副使，并提出改革军制、整顿军纪、募兵买马等一系列建议，部署收复河东和河北失地。但赵构、黄潜善、汪伯彦等人，却只想用割让土地和缴纳岁币的办法，以求金人不再进军，绝不敢作以武力进行抵抗的打算，因而对李纲的谋划百般阻挠和破坏。李纲任相仅75天，即被罢免，张所等抗战派也相继被罢免。上书言事、力主抗金的太学生陈东和进士欧阳澈也被杀害。

女真贵族的烧杀掳掠，在北方强制推行奴隶制等行径，激起北方人民的武装反抗。河东地区的人民用红巾作标志，组织武装，到处袭击金军。泽州（今山西晋城）和潞州（今山西长治）一带的忠义民军，曾猛攻金军大寨，金左副元帅完颜宗翰几乎被俘。女真贵族痛恨红巾军，逐捕最急，每每妄杀平民以泄愤，而红巾军却愈益壮大。河北庆源府（今河北赵县）五马山（今河北赞皇）上，有官员赵邦杰和马扩领导的一支抗金队伍，他们拥立自称信王赵榛的人作号召，人数达10万以上，各地的许多抗金武装闻风响应。河北西路招抚司都统制王彦，率军渡河，攻占了新乡县城，后被金军打败，王彦率部转移到共城（今河南辉县）西山。他的部属都在面部刺上"赤心报国，誓杀金贼"8字，以表示与金军斗争到底的决心，这支军队从此便以"八字军"著称。两河忠义民兵纷纷接受王彦的领导，队伍扩大到10万以上，屡次打败金军。此外，如幽燕地区的刘立芸、杨浩和智和禅师、刘里忙等人也分别组织抗金队伍。张荣领导的梁山泊水军、陕西邵兴（后改名邵隆）和邵翼组织的义兵，也都各自为战，奋勇抗金。

赵构和黄潜善、汪伯彦对北方人民的抗金斗争，实际上采取敌视态度。他们将"行在"迁往扬州，以求苟安享乐。只有留守开封的宗泽，把那些归附在他的旗帜下的各地农民起义军加以组合，并和黄河以北的忠义民兵取得密切联系，整顿防御，以加强作战实力，建炎元年冬和二年春，宗泽率军击退金军的大举进攻。但是，他收复失地的计划一直得不到赵构的批准，几次吁请赵构返回东京，也未被采纳，积愤成疾，与世长辞。接任东京留守的杜充，一反宗泽所为。北方人民抗金武装也遭受挫折，先后为金军击破。

建炎二年秋至三年春，金军又发动攻势，前锋直指扬州，赵构仓皇逃往江南。抵达杭州不久，苗傅和刘正彦发动政变，逼迫赵构退位。吕颐浩和张浚联络韩世忠、刘光世和张俊起兵"勤王"，使政变宣告失败。东京留守杜充放弃开封，率军退往江南的建康府（今江苏南京）。当年冬，金将完颜宗弼率大军渡江，占领建康府，杜充投降，赵构又自杭州出奔，漂泊于海上。金军追至明州（今浙江宁波），沿途遭受南宋军民的不断袭击，遂于建炎四年春在大肆掳掠后北撤。韩世忠在黄天荡一带拦截金军，相持40天之后，金军以火攻破韩世忠军，才得回到建康。岳飞率部收复了建康府，金军退至长江以北。绍兴元年（1131年），张荣的梁山泊水军在泰州（今属江苏）缩头湖击败金将完颜昌，俘获完颜昌之婿蒲察鹘拔鲁。金军又被迫放弃淮东。

金朝在建炎四年九月册立刘豫为"大齐皇帝"，建立傀儡政权，与南宋对峙，并集结重兵攻打川陕。同月，宋川陕宣抚处置使张浚命都统制刘锡率 5 路军马，与金完颜宗辅（讹里朵）、完颜宗弼、完颜娄室所部在富平（今属陕西）举行大规模会战，宋军溃败，陕西 5 路大部丧失。都统吴玠率军扼守大散关附近的和尚原（今陕西宝鸡附近），屏蔽西川。绍兴元年十月，完颜宗弼大军猛攻和尚原，吴玠率军顽强抵御，重创金军，完颜宗弼身中两箭，金军遭受自灭辽破宋以来的首次惨败。三年正月，金军攻下金州（今陕西安康）。吴玠领兵至饶风关（今陕西石泉西）抵敌，战败。四年二月至三月，吴玠军又在仙人关（今甘肃徽县南），再次大破完颜宗弼的重兵。金军退守凤翔，暂时不敢窥伺四川。

绍兴四年五月至七月，岳飞出师反击伪齐，连克郢州（今湖北钟祥）、随州（今湖北随县）和襄阳府（今湖北襄樊），并于襄阳府附近击败伪齐悍将李成的反扑。岳飞派遣部将王贵和张宪进兵邓州（今河南邓州市），击败金、齐联军几万人，又攻占唐州（今河南唐河）和信阳军（今河南信阳）。屯兵鄂州（今湖北武昌）。岳飞按照预定计划胜利地收复了襄阳 6 郡，这是南宋建立政权以来第一次收复大片失地。

绍兴四年九月，金、齐联军自泗州（今江苏盱眙）和楚州（今江苏淮安）两地渡淮，大举南侵。十月，金军一支前锋在扬州大仪镇（今江苏扬州西北）遭遇韩世忠军伏击。金与伪齐联军进攻庐州城（今安徽合肥），岳飞奉命领军救援，在庐州城下又破敌军。

经过抗金将士四五年的艰苦奋战，南宋的统治才得以稳定下来。绍兴六年，宰相兼都督张浚部署韩世忠进攻淮阳军（今江苏邳州市西），不克。岳飞率军连破镇汝军、虢州（今河南卢氏）、商州（今陕西商县）和顺州（今河南嵩县西南），兵临蔡州（今河南汝南）。伪齐向金朝求援，遭到回绝，不惜孤注一掷，分兵进犯两淮。伪齐军在藕塘（今安徽定远东南）等地分别遭到杨沂中等军拦击，大败而逃。岳飞军又在唐、邓等州击破金与伪齐联军的分路进攻，再次兵临蔡州，打退了敌人的追兵。

绍兴七年，宋廷罢免畏敌怯战的淮西军主将刘光世，但由于处置失策，副都统制郦琼裹胁大部分淮西军叛变、投降伪齐，一时朝野震惊。宰相张浚引咎辞职。赵构遂取消岳飞的北伐计划。金完颜昌等人得势，废除刘豫的伪齐政权，向赵构诱降。绍兴八年三月，赵构任用秦桧为相，决意求和。赵构和秦桧进行极其屈辱的乞和活动，招致广大人民和很多士大夫的强烈反对，群情激愤。李纲、张浚、韩世忠、岳飞等人纷纷反对"议和"，枢密院编修官胡铨上奏，要求斩秦桧之流，以谢天下。赵构罢免主张抗战的官员，放逐胡铨，起用主和派，控制舆论，接受称臣纳贡的和议条件，派秦桧代表自己跪受金朝诏书。金朝将陕西、河南归还宋朝。

完颜宗弼在金朝政治斗争中得势，杀完颜昌等人，于绍兴十年撕毁和约，分兵 4 路，大举南侵，迅速夺取陕西、河南之地，进逼两淮。赵构被迫命令各军抵抗。新任东京副留守刘锜率领王彦旧部八字军进驻顺昌府（今安徽阜阳），以少击众，大败完颜宗弼的金军主力。完颜宗弼退守汴京，宋军分路出击。韩世忠军夺据海州（今江苏连云港）等地。陕西吴璘、杨政、郭浩等军屡败金兵，后因田晟在泾州（今甘肃泾川北）战败，宋军退守川口要隘。金军也因伤亡较多，退守凤翔府，不再出战。岳飞早先已制定了"连接河朔"的战略方针，积极与北方忠义民兵保持密切联系。他派梁兴、赵云、董荣等人深入黄河以北地区，组织游击军，广泛出击，袭扰金军，亲率主力北上，连克蔡州（今河南汝南）、颍昌府（今河南许昌）、淮宁府（今河南淮阳）、郑州（今属河南）、河南府（今河南洛阳东）等地，宋将张浚拥兵自重，玩敌怯战，到达宿州（今安徽宿县）、亳州（今安徽亳县）后，旋即退师，使岳飞处于孤军深入、兵力分散的境地。金帅完颜宗弼乘机大举反扑。郾城之战，岳飞军以少击众，迎头痛击，大败金朝主力骑兵。接着，王贵、岳云等又在颍昌大败金兵，形势对宋朝极为有利。岳飞上书赵构，要求各路宋军乘胜进军，收复失地。黄河以北的广大人民也闻风响应，不少州县已为忠义军所攻占。赵构和秦桧却急令各路大军停止进击，撤回原来驻地，岳飞被迫班师，金朝重占河南之地。韩世忠、刘锜等军也纷纷从前线撤回。刚开到前线的杨沂中军也在宿州溃败。

绍兴十一年春，金军攻打淮西。在柘皋镇（今安徽巢县北）被杨沂中、刘锜、王德等军击败，宋军收复庐州。金军回兵攻下濠州（今安徽凤阳），又分别打败韩世忠、张浚、杨沂中等援军，岳飞的援军赶来，金军退回淮北。九月，吴璘等军随后攻取秦州（今甘肃天水）、陇州（今陕西陇县）等地，并在剡家湾战役中屡获胜捷。尽管如此，也未能改变宋廷妥协苟安的决策。

赵构和秦桧采用阴谋手段，解除岳飞、韩世忠等大将的兵柄，并且设置冤狱，以"莫须有"的罪名，杀害力主抗金的岳飞和战将张宪、岳云，迫令抗战派韩世忠等人退闲。

当年十一月，以赵构和秦桧为首的投降派和金朝议定屈辱的和约，其主要条款是：①南宋称臣于金，并且要"世世子孙，谨守臣节"。②宋金两国，东起淮水中流，西至大散关（今陕西宝鸡西南）为界，中间唐州（今河南唐河）、邓州（今河南邓州市）、商州（今陕西商县）和秦州之大半皆属金朝。③南宋每年向金朝输纳银 35 万两、绢 25 万匹。这就是所谓的"绍兴和议"。

镇江之战

建炎四年（1130 年）初，金军在完颜宗弼的率领下渡江南侵，深入江浙，追赶宋高宗。宋军著名将领韩世忠退保江阴（今属江苏），欲等待敌军北归时，进行邀击。二月，宗弼追高宗不及，宣称搜山检海已毕，引兵北还，因掳掠物品甚多，陆行不便，乃沿运河，取道秀州（今浙江嘉兴）、平江（今江苏苏州），向镇江进发。世忠闻知，即移师镇江待之，以8000人屯守焦山寺，阻止敌军渡江。

三月十五日，金军返抵镇江，宋军已占据有利地形，做好一切拦截的准备。金将李选见退路断绝，首先向宋军投降。完颜宗弼为欲渡江，派使者前来通问，且请战期，世忠许之，约日会战于金山附近的大江之中。

会战之前，完颜宗弼亲带4骑登银山观察地形。银山在镇江城西2里江口，山形壁立，俗名坚土山，临江耸立，上有龙王庙。韩世忠既许金人约日会战，对诸将说：“此间观察形势，最好的地方是金山对岸银山上的龙王庙，我估计敌人必定到那里去，观察我们的虚实。”便派兵埋伏在庙中和岸边，约定闻江中鼓声，则岸兵进入，庙兵继出。不久果然发现金兵5骑前往龙王庙，庙中伏兵大喜，先鼓而出，敌骑大惊，飞驰而去，庙兵紧追，仅得2骑，询知完颜宗弼侥幸逃脱，宋军后悔不止。

两军按约定日期在金山附近江中接战。世忠以海舟扼守大江，乘风使蓬，往来如飞。完颜宗弼望见甚惧，对诸将说：“宋军使船如使马，何以破之？”韩常说：“海舟虽快，不如车船，见车船则自遁矣！”完颜宗弼令常以车船出战，宋军英勇奋击，世忠夫人梁红玉亲自击鼓助战，士气倍增，打得金军狼狈不堪。完颜宗弼无奈，愿尽还所掠的财帛和人口，借道北归，遭到世忠严词拒绝，乃自镇江溯流西上，金军沿南岸，宋军沿北岸，且战且行，终不得渡，金兵遂入距建康（今南京）80里的黄天荡。荡阔30余里，仅一口通大江，金人不知其为死水，既入，宋军堵口，不复能出。

远在山东的金帅挞懒闻讯，派太一孛董引兵来援，阵于长江北岸，但碍于江中的宋军，无法与完颜宗弼会师。至四月十二日，完颜宗弼在被困黄天荡28天后，再出长江，谋与宋军决一死战。世忠分海舟为两道堵截敌舟，用铁索贯以大钩曳之，金人舟小力弱，不能得脱，多被击沉。完颜宗弼无计可施，再求世忠借道，其词甚哀。世忠说：“这也不难，只要还我疆土，还我二帝，就可放行。”完颜宗弼无言答对，只得退回荡中。当晚，完颜宗弼收买奸细，获知有老鹳河故道，稍加疏浚，即可复通大江。乃奋全力，一夜功成，潜师而去，逃往建康。次日，世忠发觉金人逃去，紧紧追赶，驻军建康北之江中，金军仍然无法北渡。

两军在建康相持多日，数次交战，金军多败。完颜宗弼再次揭榜立赏，募人献策。果然有人建议从白鹭洲开新河，可出大江，占据宋军之上游。又有人建议于舟中载土，以平板铺之，保持小舟的稳定，等无风时出战，宋军海舟无风不能动，以火箭射其篷，可不攻自破。宗弼按计而行。四月二十五日，恰值天晴无风，宗弼即命小舟出江，果占宋军上游。世忠乃大惊，命于中流击之，但海舟体大，无风不动。金人以火箭射蓬火起，人乱而呼，马惊而嘶，被焚坠江死者不可胜计，宋军大溃，世忠引军奔还镇江。宗弼遂渡江，回归北方。

此役，世忠以 8000 人拒宗弼 10 万之众，困金人于黄天荡达 28 日之久，前后 40 天，大小数十战。金军损失惨重，虽最终挫败宋军，回师北方，但完颜宗弼再也不敢进军江南了。

富平之战

建炎三年五月，宋高宗与朝臣共商中兴大计。知枢密院事张浚认为："中兴当自关陕始，若金人入陕窥蜀，则东南不可保。请身任陕蜀之事，置幕府于秦州（今甘肃天水）。别遣韩世忠镇淮东，吕颐浩驻武昌，复以张浚、刘光世与秦州首尾相接，则恢复可望。"监登闻检院汪若海也认为："天下形势好比常山蛇，秦蜀为首，东南为尾，中原为脊。今以东南为首，安能起天下之脊。今图恢复，必在川陕。"高宗遂以张浚为川陕宣抚处置使。

七月，张浚发建康（今江苏南京），十月抵兴元（今陕西汉中）。上疏说："汉中实形势之地，前控六路之师，后据两川之粟，左通荆襄之财，右出秦陇之马，号令中原，必基于此。"遂在此大力经营，作为抗金的基地。

至次年（1130 年）七月，张浚闻金人聚兵于淮上，惧其复扰东南，乃想方设法牵制其行动，决定在西北战场发起进攻，以捣金之虚而缓解东南的战火。浚分兵四出，命赵哲复鄜州（今陕西富县），吴玠复永兴军（今陕西西安），其余州县亦多迎降。

金将娄室抵不住张浚的反攻，向金太宗请求增兵。金帅完颜宗翰也认为陕西宋兵强劲，娄室难以抵御。关陕重地，不能有失，应飞调完颜宗弼来援，方可保无虞。完颜宗弼在六合接到命令后，立即引兵趋至陕西。

宋、辽、夏、金

九月初，张浚闻完颜宗弼将至，檄召熙河刘锡、秦凤孙偓、泾原刘锜、环庆赵哲四经略使及吴玠兵，合 40 万人、马 7 万匹，以刘锡为统帅，迎敌决战。浚又贷民赋 5 年，诸路运送钱帛刍粮之车，不绝于道，所在山积。张浚还恐布置不周，又亲临邠州（今陕西彬县）督战。

当时，也有人对张浚的部署表示异议。王彦说："陕西兵将，上下之情未通，指挥不灵，若有不利则五路俱失。不若分屯各战略要地，以固根本，敌人入境，则调五路之兵来援，万一不利，损失也不会太大。"吴玠、郭浩也认为："敌锋方锐，宜各守要害，待其疲弊，乘机进攻。"浚不肯从。刘子羽则认为准备不够充分，不应仓促出师。张浚回答说："我难道不知道这一点吗！但东南形势方急，高宗也有命令进兵，我不得不出兵呵！"

于是，宋军按预订的计划继续前进，约在九月中旬到达富平。同时，金兵已屯下邽（今陕西渭南），两军相去 80 里，宋军数倍于金人，颇轻视之。约日会战，金人不报。多次遣使，金方许之。至期却又不应约，习以为常。宋军以为敌人胆怯，更加轻敌。统帅刘锡召集诸将议战。吴玠说："兵以利动，地势不利，不可以战。富平地处渭水流域的平原，宋军以步兵为主，难以守御。宜徙据高山峻谷，使敌马不能驰突，方可与战。"郭浩也认为："敌骑甚强，未可争锋，当分地守之，以待其弊，然后击之，可获全胜。"然而，其他将领却认为："我师数倍于敌，又前阻苇泽，敌人骑兵无法驰驱，何必徙往他处呢！"

不料金人于九月二十四日早晨，突然发起进攻，先用土蘘填平沼泽，再以骑兵突入运粮乡民的小寨，乡民不习战，四散奔走，引起宋军一阵混乱。刘锜身先士卒，极力御之，杀获颇众。完颜宗弼率领的左翼金军一度陷入宋军的重围，大将韩常中流矢，尤奋呼搏战，方与完颜宗弼突围而出。娄室率领的右翼金军竭力死战，终于突破了环庆军赵哲的防线。宋军各路人马乃临时凑集，配合不好，一路被击，他路不能及时援助。赵哲胆怯，临阵先逃，将校望见尘起，亦皆惊遁。一路溃散，全军瓦解。宋军一直退到邠州，方才稳定下来。金军虽然得胜，但无力追歼，只获得了大批军需物资。

战后，张浚追究责任，斩了赵哲，率大军退保兴元（汉中）——和尚原（大散关东）一线，以固蜀口。金军乘势尽取关中之地。

宋金仙人关之战

南宋绍兴四年（金天会十二年，1134 年），宋军在仙人关（今甘肃徽县东南）击退金军进攻的要隘守卫战。

北宋灭亡后，金朝为进一步夺取中原及陕西等地，于南宋建炎元年（金天会五年，1127 年）开始，至建炎四年，先后 3 次南下，向南宋大举进攻。金统治者对南宋的全面进攻未能达到灭亡南宋的预期目的，便改变战略部署，将全面进攻改为东守西攻，集中力量进攻川陕，企图控制长江上游，为从西北迂回包围南宋创造条件。金军在这一战略的指导下，在陕西方面发动了数次大规模进攻。富平之战，宋军损失惨重，陕西落入金军手中，宋军在西北战场陷入困难境地，只得退守和尚原（今陕西宝鸡西南）等州，凭险设防，以阻金军入川。绍兴二年冬，宋川陕宣抚司都统制吴玠，鉴于和尚原距后方路途遥远，恐粮运不继，难于久守，便以其弟吴璘驻守和尚原，自己率守军主力退屯仙人关，并在仙人关右依山据险筑垒，特称之为"杀金坪"，与仙人关互为依托，控扼入蜀隘口。翌年冬，金元帅左都监完颜宗弼率军攻占和尚原，吴璘引军退屯阶州（今甘肃武都东南）。吴玠为实施纵深防御，又于"杀金坪"后边险峻之处设置第二道防线。

绍兴四年（金天会十二年，1134 年）二月，金将完颜宗弼与陕西经略使完颜杲（撒离喝）、伪齐四川招抚使刘夔，在凤翔府（今陕西凤翔）、宝鸡等地，集结步骑 10 余万，进攻仙人关，决心破关入蜀。二十一日，金军自仙人关以北铁山凿崖开道，循岭东下进至"杀金坪"，扎营 40 余座与宋军对垒。吴璘闻讯，率部自七方关（今甘肃康县东北）入援，转战 7 昼夜，突破重围与吴玠军会师。二十七日，金军开始进攻，吴玠军以万人据险抗击，经反复激战，将金军击退。二十九日，金军立砲数十座攻击宋军，吴玠命将士以弓矢、砲石并力捍御。翌日，完颜宗弼命金军架了 300 余座云梯猛攻宋军营垒，宋军则以抱石、撞竿击毁其云梯，以长枪刺杀金军。完颜宗弼久攻不下，遂将全军分为二阵，自率精兵阵于东，命骁将韩常阵于西，轮番进击，企图夹攻宋军。吴玠命吴璘等率军于金军两阵之间往复冲杀，在大量杀伤金军之后，因宋军久战疲惫，乃退守第二道防线。金军接踵而至，人披重甲，铁钩相连，前仆后继，鱼贯而上。宋军依托险隘坚垒，以劲弓强弩轮番发射，打退金军多次进攻。三月初一日，完颜杲集兵攻宋军营垒西北楼，并焚烧楼柱。吴璘命部将杨政等督励部下持长刀、大斧，左右冲杀，将其击退，是夜，吴玠乘金军久战兵疲，实施反击，宋军在四面山上点燃火把，鼓震天地，又以王喜、王武等将率精锐，分两队冲入金营。金大将韩常中箭左目受伤，金军惊溃，死伤数以万计。初二日，金军企图改道由七方关、白水关（今徽县西南）入川，吴玠暗遣精兵迂回至金军寨后，袭破完颜宗弼及完颜杲大寨，金军死伤万余，连夜逃走。吴玠又命部将王俊率军疾驰至河池（今徽县）设伏，扼其归路，斩俘千余人。宋军乘金军溃退之势，挥师追袭，迫使金军退回凤翔府。自此以后，金军暂时放弃了进入四川的企图。吴玠乘胜于绍兴四年四月收复了凤州（今陕西凤县）、秦州、陇州。南宋川陕的防务趋于巩固，金军的重点进攻又遭失败。

襄阳六郡的收复

岳飞自建炎四年以后取得一系列胜利，张俊说江、淮平，岳飞功第一。绍兴三年，高宗手书"精忠岳飞"字制旗以赐之。

绍兴四年（1134 年）春，岳飞上书南宋王朝，主张出兵收复沦于伪齐政权之手的襄阳六郡，即襄阳府、唐州、邓州、随州、郢州和信阳军。他指出："襄阳六郡，地为险要，恢复中原，此为基本。"历陈襄阳六郡的重要战略意义，并主动请缨出师以收复该地区。宋高宗与朝廷大臣们就此事进行了详细的讨论，结果采纳了岳飞的建议，决定由他担任前线统帅，率军收复襄阳六郡。南宋王朝还命令韩世忠以万人屯泗上为疑兵，刘光世选精兵出陈、蔡，相为犄角，以作声援。

四月十九日，岳飞率所部约 35000 人由江州出发，兴师北伐。岳飞一再严令全军，在进军途中一定要遵守纪律，不准骚扰百姓，不得践踏庄稼，务必做到秋毫无犯，将士们都认真地执行了这一命令。

五月初五日，岳家军兵临郢州（治长寿，今湖北钟祥市）城下。郢州是伪齐最南端的要塞，伪齐负责郢州防务的，是新近被破格提拔为郢州知府的荆超。荆超骁勇强悍，号称"万人敌"。为防守郢州城，他配置了 1 万多名士兵，其中大多数是伪齐军，也有少量的金兵，并做了必要的守城准备，自以为固若金汤。岳飞策马环城一周，对敌人的防守情况作了大致的了解，他充满信心地对众将士说：准备庆贺胜利吧。岳飞首先派人向荆超劝降，希望他与伪齐傀儡政权决裂，弃暗投明。荆超拒不投降，还遣其谋主、长寿县伪知县刘楫登城辱骂。于是，岳飞下令攻城，并亲自指挥战斗。敌人凭借高大、坚固的城墙，负隅顽抗，岳家军将士则"累肩而升"，奋不顾身地攀登上城头，英勇杀敌，斩杀敌人 7000 余人，敌尸堆积如山，终于攻占了郢州城。荆超见大势已去，投崖自杀，刘楫则为岳家军生擒，受到了应得的严厉惩罚。

克复郢州后，岳家军兵分两路，一路由张宪、徐庆率领东取随州（治随县，今湖北随县）；另一路由岳飞亲率直趋襄阳府（治襄阳，今湖北襄樊市）。襄阳是伪齐准备大举南下的大本营，由主将李成亲自驻守。他以前曾多次被岳飞击败过，当他听到郢州失守的消息，面临着凯歌猛进的岳家军即将发动的攻城战役时，他丧失了应战的勇气，于是弃城而逃。五月十七日，岳家军便兵不血刃地收复了襄阳重镇。张宪、徐庆率军攻打随州城，伪齐知州王嵩据险固守，连攻数日未克。将领牛皋闻讯后，自告奋勇地请求率兵增援张、徐军。出发时，他只带 3 天的口粮，以示短期内必克随州的信心。五月十八日，牛皋援军与张宪、徐庆的部队合力攻城，岳飞长子岳云一马当先登上城头，岳家军蜂拥而上，与守敌展开搏斗，歼灭敌人 5000 名，活捉了王嵩，收复了随州城。

这时，宋高宗赵构亲笔给岳飞写了一道《御札》，在《御札》中流露出宋高宗的一种忧虑，即担心岳家军新收复的郢、随州和襄阳难以长期固守，可能"前功遂废"，而只字不提原作战计划中包括的唐、邓州和信阳军的收复问题。接到这道《御札》之后，岳飞立即写了一封奏章，他一方面具体地提出了襄阳等地的防守方案，以消除赵构的疑虑，另一方面，则重申了他要继续战斗，克复唐、邓、信阳三地的决心。

在岳家军咄咄逼人的攻势下，伪齐政权胆战心惊，急忙向金朝求援。金朝遂派将领刘合孛堇纠合起一支数万人的金、齐联军，驻屯在邓州（今河南邓州市）的西北，扎下营寨 30 多处，企图与岳家军决一胜负。岳飞为了迎接这一场恶战，进行了一个多月的准备工作。他派遣王贵取道于光化，张宪取道于横林，分路进发，由两面夹攻。七月十五日，岳家军在邓州城外30里的地方与数万敌军相遇，展开激战。王万、董先两员将领出奇兵猛烈地攻击敌人，金、齐联军阵营大乱，全军溃散，刘合孛董只身逃窜。岳家军乘胜追击，俘获敌将杨德胜等200多人，斩杀无数，缴获敌人兵器、战旗数以万计。伪齐将领高仲率残部退回邓州城，企图据城固守。七月十七日，岳家军发动了攻城战役，岳云又冲锋在前，战士们奋不顾身，冒着如雨般的矢石，"蚁附而上"，一举攻破了邓州城，生擒了守将高仲。

邓州决战的胜利，更坚定了岳家军将士们必胜的信心，他们以破竹之势，很快就进逼唐州（今河南唐河县）城下。七月二十三日，王贵和张宪在唐州以北30里，击败金、齐联军，掩护攻城战斗，同日，岳家军攻占唐州城。不久，岳家军又攻克了信阳军（今河南信阳市）。至此，襄阳六郡全部被宋军收复。这是南宋立国八年来进行局部反攻的一次重大胜利。

宋金郾城、颍昌之战

南宋绍兴十年（金天眷三年，1140年），宋将岳飞率军收复中原时，于郾城（今属河南）、颍昌（今河南许昌）击败金军反击的作战。

宋靖康二年（1127年）金灭北宋后，为进一步扩张领土，夺取中原，多次遣军大举进攻南宋。直到南宋绍兴年间，宋金双方力量对比开始发生变化。金军南侵接连失败，战斗力明显削弱。南宋抗战派领导的军队在抗金斗争中不断壮大，已经出现了几支战斗力较强的部队。宋金战争开始向有利于南宋的方向发展。然而南宋朝廷并没有抓住这一有利时机收复失地，反而不断向金献媚求和。绍兴九年（1139年）正月初一，宋金双方达成和议，宋向金称臣纳贡，金将河南、陕西归还给宋。正当宋朝君臣庆幸屈辱和议成功之际，金国内部发生动乱。绍兴九年七月，金太祖第四子完颜宗弼发动政变，杀掉了主张同南宋议和的挞懒一派，掌握了金朝的兵权。绍兴十年（1140年）五月，金军以完颜宗弼为统帅，分兵4路向陕西、河南、山东等地发起进攻。不到一个月，金归还给南宋的土地又全部被金夺去。面对险峻的形势，宋高宗被迫下诏，命各路抗金将领率军进行抵抗。当时新任东京副留守刘锜率八字军从水路北上赴任。行至顺昌（今安徽阜阳）时，得知金军背约南下。刘锜考虑到顺昌是金军南下的必经之地，便于五月十八日率军全部开进顺昌城，准备迎击南下金军。六月初十，金军10余万越过颍河浮桥，包围顺昌。刘锜以顺昌城为依托，利用金军不惯炎热的弱点及天气的有利条件，采用以逸待劳乘机反击的战术，以5000之众大破10万金兵。顺昌之战后，宋军乘胜大举反攻。

顺昌之战后，金都元帅完颜宗弼率军退回东京（今河南开封）。南宋湖北、京西宣抚使岳飞亲率大军自鄂州（今湖北武昌）出发，准备乘胜收复中原。岳飞命王贵、牛皋、董先、杨再兴等将领分别经略河南诸州郡，又命梁兴、董荣等将领潜渡黄河，联络河北、河东的抗金义兵，夺取西河州县，袭扰金军后方。北征先头部队连连告捷。绍兴十年闰六月二十日，岳家军采取分进合击的战法，先后收复颍昌、陈州（今河南淮阳）、郑州、洛阳等重镇，切断金军东西联系，对东京金军形成威逼之势。完颜宗弼为了扭转局势，利用宋军分兵攻占州县，宋淮南东路之张俊、王德军已由亳州（今属安徽）退回庐州（今合肥），岳飞军孤军深入之机，亲率昭武大将军韩常、龙虎大王突合速、盖天大王赛里等部 1.5 万精骑，奔袭岳飞宣抚司驻地郾城，企图一举摧毁岳家军的统帅机构，打破岳飞的反攻计划。七月初八日，金军进至郾城北面 20 里处列阵。当时，岳飞已将重兵派驻颍昌府城，其他部将也率兵分路与敌作战。岳飞探明了金军情况，知道来军是完颜宗弼的精锐部队，便针对金军的作战特点，令其儿子岳云率背嵬（背嵬一词为西夏语，意为亲随、骁勇。绍兴二年，韩世忠创背嵬军，后成为南宋许多将领设置的亲军的名称）、游奕马军与金骑鏖战。骁将杨再兴为生擒宗弼单骑突进，击杀金军近百人，多处受伤，仍拼死力战。正当两军激战之时，岳飞亲率 40 骑驰入阵中，射杀金军多人。岳家军士气倍增，奋勇杀敌。完颜宗弼见势难以取胜，遂将头戴铁盔、身披重甲的"铁浮图"和号称"拐子马"的精骑投入交战。"铁浮图"一字排阵，从正面推进；"拐子马"自两翼迂回包抄，对岳家军形成很大的威胁。岳飞灵机应变，待金军进至阵前，令步卒持麻扎刀、提刀、大斧入阵，专砍马足，"铁浮图"大乱。同时令背嵬、游奕马军专门对付金军的"拐子马"军，以灵活机动的战术，忽攻其前，忽击其侧，致金军于被动。岳家军步骑密切配合，从午后战到天黑，鏖战数十回合，金军死亡惨重。完颜宗弼只好率余部仓皇溃逃。

郾城之战后，完颜宗弼不甘心失败，为扭转危局，率军攻取郾城与颍昌之间的临颍（今属河南），企图切断南宋湖北、京西宣抚使岳飞与部将王贵军的联系，尔后各个击破。岳飞识破金军的企图，料其必攻颍昌，遂重新调整部署，遣其子岳云率部分背嵬军绕道驰援颍昌，同时令统制张宪率背嵬、游奕等军向临颍挺进，寻求与金军主力决战。七月十三日，岳飞军部将杨再兴率 300 骑兵，到临颍以南的小商桥侦察军情，与金军遭遇，击杀金军 2000余人，后因寡不敌众全部战死。完颜宗弼为了避免与张宪军决战，遂将各路金军集结在一起，除留部分兵力守临颍外，又亲自率主力北攻颍昌，十四日，张宪进攻临颍，击溃金军，收复临颍县城。同时，完颜宗弼率昭武大将军韩常等部，以 3 万余骑兵列于颍昌城西，以 10 万步兵列于舞阳桥以南，连阵

10 余里。驻守颍昌的宋军有 3 万，由王贵、董先、岳云、胡清等统领，是岳家军的主力部队。王贵将守城任务交给董先、胡清，自己统帅中军和游奕军，会同岳云率领的背嵬军，出城迎击金军。宋军以岳云的 800 骑兵居中，正面冲击，猛冲金步兵；又以步兵为左右翼，攻击金两翼骑兵。岳云身先士卒，先后出入金阵 10 余次，裹伤奋战。从早晨战到中午，血战几十回合，双方胜负难分。负责守城的董先，胡清二人见状，立即率军出城增援。顿时，宋军士气倍增。董先、胡清与王贵、岳云合兵奋击，战局迅速扭转。激战中，宋军杀死完颜宗弼女婿统军上将夏金吾及副统军粘罕索孛堇，还先后杀死金千户 5 人、大小首领 78 人，歼灭金军 5000 余人，俘获金军 2000 余人、战马 3000 余匹。完颜宗弼不得不退回东京。岳飞率军乘胜追到距东京仅 45 里的朱仙镇。完颜宗弼又集结 10 万金兵迎战。岳飞一面同金军对阵，一面派兵向黄河渡口进逼，侧击金军。金军溃逃，撤回东京，准备北逃。岳飞反攻中原的战争，取得了重大胜利。

绍兴和议

南宋军民在开展积极抗金斗争中不断取得胜利的时候，也是秦桧加紧向金乞和的时刻。所谓"朝廷遣使通问，冠盖相望于道"，王伦等不断至金议和。

与此同时，秦桧还进一步打击那些反对议和的人。绍兴九年（1139 年）五月，张焘等自河南回来，上疏给高宗，要求"不可恃和盟而忘复仇之大事"，立即遭到秦桧的打击，张焘立即被贬。大臣李光起初对议和事并不完全反对，后来，秦桧要撤淮南守备，夺抗金将领的兵权，李光才极言金人有野心，"和不可恃，备不可撤"。李光在高宗面前指责秦桧是"盗弄国权，怀奸误国，不可不察"。由此触犯了秦桧，李光被迫离开朝廷，日后秦桧又以所谓"私史"案迫害李光。

解除抗金将领的兵权，是高宗、秦桧为与金人议和扫除障碍的步骤。绍兴十一年（1141 年）召回韩世忠、岳飞、张俊 3 员大将，拜韩世忠、张俊为枢密使，岳飞为枢密副使，这实际上夺了他们的兵权。3 大将中张俊又是主和派，枢密院大权实际为张俊所把持。接着刘锜的兵权又被解除。不久，岳飞入狱。

十月，金人占泗州（今江苏盱眙北）、楚州（今江苏淮安），逼迫宋高宗、秦桧加紧投降议和。宋以魏良臣为金国禀议使。十一月，魏良臣至金卑躬屈膝。金宗弼以肖毅、邢具瞻为审议使，同魏良臣同至宋，议定要以淮水为金、宋的分界线，要求割唐（今河南唐河）、邓（今河南邓州市）二州和陕西的一些地方，每年给金人以银 25 万两、绢 25 万匹。高宗全部接受金人的条件。并且派何铸带高宗的誓表去金。誓表上说明宋接受金人提的条件，要"世世子孙谨守臣节，每年（金）皇帝生辰并正旦，遣使称贺不绝"。申明如果自己背盟，则"明神是殛，坠命亡氏，蹯其国家"，真是厚颜无耻已极。

十二月，何铸至汴，见到金完颜宗弼，又至会宁。金人不断增加新的要求。最后签订和约，其内容是：（一）宋向金称臣，金册封宋高宗赵构为皇帝。（二）确定宋、金疆界。东以淮河中流为界，西以大散关为界，以南归宋，以北属金。割唐、邓2州及商、秦2州大半土地予金。这样一来，宋仅有两浙、两淮、江东西等15路，而京西南路只有襄阳一府，陕西路只有阶、成、和、凤4州。宋的疆域大大缩小了，而金人画界后，建五京，置14总管府，共19路，还有其他散府一些地方。（三）宋每年向金人贡纳银25万两，绢25万匹。这个和议称之为"绍兴和议"。

南渡的宋廷大官僚和北方大地主和南方的地主一道兼并土地，以高宗、秦桧为代表的大地主阶级其基本方针是秦桧所说的"南自南，北自北"，只求偏安一隅。他们依靠南宋军民的斗争阻止了金人吞并南方的野心，但偏安局面形成的过程，却是南宋抗金军民受打击的过程，绍兴和约一签订，岳飞便被害。

绍兴和约签订后，形成宋、金南北对峙的局面。宋、金的战争暂时告一段落。在相对稳定的局面下，金人更多接受汉族文化，金熙宗统治下建立了一套集权的机构，生活各个方面渐染华风。

绍兴十二年四月，金人遣使以衮冕圭册，册封宋高宗为大宋皇帝，七月，金人送回高宗母韦后及徽宗灵柩。九月，高宗给投降有功的秦桧加封，加秦桧太师，封魏国公。此后，秦桧又专擅朝政13年。

秦桧专权

南宋初年，女真贵族不断对南逃的宋高宗发起追击，北方和南方忠于宋室的军民进行了英勇的抗金斗争，迫使金兵退回北方。女真贵族乃改变策略，于建炎四年（1130年）十一月立汉奸刘豫为傀儡皇帝，建立伪齐政权；同时，又派另一个汉奸秦桧潜回南宋，从内部破坏南宋的抗战。

秦桧，字会之，江宁（今江苏南京）人。北宋末年，考中进士，历官太学学正、御史中丞。北宋亡，被金军驱掳北去，旋即变节，颇受女真贵族的信任。这时，女真统治者为了实现"以和议佐攻战，以潜逆诱叛党"的策略，决定放秦桧南归。宋高宗这九年被金兵赶得到处逃跑，多次派人乞和求降，而不可得，听到秦桧回来了，知道他与女真贵族的关系密切，了解不少内幕，便立即亲自接见他。秦桧向高宗报告了徽钦二帝及母后的近况甚好，又呈上自己起草的给金将挞懒的求和书，暗示金人可以媾和。结束会见后，高宗高兴地对大臣们说："秦桧朴忠过人，真佳士也，朕得之喜而不寐。"立即任命他为礼部尚书。3个月后，又提升为参在政事（副宰相）。但他还嫌权力不大，暗中捣鬼，对宰相范宗尹进行排挤。平时范宗尹找他商量朝政大事，他虽明知某些事不能那样处理，但却不指明纠正，而暗中向高宗报告，以至高宗对范产生恶感，罢了范的相位。秦桧见相位出缺，便大造舆论，"我有二策，可耸动天下""今无相，不可行也"。高宗求和心切，知道他的想法，便于绍兴元年（1131年）八月任他为右相兼枢密院事，把军政大权都交给了他。

秦桧任右相后，觉得左相吕浩与他共掌朝政，不能独揽大权，便向高宗建议"二相宜分任内外"，把吕排挤出朝。接着，又设置修政局，自任提举，美其名曰"更张法度"，实际上是"欲夺同列之权"。副相翟汝文分管修政局的工作，不了解秦桧的意图，真以为要对吏治进行整顿，便考核官吏政绩，违者惩之。秦桧见他没有按照自己的意图办，便奏称他"擅治吏"，讽人弹劾他"与宰相不协"。翟汝文便被迫求去，离开了副相之位。秦桧这种党同伐异、专权营私的行为，大失众望，不仅引起朝臣的不满，高宗也"颇觉之"，便下诏告诫臣下，以后如有"朋比阿附，以害吾政者"，定要"严置典刑"。特别是秦桧在对金媾和问题上，不仅没有迅速达成协议，而且还提出什么"以河北人还金国，以中原人还刘豫"的主张。此论一举，群情大哗，"天下之人，无贤愚，无贵贱，交口合词，以为不可"。朝臣纷纷上章弹劾，说他"专主和议，沮止恢复""植党专权，威福在己""上不畏陛下，中不畏大臣，下不畏天下之议"，犯了"欺君私己"的大罪，高宗迫于臣民的群起反对，不得不在绍兴二年（1132年）八月罢了秦桧的宰相职位。

秦桧罢相后，金人和伪齐又多次发动对南宋的进攻，爱国军民英勇奋战，西北战场取得了仙人关之捷，中原战场收复了襄阳6郡，东部战场取得了大仪镇之捷，金兵的军事优势已开始丧失，众将纷纷要求一鼓作气，直捣中原。但宋高宗仍想妥协求和，偏安江南，于绍兴四年（1134年）秋，派魏良臣往金将挞懒处求和。魏所到之处，金将无不称赞秦桧，说他是大好人，南朝不应对他有所怀疑，更不应罢相。魏回到南宋后，转达了金人的意见，高宗当然非常重视，立即任秦桧为资政殿学士，不久又知温州、知绍兴府，至绍兴六年（1136年）八月还亲加召见，命坐赐荣，任为侍读，行宫留守，参决尚书省枢密院事。从此，秦桧又得以参与朝政了。他利用手中掌握的权力，拨弄是非，倾轧同僚，先后迫使张浚、赵鼎离开了相位，他自己却步步高升，绍兴七年（1137年）正月任枢密使，次年三月迁为右相，不久便独揽相权，把南宋的历史带入了丧权辱国、黑暗统治的时期。

秦桧复相后，把主要精力都放在对金媾和上。绍兴八年（1138年）五月，王伦使金回朝，金使乌陵思谋一同前来，许还徽宗梓宫及河南地，群臣纷纷反对，认为是骗局，但高宗和秦桧竟以孝道为由，"不惮屈己"，派王伦再次使金，迎接梓宫，继续和谈。金方要求南宋君臣对金熙宗的《诏书》要"具礼迎接""再拜亲受"。群臣愤怒地揭露这是对南宋的侮辱，再次掀起反对和议的高潮。秦桧秉承高宗的旨意，对反对派进行了残酷的迫害。为了蒙骗军民，缓和舆论，向金使请求高宗正在居丧守孝，不得行礼，可由宰相代为跪拜受降。金使知道群情激愤的情况，只好同意。于是，秦桧便以宰相之尊，代表皇帝亲往金使馆中，进行跪拜，接受诏书，完成了一幕"致亏国体"的丑剧。绍兴九年（1139年）正月，正式公布和议内容：金归宋河南地及徽宗梓宫，宋对金称臣，每年贡纳银绢50万两匹。广大军民得知此情，更感受骗痛心，上书反对签约者甚多，皆言金人叵测，和约不可恃，宜加戒备，以防异时意外之患。然而高宗和秦桧方且庆贺太平，大赦天下，怎会倾听这些意见呢！

果然不久，金人便撕毁和议，于绍兴十年（1140年）五月再次发兵南侵。幸有刘锜、吴璘、岳飞等抗战将领在东、西、中3路战场组织军民英勇抵抗，不仅稳定了战局，而且及时反攻，大举北伐，屡败金兵，进逼开封，形势对南宋十分有利。可是，秦桧仍然坚持和议，破坏抗战，怂恿高宗迫令诸将班师。绍兴十一年（1141年），高宗和秦桧解除了岳飞、韩世忠等大将的兵权，以谋反罪状，诬害岳飞，并与金人再次签订了屈辱的《绍兴和议》。宋向金称臣、纳贡割地。金朝又规定宋高宗不得以无罪去首相。

秦桧以议和有功，加太师，封魏国公。在此后的10多年中，独揽相权，顺我者昌，逆我者亡，仅任其副职，当其助手，而被撤换者，即达28人之多。为了讨好金人，不惜搜刮民脂民膏，媚奉敌国。他还依仗权势，敲诈勒索，横行霸道，贿赂公行，积累了大量家财。但国之府库，却无旬月之储，千村万落，生理萧然。他生杀废置，唯己所欲。朝臣畏秦桧，甚于畏高宗。他还派侦探巡游市井，闻人言桧奸，即捕入狱。有议朝政者，即贬之万里外。为欺世盗名，又千方百计篡改史籍；还大兴文字狱，对稍涉疑忌者加以迫害。晚年，更颇有异志，不把高宗放在眼里，阴谋取而代之。高宗亦颇有察觉，不得不经常靴里藏刀，以防不测。

至绍兴二十五年（1155年），两次任相，长达19年的秦桧病倒在床，自知不久于人世，便欲举其子秦熺代相。高宗已察其奸，未表同意。他又图谋把异己政敌一网打尽，诬称张浚、李光、胡寅等53人"谋大逆"，欲判以重罪，但未及签字，他便死了，狱事方解。秦桧死讯传出，四方士民无不欢庆，皆以为国贼，死有余辜。

岳飞和岳家军

岳飞（1103—1142年）是在人民中间成长起来的南宋军事将领，在抗金斗争中是维护汉族人民利益的英雄人物。

岳飞出身于一个贫农的家庭。他的家亲岳和、母亲姚氏，都是世代务农的。他的家乡相州汤阴（今河南汤阴）曾经遭受金兵的摧残。金兵所到之处，"杀戮生灵，劫掠财物，驱虏妇人，焚毁屋舍产业"，引起汉族人民的无比仇恨。岳飞从20岁起入伍参军。1126年起，就投身于抗金的战场。他是一个有志气、有远大理想的青年，贫穷砥砺了他的雄心壮志，刻苦学习使他增长了知识和才能。他爱读兵书，拜周同为师，学习射箭，深得要领。在穷苦的佃农家庭里，他从小就参加劳动，养成勤俭耐劳、忠诚朴实的个性。他很刚直，能文能武，有一身强健的体魄。有一次，他带领100多名骑兵，中途碰上大队的金兵。他对战士们说，敌兵虽多，不知我方虚实，要趁对方摸不清情况时，迎头予以痛击。岳飞勇敢而机智地带头冲进敌阵，大破金兵。后来他归宗泽指挥，宗泽看到岳飞是智勇超群的将才，心中特别高兴。他亲自教给岳飞作战的阵法。岳飞学到了阵法之后对宗泽说：按阵图作战，这是兵家常事。但能否取胜，全靠指挥官的巧妙运用。宗泽很赞赏他懂得从实战出发的独到见解。

1127年，赵构登上皇位。岳飞原是护送皇帝的侍卫人员。他敢于越级上书，要求收复失地，盼望宋高宗亲自率军北上，不要听信黄潜善和汪伯彦们的求和论调。岳飞的这一正义行动，竟被认为是"妄论天下事"而受到革职的处分。岳飞被革职后，本来打算回家。后来由于朋友赵九龄的介绍，才被留在张所的军队中。

1128年秋季，岳飞领兵北渡黄河，在胙城（河南延津北）击溃了金兵。十月，金兵长驱深入江南，一路从和州（今安徽和县）附近渡江攻打江浙；一路从黄州（湖北黄冈）附近渡江攻打江西。岳飞的部队活跃于太湖流域的广德（今安徽广德）、溧阳、宜兴、常州一带，在战斗中不断取得胜利。这一年的十二月，当金兵取道广德，向浙江进犯时，岳飞拦腰截击，歼敌1000多名，活捉金兵将领20多名。岳兵飞驻军广德钟村时，一时间粮草十分缺乏，战士们宁愿忍住饥饿，也不随便拿走民间的粮食。当金兵进犯常州时，岳飞就带一支兵马予以阻击，使大量的金兵坠河而死，并活捉金兵大小头目10余人。

金太宗天会七年（1129年），女真统治者下令禁止人民穿着汉服，强迫汉族人民按照女真的生活习惯剃发结辫。金兵把俘虏来的大批汉人当做奴隶来买卖，强迫他们从军。这就加深了女真贵族和汉族人民的矛盾。

岳家军是在抗金斗争中不断吸收各方面的武装力量壮大起来的。其中有太行山一带的民兵，如河东忠义军首领赵云，于1134年带着队伍来归岳飞。梁兴是太行山民兵的主要首领之一，深受人民的爱戴，人们亲热地叫他"梁小哥"。他带领了100多名勇士，投奔到岳飞军中来。李宝是山东人，人们唤他"李泼三"。他会合山东壮士1000多人投奔岳飞。后来梁兴、李宝等人，被岳飞派到河北、山东地区，广结抗金力量。于是两河一带的抗金武装，都打起"岳"字旗，与岳家军取得密切的配合。

岳飞又把洞庭湖一带的农民起义军五六万人转移到抗金战线上来，成为岳家军中水军的强大力量。

岳飞还招引分散在各地山林的武装。这些武装的基本队伍都是淳朴的劳动人民。岳飞收服了张用（号称"张莽荡"）和他的妻子"一丈青"，得兵力5万；又招引马进的余部，安顿其中的老弱，保留1万多名强壮的战士。岳飞还招收了杨再兴。他原是曹成手下的勇将，曾杀死岳飞的弟弟岳翻。岳飞并不记杀弟之仇，把他引导到抗金的路上来，成为岳家军中一员得力的猛将。杨再兴曾多次要活捉金将完颜宗弼，在抗金前线打得英勇顽强，屡建殊勋。最后还献出了自己的生命。

岳家军还包括南宋王朝拨给的官兵和将领。牛皋、张宪、徐庆、赵秉渊等，都是久经战阵的好将领，他们是岳兵家军的骨干。

岳家军的成分虽然复杂，但是他们在抗金卫国的共同目标下，紧紧地团结在岳飞的周围。在平时，岳飞教育自己的部队要勇敢、守法、廉洁。他对将士们说：文官不能爱钱，武将不能怕死。平日军事训练，冲山坡，跳战壕，都同实战时一样。岳飞跟将士们生活在一起，还替患病的将士们调理汤药。凡有赏赐，全都分给士兵。岳家军的一条纪律是："冻死不拆屋，饿死不掳掠。"佃农出身的岳飞，虽然已经成为封建王朝的将领，但他没有忘记自己的过去。每逢战斗，他就召集将领们一起商量作战的方案。在抗金斗争中，岳家军保护人民的利益，得到人民的支持。岳家军每次出兵杀敌，附近百姓都头顶香盘，挑运粮草，迎接战士。岳家军成长为一支战无不胜的英勇部队，是同人民群众的支持分不开的。

岳家军之所以有很强的战斗力，跟统帅岳飞在将士当中有崇高的威望也有很大的关系。岳飞在对人对己、待人接物等方面，保持高尚的风格。他非常疼爱自己的儿子岳云，但是始终对他采取严格的要求。每次战斗令下，岳云总是冲锋在前，军中称他为"赢官人"，就是说岳云是一个常胜不败的好男儿。《宋史》里记载，岳云"数立奇功，（岳）飞即隐之"。岳飞对自己儿子的战功，既不声张，也不上报。南宋有一些大小将领，把自己的儿子混在立功将士的名单里上报朝廷，冒功领赏，这是司空见惯的。但岳飞对待自己的儿子，有功不赏，有过必罚。朝廷知道岳云的累累战果，几次要给他加官，岳飞总是"力辞不受"。有一次，朝廷要给岳云连升3级，岳飞上书恳辞。他说：战士们冒着矢石立奇功，才升一级，我的儿子越级提拔，"何以服众"？岳飞还为此事多次上表，坚决不肯接受。他如此严格对待自己的儿子，是由于他坚持一条信念，就是："正己然后可以正物，自治然后可以治人"。将帅不能以身作则，管好自己，又不能与士卒同甘共苦，怎么能带好军队，又怎么能要求战士们同心协力、抗击敌人？

　　绍兴四年（1134 年），岳家军收复了襄阳府、唐州（今河南唐河）、邓州（今河南邓州市）、随州（今河北随县）、郢州（今湖北钟祥）和信阳军（今河南信阳）。岳家军痛恨那些甘心投敌的民族败类。随州知州王嵩为虎作伥，顽抗一个多月。岳飞的名将张宪攻打随州，迟迟不能下。后来派熟悉京西一带地形的牛皋前往增援，只带 3 天军粮，一举攻下了随州，活捉了奸贼王嵩，当即加以处决。岳飞十分重视六州的善后工作，除了让战士们大搞屯田外，还招抚流亡的百姓，免去人民的公私债务，为人民解决粮食、种子、耕牛，使生产得到恢复。

　　襄阳等 6 郡，西连川、陕，南接湘、赣，东邻两淮，北通豫、鲁，是反攻中原的重要基地。32 岁的岳飞，在被晋封为武昌开国侯后，从一个普通军官升为一军的统帅，屯兵于鄂州（湖北武昌）。面对着如此大好形势，他主张大举北伐。他在鄂州写的《黄鹤楼》词中，有"何日请缨提劲旅？一鞭直渡清河洛"的豪言壮语。他向宋高宗呼吁，北渡黄河，"直捣中原，恢复故疆"。宋高宗为了实现既定的和议决策，竟不许岳飞讲"提兵北伐""收复汴京"之类的誓言，害怕激怒女真统治者。

　　绍兴六年（1136 年），岳飞进驻襄阳。一部分岳家军从襄阳出发，打到了洛阳西南的长水县境，收复洛阳附近的一些州县，军锋逼近黄河。黄河北岸的民兵，兴高采烈地日夜盼望着岳家军的到来。岳飞满怀信心地对将士们说，总有一天要打到敌人的老家。那时候，"直抵黄龙（今吉林农安），与诸君痛饮！"

　　岳家军的抗金意志越是坚定，跟宋高宗的求和方针越是发生冲突。岳家军不但不能北上，反而奉命退守鄂州。这时，岳飞百感交集，在鄂州写了一首表明自己一生志愿的《满江红》词：

　　　怒发冲冠，凭阑处、潇潇雨歇。

　　　抬望眼，仰天长啸，壮怀激烈。

　　　三十功名尘与土，八千里路云和月。

　　　莫等闲、白了少年头，空悲切！

　　　靖康耻，犹未雪；

　　　臣子恨，何时灭？

　　　驾长车，踏破贺兰山缺。

　　　壮志饥餐胡虏肉，笑谈渴饮匈奴血。

　　　待从头，收拾旧山河，朝天阙。

　　岳飞作为封建王朝的一名抗金将领，在大汉族主义思想的支配下，当时还不可能分清女真贵族和女真人民的界限。但是他反对民族压迫的思想感情和"还我河山"的抗金意志，是与人民的愿望息息相通的。

绍兴七年（1137 年），宋高宗从平江到了建康，岳飞陪着赵构同行。一路上，岳飞谈论北上收复失地的军事打算，认为必须抓紧时机，在军事节节胜利的时刻，一鼓作气，奋勇杀敌。岳飞说：北方人民正在引颈相望，时机是不能再失的。但是宋高宗都把这些话当做耳边风。

南宋初，岳飞所领导的反抗民族压迫的斗争，是深得人心的正义斗争。岳飞的军队是得到人民支持的抗金队伍。岳家军以农民为主力，也包括各阶级各阶层的爱国志士。南宋初，凡是在抗金斗争中做出巨大贡献的人物，如李纲、宗泽、岳飞、韩世忠等许多人，都不愧为英雄人物。他们是在反抗民族压迫的斗争实践中涌现出来的历史人物。特别是岳飞，他以毕生的精力，阻击金兵的烧杀掳掠，保卫了大江南北各族人民免受女真贵族的奴役，并且联络北方的抗金力量，准备收复失地。岳飞自始至终反对宋高宗集团的投降国策，狠狠打击在金人卵翼下扶植起来的刘豫"大齐"傀儡政权。刘豫充当了 8 年（1130—1137 年）的"儿皇帝"，终于落得一个可耻的下场。

在南宋初期的十几年中，岳家军打得敌人闻风丧胆。金朝将帅不得不承认"撼山易，撼岳家军难"。

抗战在黄河南北

对于金军的进攻，以宋高宗为首的最高统治集团继续采取妥协投降的方针。这一小撮投降派，总是夸大敌人的强大，害怕人民的力量。前线的将士和黄河南北两岸的人民正在拼死抗击金军，宋高宗等投降派却在打算往东南逃跑。

岳飞对这种逃跑行为非常不满。他不顾自己职位的低下，勇敢地上书给宋高宗，要求他回到汴京，主持北伐。这个建议触怒了投降派，他们给岳飞加上越级上书的罪名，削夺了他的军职。宋高宗带领一批投降派分子索性离开烽火连天的北方，逃到繁华的扬州（今江苏扬州）去了。

那时候，一个爱国将领张所正在招募黄河两岸的义勇民兵，准备反攻。张所的威信很高，很受军民的拥护。岳飞经友人的介绍，投奔到张所那里。张所早就知道岳飞勇武，见到岳飞，就向他问道："你作战那样勇敢，你自己料想能对付多少敌人？"岳飞回答道："光凭勇敢是靠不住的，用兵首先要有谋略，有谋略才能打胜仗。"接着，岳飞同张所谈起当前的形势。他正确地指出：只有收复黄河以北的失地，才能保卫汴京。不这样，敌人就会得寸进尺，黄河以南的险要地方都将被敌人占领，甚至江、准一带也要受到严重的破坏。

张所很赏识岳飞的才能和见解，把他编制在部将王彦的军队里，当一名军官。

建炎元年（1127 年）秋天，王彦和岳飞带领一支 7000 人的队伍，渡过黄河，向新乡（今河南新乡）进发。在那里，岳飞指挥一部分军队同金军展开了激烈的战斗。岳飞夺取了金军的大旗，高高地挥舞着。兵士们一鼓作气，猛打猛杀过去，终于攻下了新乡。

第二天，岳飞又同金军大战于侯兆川（今河南辉县西北）。

战前，岳飞鼓励部下说："我们已经打败过敌人。这次，敌人一定要拼命反击。我们人数少，应当加倍努力，争取胜利。贪生怕死的，一律斩首。"

部下受到鼓励，个个振奋，人人勇敢。在激烈的战斗里，岳飞的兵士伤亡很大，岳飞自己也受伤10多处，但还是打赢了这一仗。

这支队伍乘胜挺进，一直打到太行山下。

但是，由于孤军深入，这支队伍没有了固定的后方，粮食和军用品都供应不上，很难长期支持下去了。25岁的岳飞刚强好胜，不服从王彦的领导。他们两人之间发生了裂痕，这支队伍也因此分裂了。王彦带领一部分队伍退到共城（今河南辉县）的西山去了。他在那里站住了脚，队伍有了扩充。岳飞脱离主力以后，更加势孤力弱。这一小支队伍一面战斗，一面向南转移。那年冬天，岳飞转战到汴京，投奔到守卫汴京的著名爱国将领宗泽那里去了。

第二年的春天，岳飞奉宗泽的命令，带兵渡河，接连同金军打了几仗，都获得了胜利。夏天，岳飞的军队又在汜水关（今河南汜水县）打败金军，同金军相持在竹芦渡（今汜水县东）。岳飞眼看粮食快要吃完了，不能再拖下去。他就挑选精兵300人，每人准备两束柴草，交叉缚成十字形，埋伏在前山下面。到了半夜，那些伏兵点燃着柴草的四端，大声呼喊，向金营猛冲过去。金军从睡梦中惊起，以为有大队兵马杀到了，大家到处乱窜。岳飞带领精兵乘势掩杀，又打了一次大胜仗。

那时候，战争的形势对南宋很有利。

为了保卫家乡，保卫国土，各地人民纷纷组织义军，打击金军。退守在共城西山的王彦，已经在太行山发展了一万多人的武装力量。他们每个人的面部都刺上"赤心报国，誓杀金贼"8个字。因此，这支队伍号称"八字军"。此外，在山西、河北、陕西一带，还有"红巾军"。这些义军给金军严重的打击，牵制了金军向南进攻的力量。

宗泽认为这是举行反攻的大好时机。他一心一意地准备渡河北伐。他接连给宋高宗上书24次，要求宋高宗回到汴京，恢复原有的疆土。但是，每次上书都不能使投降派回心转意；每次上书，换回来的只是一些敷衍的空话。

70岁的宗泽，眼看自己的理想一次次地破灭了。他又气愤，又伤心，终于病死了。他停止呼吸的最后一刻，宗泽还连喊3声："过河！"

抗战在江南

接替宗泽守卫汴京的是一个懦怯愚昧的杜充。岳飞归他指挥。

汴京一带是抗金斗争的最前钱。对于这样一道重要的防线，杜充不是鼓励部下积极防御，而是不顾人民的死活，决开黄河堤防，企图让泛滥的河水来阻挡金军。

河水淹没了汴京周围的地区，淹没了那里的庄稼，淹没了人民的生命财产，却阻挡不住金军的铁骑。建炎三年（1129年）夏季，金军由统帅完颜宗弼带领，大规模地向南进攻。金军渡过潢河，杜充就急忙放弃汴京，带领部下，紧跟着投降派的脚印，退到建康（今江苏南京）。

宋高宗把防守建康的责任交给杜充，他自己又在投降派的保护下逃到临安（今浙江杭州）去了。

金军紧跟着杜充的脚印，在十月间，到达长江北岸。杜充还是一点不备战。十一月，金军渡过长江。杜充这才慌乱起来，派陈淬、岳飞等17名将领带着2万人前去堵击。正当战斗十分激烈的时候，宋军军官王瓊带领一部分军队后撤了。这就影响了全部战局，跟着走的又有不少人。岳飞的一支部队一直坚持到太阳落山，兵士又气又饿，才不得已退到锤山（今南京紫金山）上宿营。天一亮，这支队伍又继续出战，在大量杀伤敌人以后，才从建康撤出，逐渐转移到广德（今安徽广德）去。

金军占领了建康，杜充向金军投降了。宋高宗听到金军渡过长江，立刻放弃临安，逃到明州（今浙江宁波），又从明州乘船，逃到海上。

完颜宗弼带领金军紧紧追赶。在他们经广德向临安进发的时候，岳飞的部队早在那里等候着他们。乘金军没有防备，岳飞带领部下突然出击，把金军拦腰截成两段，打了一场漂亮的伏击战。那年年底，岳飞的军队同金军连战6次，都获得辉煌的战绩。

那时候，岳飞的军队已经同南宋政府失去联系，成为一支孤军，给养的补充十分困难。但是，军队的纪律仍旧很好。岳飞严格地约束部下，不准随便拿老百姓的东西，不准侵占民房。岳飞自己同兵士过一样的艰苦生活，得到部下的拥护。建炎四年（1130年）春天，这支部队开到宜兴（今江苏宜兴）驻扎下来，在那里维持了良好的秩序，同当地人民相处得很好。这支军队人数虽然不多，但是正在逐渐成长为一股坚强的抗金力量。

金军追赶宋高宗，一直追到浙江沿海，没有受到南宋官兵的抵抗。由于战线拉得太长，背后又有岳飞的军队和长江南北广大的人民武装在不断地打击他们，因此金军不敢在东南沿海长期停留。他们野蛮地破坏了明州和临安，带着抢来的大批财物，开始向北撤退了。

金军撤退到宜兴，受到岳飞的迎头痛击，打4仗，败4仗，伤亡很大。金军撤退到镇江（今江苏镇江）又受到宋将韩世忠的打击，被围在黄天荡（今镇江附近），双方相持48天，完颜宗弼几乎被活捉。后来，完颜宗弼和他的军队侥幸逃脱，又在牛头山（今南京市南）下，被岳飞的军队杀得大败。

那年五月，岳飞乘胜收复了建康。

后来，岳飞在楚州（今江苏淮安）、承州（今江苏高邮）等地好几次打败金军，又在江西、湖南一带先后平定了以李成、曹成等为首的两股叛乱武装。由于节节胜利，岳飞的队伍逐渐扩大为一支4万人左右的劲旅。"岳家军"的威名传播四方。30岁的岳飞已经成为独当一面的大将了。

东南的局面得到暂时的稳定，宋高宗先从海上回到越州（今浙江绍兴），又从越州回到临安。他又安安稳稳地做起半壁江山的皇帝来了。为了奖励岳飞保卫南宋政权的功劳，宋高宗赐给岳飞一面军旗，上面绣着"精忠岳飞"4个大字。

收复六州

金朝统治者虽然占领了黄河流域的广大地区，但是征服不了那里的人心。黄河两岸的汉族人民从来没有停止过对金朝统治者的反抗。这种情况使金朝统治者十分为难。用武力镇压吧，镇压了这里，那里又起来反抗了；放弃占领吧，又不甘心。于是，他们想出一个花招：在河南、山东一带建立一个傀儡政权，供他们利用、操纵。这样，他们就可以集中力量加强对黄河以北的统治了。建炎四年（1130年）九月，金朝统治者在南宋的降官中挑选了一个叫刘豫的人，指定他做傀儡皇帝，国号齐，定都在汴京。历史上把那个政权叫做伪齐。

绍兴三年（1133年）冬季，金军向西北发动大规模的进攻。为了配合金军的这次行动，伪齐的军队也从河北出发，连续攻占了邓州（今河南邓州市）、襄州（今湖北襄阳）等地。

岳飞得到这个消息，就向宋高宗上书，建议及时反攻，从湖北北上，打击伪齐。那时候，从西北到东南的各个战场上，宋军都获得了大小不等的胜利。宋高宗看到士气高涨，可以利用，因此同意了岳飞的建议。

第二年五月，岳飞的大军从江州（今江西九江）出发，沿江西上。"精忠岳飞"的大旗在空中飘扬，一直指向郢州（今湖北钟祥）。

郢州的伪齐守将荆超，勇猛善战，一向有"万人敌"的称号。他拥有兵士1万多人，军势很盛。岳飞派人劝告荆超，希望他顾全民族气节，归降南宋。荆超恃勇不听，反而派人把岳飞辱骂了一顿。那时候，岳飞军队的粮食只够烧一餐饭。岳飞仍旧充满信心，部署进攻。第二天黎明，总攻开始了。将士一鼓作气登上城楼，攻下了郢州。在混战中，荆超跳崖自杀了。

岳飞分兵两路，继续前进。一路由部将张宪、徐庆指挥，攻打随州（今湖北随县）；一路由岳飞亲自带领，攻打襄州。

襄州的伪齐守将就是以前在江西发动叛乱的李成，他是岳飞的手下败将。李成听说岳飞兵到，慌忙引军出城40里，靠着襄江，摆开阵势，准备迎战。

岳飞的部将王贵、牛皋正要冲杀过去。岳飞笑着止住他们道："这家伙好几次败在我的手里，我原以为他总会吸取一些教训。现在看来，他还是同过去一样愚蠢。要知道，步兵应该布置在有险阻的地方，骑兵应该布置在平广的地方。而李成却把骑兵摆在江岸的狭窄地带，把步兵摆在开阔地带。这样的军队虽有 10 万之众，又有什么用呢？"于是，岳飞命令王贵带领步兵，手持长枪，攻打李成的骑兵；牛皋带领骑兵，冲击李成的步兵。果然，这一仗把李成的军队杀得大败。李成狼狈地逃跑了。岳飞顺利地收复了襄州。

攻打随州的部队却没有那么顺利。他们攻打了好几天，还是攻不下来。岳飞派牛皋前去支援，才攻下了随州，俘获了伪齐守将王嵩。岳飞的儿子岳云也参加了这次战斗。他手拿大锤，第一个登上随州城楼，因此得到"勇冠三军"的称号。

七月，岳飞带领大军接连攻下了邓州、唐州（今河南唐河县）和信阳府（今河南信阳）。到此，伪齐在河南的 6 个州府被岳飞的军队攻下了。伪齐的主力部队完全被击溃了。

岳飞本来可以乘胜北进，收复更多的土地。但是，宋高宗担心这样会引起金朝统治者的不满，害怕金军大举南下。因此，他在命令里告诫岳飞只能攻取以上 6 州，不准远追，而且不许岳飞提出"提兵北伐""收复汴京"等口号。岳飞在收复 6 州以后，安排了地方长官，安顿了流亡百姓，只得下令回师，驻军鄂州（今湖北武昌）。

岳飞这次主动出击，不仅保卫了长江中下游，使南宋的东南和西北连成一片；而且增强了军民抗敌的勇气和信心。在连年的战斗中，也有几支南宋军队得到锻炼，增强了战斗力，但是，他们大多只是在各自的防区内被迫应战。像岳飞那样，主动出击，3 个月以内，连克 6 州，这还是南宋抗金战争中第一次重大的胜利。

伪齐不甘心这次重大的失败，那年冬天，又勾结金军，南下进攻。他们避开岳飞的防区，矛头指向安徽、江苏。南宋政府一面慌慌张张地在江、淮一带调兵遣将，布置防御；一面急急忙忙地命令岳飞东下支援。

这一回，金、齐联军又碰了钉子。他们在大仪（今江苏扬州西）、承州遇到韩世忠的军队，受到严重的打击。他们攻打庐州（今安徽合肥），又碰上岳飞的先遣部队——牛皋和徐庆的军队。牛皋高举岳家军的大旗，追杀过去。金、齐兵士知道岳飞军队赴到，不敢应战，纷纷败退。

在北风的怒吼下，金齐联军踏着冰冻的土地，垂头丧气地北撤了。

大会战

绍兴九年（1139 年），金朝统治集团内部发生了变乱。军事统帅完颜宗弼掌握了金朝的大权。他极力主张用武力统一中国。在经过充分的军事准备以后，完颜宗弼单方面撕毁了和约，于绍兴十年（1140年），向南宋发动大规模的进攻。

宋高宗投降不成，为了保全他的统治地位和身家性命，才不得已被迫应战。

岳飞接到出击的命令，立刻行动起来。他一方面调兵遣将，积极布置进攻。一方面，他又派梁兴、李宝偷渡黄河，去联络河北的义军，从背后打击金军。在梁兴、李宝出发的时候，岳飞充满信心地说道："希望你们好好努力，让咱们在黄河以北胜利会师吧！"

那年六月，岳飞的大军开到河南中部。军旗在天空中迎风飞舞，刀枪在日光下闪闪发光，兵士们个个磨拳擦掌，胜利进军的号角吹响了。

头一仗，在颍昌（今河南许昌）附近爆发了。先锋张宪的部队同金军搏斗了一整天，攻下了颍昌。张宪立刻挥师东下，又在4天以内，收复了陈州（今河南淮阳）。

岳家军齐头并进，不到一个月，先后收复了郑州（今河南郑州）、中牟（今河南中牟）、西京（今河南洛阳）。岳飞亲自进驻郾城（今河南郾城）。这样，形成了一个口袋形的战线，从东、西、南3面包围了汴京。

完颜宗弼不甘心失败，把主力布置在汴京周围，企图在那里吃掉岳飞的军队。

岳飞识破了完颜宗弼的意图。他故意分散兵力，装出郾城的防御力量十分薄弱的样子，又派一支军队向完颜宗弼挑战，目的是引诱金军的主力开出来，以便选择适当时机消灭他们。

完颜宗弼果然落进了这个圈套。七月上旬，他会合所谓龙虎大王、盖天大王和韩常的军队，进迫郾城。

完颜宗弼有一支特殊训练的骑兵队叫"铁浮图"。这支骑兵队以3骑为一小组，人和马都披上厚重的铠甲，看起来好像铁塔一般。"塔"，又叫做"浮图"。因此，这支骑兵队叫做铁浮图，它担任正面冲锋的作战任务。另外，还有"拐子马"，这是骑兵队的左右两翼。这支骑兵队共有15000人，全由金人组成。在以往的战斗里，铁浮图和拐子马很少被打败过。完颜宗弼妄想以此来一举打垮岳家军。

岳家军面临着严重的考验。

在郾城以北20里的地方，双方的主力会战了。岳家军用绳子把刀或斧捆在长柄上，伏入阵地。铁浮图掩杀过来了。岳家军弯着身子，埋着头，用刀斧专砍马足。马一倒，人也跟着摔下来了。

那是一场短兵相接的格斗。从午后一直杀到昏黑，铁浮图崩溃了，拐子马也倒下了。完颜宗弼的精锐骑兵受到致命的打击。岳家军以钢铁般的纪律和意志，赢得了这次战斗的胜利。

隔了 4 天，完颜宗弼又重整队伍反扑过来。那天，岳飞部下的勇将杨再兴带领 300 人出郾城巡逻。在小商桥碰上大队金军。金军的人数比他们多几十倍。但是，杨再兴一点也不害怕，奋勇迎战。300 健儿被金军重重围住。他们拼命冲杀，杀死金军 2000 多人。他们也一个个倒下去了，没有一个人投降，没有一个人后退。杨再兴也壮烈牺牲了。后来，张宪带领队伍赶到，才把金军杀退，岳家军从战场上找到杨再兴的尸体，他身上中满了箭，仿佛是个箭靶子。可见这场战斗是多么激烈，也可想见杨再兴至死不屈、斗争到底的英雄形象。

郾城战役刚结束，岳飞就命令岳云带兵前往颍昌，支援那里的守将王贵。

果然不出岳飞所料，岳云刚到颍昌，完颜宗弼带领的大军也开到了。王贵和岳云分头出战，直杀得金鼓震天，大地动摇，人成了血人，马成了血马。结果，完颜宗弼狼狈逃去，金军的副统帅邪也孛堇身受重伤，抬到汴京就死去了。

在郾城和颍昌两次战役里，岳家军表现出了英勇顽强、不可战胜的战斗力量，连金军也承认："撼山易，撼岳家军难！"

那时候，潜入黄河以北的梁兴、李宝也已经联络了山西、河北的人民武装，到处打击金军，收复了不少城池。岳家军胜利的喜讯传过去，更给他们极大的鼓舞。各地义军纷纷约定日期起兵，他们的旗帜上面，都有"岳"字。黄河以北的人民都在等待着岳家军的到来。金朝贵族在那里的统治，眼看就要垮台了。

这正是振奋人心的大好时光。岳飞更是兴奋，准备渡过黄河，争取最后胜利。他鼓励部下说："让我们一直打到黄龙府。到那时候，我要同大家痛饮一场！"

宋金采石之战

南宋绍兴三十一年（金正隆六年，1161 年），南宋文臣虞允文率领军民于采石（今安徽马鞍山西南）阻遏金军渡江南进的江河防御战。

南宋政权建立后，宋高宗面对金军的多次入侵，采取了力求议和的态度，以保黄河以南的半壁江山。但金军从未放弃对南宋的进攻。绍兴十一年（1141 年）十一月宋金在多次激战之后，南宋政权和金国签订了丧权、割地、纳贡的屈辱和约《绍兴和议》。宋向金称臣；每年向金纳贡银 25 万两、绢 25 万匹；两国领土东以淮河，西以大散关（今陕西宝鸡市西南）为界，淮河上的唐、邓 2 州及西方的商、秦 2 州的一半割给金国。此后，双方在力量相当的情况下，维持了一个较长时期的相对稳定的局面。金皇统九年（1149 年）十二月，金发生政变。

金太祖之孙平章政事海陵王完颜亮杀死金熙宗，自立为帝。完颜亮即位后，一心想灭亡南宋。金正隆五年（1160年），完颜亮撕毁和约，训练军队，准备南侵。金正隆六年（1161年）九月，金军分4路南下，水陆并进，企图一举灭宋。一路从海上直取临安；一路从宿（今安徽宿县）、亳州（今安徽亳县）取淮泗；一路从唐（今河南唐河）、邓（今河南邓州市）取荆襄；一路出凤翔取四川。

金正隆六年（1161年）十月，完颜亮率金军进攻寿春（今安徽寿县），逼近淮河北岸。宋高宗起用老将刘锜为淮浙西制置使，领兵抵御。刘锜当时身患重病，副帅王权怯懦畏敌，刘锜命他引兵迎击敌人，他贪生怕死，不愿从命，并借口劳军，用官船把自己的家私全部运走。刘锜命他进驻淮西重镇寿春（今安徽省寿县），他却龟缩在和州（今安徽省和县）城内，死也不肯前往。经刘锜一再催促，他出于无奈，才每隔3天派一支军队到距淮河前线较远的庐州（今安徽合肥市）探听一番。十月初九，完颜亮率大军抢渡淮河。王权一兵不发，丢了庐州城后，又逃至昭关（在安徽含山县西北）；接着，又自昭关撤退到和州。由于王权不战自退，金军就追踪而至。二十一日，王权假称"奉旨弃城守江"，又放弃了和州城。在弃城逃跑时，王权竟命令他的部将韩霖纵火焚城。王权不战自退，使完颜亮的大军如入无人之境，不到半个月时间便顺利地夺取了真（今江苏仪征）、庐、扬、和等州，直抵长江北岸，准备大举渡江。金军盘踞在西采石一带；溃散下来的王权余部流散在东采石镇附近，两军隔江相持。刘锜的军队原在淮东一带和金军隔河相持，由于淮西方面的牵制，又因连奉退守大江的指示，也不得不一步步地往后退。他先后退出淮阴（今江苏清江）、扬州，撤至长江南岸的镇江。

宋廷为了挽救危局，解除了王权的职务，以李显忠为建康府驻扎御前诸军都统制，并派中书舍人虞允文为参谋军事，到采石犒军。虞允文（1110—1174年），字彬甫，隆州仁寿县（今四川省仁寿县）人。绍兴二十四年（1154年）他考中进士。虞允文虽然身为文官，却也很注意边防武备。早在完颜亮大举进攻的前一年，他就曾上书皇帝，指出金国一定要撕毁盟约，并且预料金军如果南犯，必以全力出淮西，用奇兵出海道。但是，这些正确的估计，并未能引起宋高宗的注意。这次虞允文是以中书舍人参谋军事的身份奉命到芜湖催促武将李显忠尽速到东采石接管王权的军队，并代表政府慰劳采石的驻军。十一月初六日，虞允文到达采石。这时候采石一带由于无人负责，秩序非常混乱，散兵游勇到处都是，士气低落，人心惶惶，人们的心中交织着愤恨苦恼、茫然无主等种种复杂的心情。虞允文决定从振奋士气着手，他立刻召集将士讲话，要大家立功报国，虞允文慨然以国事为己任的精神，深深地打动了将士们的心，激发了他们的斗志。虞允文马上又和将官时俊、盛新等人共同研究了沿江的军事部署问题。他们根据双方兵力悬殊，以及金军士气低落、不明地形、不善水战等条件，决定以逸待劳，用后发制人的办法来对付金军。虞允文命步兵和骑兵列好阵势隐蔽在岸边滩头高地的后面。又命江面水军分成 5 队，各队由海鳅船和战船组成：一队停泊于大江中流，作为主力；两队分做东西两翼配合主力；另外两队隐蔽在附近的小港汊内，做袭击敌船和援助前阵之用。

十一月初八日，完颜亮亲自指挥大军抢渡长江。他先派出一部分水军做试探性的进攻。宋军不急于反击，江面上没有什么动静。完颜亮以为可以像当年完颜宗弼过江那样长驱直入了，于是亲自挥动小红旗，冒着江上的大风，率领几百艘战船从杨林渡口出发。他站在船上志满意得，自以为稳操胜算。金军的船只向对岸冲去，快到岸边时，才发现岸头高地的后面，隐伏着队伍齐整的宋军。金军异常震惊，欲退不得。走在前面的 70 余只战船勉强靠岸，部分金兵登陆，但是大部分船只，由于船底宽平，行动不便，又不熟悉水道，在江中飘摆不定，无法前进。已登陆的金军被宋军全都消灭，停于长江中的金军战船也被宋水师截断，金军大败，只得退往杨林河口。虞允文预料敌经重创之后，必将卷土重来，于是连夜布阵。第二天，虞允文亲率战船，将杨林渡口封锁起来。不久，金军果然来了。他立刻命令部将盛新带领一批优秀的射手用"克敌神臂弓"射杀金军。同时，他又派人到杨林渡口上渡处放火袭击敌人，焚毁金军战船 300 艘。十二日，金军被迫转向淮东，欲与扬州（今属江苏）、瓜洲（今扬州南）军会合南渡。虞允文识破其阴谋，率师驰援镇江（今属江苏），于江岸布阵设防。金将见宋军有备，不愿再战，决定收军北还。

进攻川陕的西路金军遭到宋将吴璘的痛击，进攻荆襄的中路金军也被宋军张超击退，完颜亮南侵的 4 路大军均告失败。这时，燕京又发生了一次政变，金东京留守完颜雍（金世宗，1123—1189 年）乘完颜亮南下，夺取了皇位，并宣布废除完颜亮。完颜亮后退无路，只好孤注一掷，企图渡江占领江南。行至扬州，部将完颜宜元率将士袭击其营帐，完颜亮被乱箭射死。完颜亮点燃南侵战火，而自己却在这场战火中丧生。

隆兴和议

绍兴三十二年（1162 年）六月，宋高宗传位于太子赵眘，太子即位，是为宋孝宗。

孝宗即位初，宋廷表现出一番振作气象。加张浚少傅魏国公，宣抚江淮。张浚劝孝宗恢复国土的意志要坚决，主张由海道攻山东，命诸将帅出师，为掎角之势，直指中原。但主张妥协的史浩与张浚意见不合，处处作梗。

隆兴元年（1163 年），宋孝宗以张浚为枢密使，都督江淮东西路军马、开府建康。张浚推荐陈俊卿为江淮宣抚判官，追复岳飞官爵，起用坚决抗金的胡铨。二月，金军军帅纥石烈志宁要求宋朝的海、泗、唐、邓、商州土地和岁币。在这之前，金军 10 万人驻屯河南，扬言要取两淮。张浚则请宋军屯驻盱眙，泗、濠、庐州以准备战斗。金纥石烈志宁又威胁张浚，为南下攻宋作准备。孝宗召见张浚，张浚请求孝宗幸建康。史浩则称主张抗金的人是"浅谋之士"，对金人作战是"时兴不教之师"。但孝宗在一番朝臣争议后，倾向"出师渡淮"的主张，派李显忠出濠州（今安徽凤阳东）趋灵璧（今属安徽），邵宏渊出泗州（今江苏盱眙北）趋虹县（今安徽泗县）。

五月，李显忠自濠梁渡淮水至陡沟，打败金右翼都统肖琦的拐子马军，收复灵璧。李显忠部入城不杀一人，宣布朝廷的恩德，于是中原归附者相继不断。邵宏渊部在虹县城下受阻，邵、李二将不协作，当李显忠率兵攻宿州（今属安徽）城时，邵宏渊等不从。李部士卒奋战，渡濠登城，入城后展开巷战，收复宿州。宿州大捷，鼓舞将士和百姓，孝宗手书慰劳，下诏升李显忠为淮南京东河北招讨使，以邵宏渊为副。

金纥石烈志宁自睢阳引兵攻宿州，为李显忠击退。金孛撒又自汴率步骑数十万再夺宿州。李显忠要邵宏渊合力抗击金军，而邵宏渊却是按兵不动，所幸李显忠拼力作战，才击退金人。邵宏渊等人还散布悲观厌战言论，并且带领部队逃走。金人乘虚而入，李显忠竭力苦斗，杀伤金人甚多，但看到邵宏渊诸部离去，自己孤立作战难以支撑，只好乘夜引兵回走，至符离（今属安徽）。金追兵至符离，宋军大败。宿州又为金人占领。从宿州之战到符离兵败，宋孝宗的北伐告一段落。

张浚以自己对战事有责任，向朝廷请罪，朝中主和臣僚也议论张浚的罪责，但宋孝宗没有处罚，希望张浚要有始有终进行抗金斗争。张浚以魏胜守海州、陈敏守泗州、戚方守濠州、郭振守六合，聚水军于淮阴，聚马军于寿春，以抵御金军的进攻。孝宗一方面作了一番防御布置，另一方面又议讲和之事，起用主和派汤思退为右相兼枢密使，张浚被降职，邵宏渊降官阶，贬李显忠官，筠州安置。

八月，陈俊卿上书孝宗，言当用张浚。张浚复为都督江淮军马。主战派张浚、胡铨、虞允文等反对议和。但朝中主和派势力上升，汤思退积极主张议和，陈康伯等也称议和是为"万全之计"。孝宗本来就摇摆不定，这时更倾向议和。

宋隆兴二年（1164 年）孝宗时而主和，时而主战。金人无礼和苛刻条件，逼使孝宗有时不能不做出抗金的决定。但在形势紧迫下，在汤思退主和派的压力下，他又倾向主和，打击主战派。四月，张浚被罢。七月，朝廷命撤去两淮边备，汤思退急于求和，自撤边备，停止筑寿春城，解散万弩营兵，停修海船，撤海、泗、唐、邓各州的防线。八月胡铨上书，说自靖康以来40年间，三遭大变，其害皆在和议。但这并没有改变朝廷加紧求和活动的趋向。不久，张浚病死，虞允文由于拒绝执行放弃唐、邓二州的行动，而被罢职。

十月，金军南侵，魏胜牺牲，楚州陷，金人入濠、滁州。朝廷议论要"舍淮保江"，杨存中竭力反对。在金人再度兵临长江的情况下，孝宗罢汤思退。太学生张观等72人上书谓奸人误国，乞斩汤思退、王之望、尹穑3人之首以谢天下。汤思退忧悸而死于信州，陈康伯、虞允文再次被起用。李宝在淮东也击败金人进攻。但是宋朝军事上准备不足，杨存中等人也不是坚决抗战的将帅，宋孝宗在关键时刻往往是左右摇摆。金统治者内部矛盾也很严重。这一年十二月，宋金议和成。条约主要内容是：一、宋对金不称臣，而是"正皇帝之称，为叔侄之国"；二、银绢各减五万；三、地界如绍兴之时等。隆兴二年和议称之为"隆兴和议"。

宋孝宗对和约中歧视性内容的条文愤慨，金人遣使至南宋的无礼行动与要求，使孝宗难以忍受。宋孝宗在乾道年间重用虞允文积极准备雪恨、收复失地。宋金之间关系一度紧张，战争一触即发，但随着虞允文的去世，孝宗信心又动摇了。淳熙十六年，即1189年，孝宗又传位给光宗，这又是一次内禅。此后，宋金之间保持一段时间相对的稳定。

嘉定和议

开禧二年（1206年）十二月，南宋开禧北伐全面失败，金军一直打到长江北岸。指挥北伐的韩侂胄面对金军攻势，非常惶恐，一方面输家财20万以助军饷，另一方面则暗中决定罢战议和。金章宗（完颜璟）因北有蒙古各部的反抗，内部问题严重，也无力再战，便上谕金主帅布萨揆，通和罢兵。督视江淮军马的丘崈在韩侂胄的指使下，派陈璧持书帛前往讲和。布萨揆提出必须称臣割地，献首谋北伐之人于金，方可息兵。丘崈又派王文前往，布萨揆依然不改条件。丘崈又多次遣使，答应归还金淮北流移人及本年岁币，布萨揆才自和州（今安徽和县）退屯下蔡（今安徽凤台），只留一军驻守濠州（今安徽凤阳东）。

开禧三年（1207年）二月，金主帅布萨揆卒于下蔡。与此同时，宋监兴州合江仓益昌杨巨源与军士李贵杀掉叛宋降金、被金封为"蜀王"的吴曦，并趁势收复了大散关，宋军威大振。但由于没能把握好战机，四月，金军又破大散关。韩侂胄遂以方信孺为国信所参议官使金。方信孺在濠州见到金将赫舍里子仁，赫舍里子仁将方投入监牢，并威逼方答应金的议和条件，方不屈，被送到汴京面见完颜宗浩。方信孺据理力争，驳斥了完颜宗浩的议和条件，宗浩无奈，遣信孺归宋，和战待再来使决定。于是宋又以林拱振为通谢使，与方信孺再次使金，金正式提出议和的 5 项条件：一、割两淮，二、增岁币，三、索归正人，四、犒军银，五、缚送首谋用兵之人。韩侂胄对金的 5 项条件极为愤怒，九月，贬方信孺临江军（今江西清江西）居住，任用王楠为假右司郎中持书使金。由于金国坚持索要韩侂胄等人的人头，韩便决定放弃议和，罢去丘崈，以赵淳为江淮制置使，准备继续用兵。

开禧北伐使南宋国力消耗甚大，朝中大臣多致不满，主和派势力逐渐抬头。开禧三年（1207 年）十一月，礼部侍郎史弥远上奏宁宗（赵扩），指出北伐所造成的损失，请求诛杀罪魁韩侂胄，与金议和。皇后杨氏素与韩侂胄有怨，这时也劝宁宗诛杀韩侂胄，宁宗起初不许，杨皇后请求命令其兄杨次山在群臣中挑选可以除掉韩侂胄的人，宁宗才默许除韩。杨次山得密旨后，遂告知史弥远。史弥远又告知曾受韩侂胄排挤的钱象祖，钱又与礼部尚书李壁密谋，指派主管殿前司公事夏震统兵 300，伏于路边，待韩侂胄入朝时，在太庙前呵住，拥至玉津园侧杀死。宋宁宗对此举无可奈何，遂下诏历数韩侂胄罪恶，昭示天下。丞相陈自强被贬永州（今湖南零陵）居住，苏师旦被贬，不几日被杀。论功，迁史弥远礼部尚书，加夏震为福州观察使。诏改明年为嘉定元年（1208—1224 年）。

嘉定元年（1208 年）正月，宋以史弥远知枢密院事。三月，史弥远请复秦桧王爵。不久，出使金国议和的王楠自金归还。王楠在金时向金将完颜匡请求依靖康故事，宋金世为伯侄之国，增岁币 30 万，犒军钱 300 万贯，苏师旦等人待主议定后，函首以献。完颜匡俱以王楠之言奏金章宗，金章宗提出要南宋以韩侂胄赎淮南地，改犒军钱为银 300 万两。韩被杀以后，钱象祖就移书金帅府，向完颜匡晓以诛韩之事，完颜匡遂与王楠正式达成议和：宋金为伯侄之国；宋增岁币绢、银各为 30 万匹、两，犒军钱 300 万两；双方疆界如旧；函韩侂胄首至金。王楠返宋后，宁宗诏百官集议，有人认为献首于金有失国体，更多的大臣则认为奸已死，献首以赎两淮理所应当。于是下令临安府（今浙江杭州）破棺取首，枭于两淮。六月，王楠函韩侂胄、苏师旦首至金。金章宗在应天门备黄麾立仗受之，百官纷纷上表祝贺。章宗令悬韩、苏二首于城中，并画像于通衢，让百姓观看。然后漆其首，置于军器库。紧接着便下令完颜匡罢兵，更元帅府为枢密院，把大散关及濠州归还南宋。九月，金使完颜侃、乔宇入见宁宗。宁宗遂以和议成立，晓谕天下。

宋与蒙古联合灭金

嘉定元年（1208 年），史弥远任丞相，开始长期专擅朝政。韩侂胄擅权于前，史弥远专政于后，统治阶级更加奢侈腐朽：结党营私，贿赂公行，很多通过行贿而得的州县官员，都争相搜刮民脂民膏。在开禧用兵之后，因巨额的军费和赔款，南宋又出现了财政危机，并长期持续，年年加重。史弥远等人乞灵于滥发纸币。宋孝宗时，曾规定东南会子每界发行 1000 万贯。到宋宁宗庆元时，改为每界发行 3000 万贯。第 11 界发行额为 3632 万余贯，第 12 界为 4758 万余贯，第 13 界为 5548 万贯。宋廷还规定不再以金、银、铜钱等兑换东南会子，而在东南会子兑界之际，以旧会子两贯折换新会子一贯，造成了会子充斥、币值跌落、物价飞涨、民生憔悴的局面。

宋宁宗时，爆发了多次起义反抗事件。广州大奚山岛人民依靠煮盐捕鱼为生，官府借口搜捕私盐，派人上岛骚扰，庆元三年（1197 年），岛民 1000 多人奋起反抗，兵锋直指广州城下。官军进行镇压，全岛 1 万人口，皆遭屠戮。嘉定元年，郴州（今湖南郴县）黑风峒瑶族首领罗世传和汉族举人李元砺领导武装反抗，纵横于荆湖南路、江南西路和广南西路，发展到几万人，屡败官军，但两人先后接受招安，又发生内讧，终于被统治者各个击破。十二年，因官吏克扣军俸，四川爆发军士张福、莫简领导的"红巾队"起义，攻破不少州府，直逼成都，后遭优势的官军包围，红巾队失败，莫简自杀，张福被害。此外，武官罗日愿因痛恨史弥远的降金政策，秘密结约宫廷内外下级官兵、临安府府学生等，企图发动政变，杀掉史弥远等投降派官员。因被告密，罗日愿等人遭捕杀。

宋金议和后，金朝很快遭受新兴蒙古族的军事攻击，迁都南京开封（今河南开封），苟延残喘。嘉定七年，宋朝因真德秀的提议，停止向金朝输纳岁币。十年，金宣宗决定分兵南侵，企图扩充疆土，补偿对蒙古战争的损失。从此，宋金战争又绵延了 10 多年。在四川战场，金军攻陷皂郊堡（今甘肃天水西南）后，宋利州统制王逸率领官军和忠义民兵将其收复，继攻秦州。沔州（今陕西略阳）都统制刘昌祖下令退师，并解散抗金忠义民兵，招致宋军大溃败。兴元府（今陕西汉中）都统制吴政奋勇抗击，打败金军，而战死于黄牛堡（今陕西宝鸡西南）。新任沔州都统制张威于大安军（今陕西宁强大安镇）歼灭金军精锐，金军退遁。安丙再任四川宣抚使，联合西夏夹攻金军，夏兵攻巩州（今甘肃陇西）不下，退兵。安丙部署各军分路北伐，也师出无功。在京湖战场，制置使赵方督率扈再兴、孟宗政等力拒金兵，金军屡攻枣阳军（今湖北枣阳）、樊城等地，都以失败告终。宋军反攻唐州（今河南唐河）、邓州（今河南邓州市），亦不能下。在山东和两淮战场，金朝统治下的山东地区，爆发了杨安儿、杨妙真、李全等领导的起义，以红袄作标志，称红袄军，占据山东绝大部分地区。李全等各支起义军配合宋军，击破金军对两淮地区的大举进犯。由于宋朝军民的坚决抵抗，金宣宗的南侵计划宣告破产。金哀宗即位，决定改变战略，结束侵宋战争，宣布"更不南伐"，并派使臣到宋"通好"。

嘉定十七年，宋宁宗病死。宋宁宗原先立宗室子赵竑为皇子，史弥远得知赵竑痛恨他专权祸国，乃拥立另一宗室子赵昀即帝位（宋理宗），废赵竑为济王，出居湖州（今浙江吴兴）。后因湖州人潘壬、潘丙拥立赵竑为帝，史弥远派兵捕杀，又逼令赵竑自缢。宋理宗和史弥远巩固了自己的地位。宋理宗即位后的最初九年，事实上只是权相史弥远的傀儡，朝政昏暗如故。

山东抗金的红袄军，在宋宁宗末年，已发生分化，李全和杨妙真夫妇不再反抗女真统治者，只是发展个人实力，企图并吞红袄军的其他各支队伍，打算占据扬州，然后渡江夺取南宋"行在"临安府。后因兵败，又投降蒙古。另一首领彭义斌则坚持抗金，并与蒙古军进行斗争。他曾向南宋当局建议收拾李全，南北互相配合，克复中原，而只图苟安一隅的宋廷却置之不理。最后，彭义斌在赞皇县（今属河北）五马山与蒙古军激战，壮烈牺牲。李全叛变后，占据楚州，随后又进攻扬州，淮东安抚副使赵范和提点刑狱赵蔡兄弟率宋军迎战，绍定四年（1231年），李全战败被杀。

绍定六年，史弥远病死，宋理宗亲政。当年北方形势发生急剧变化，蒙古军包围金朝都城南京开封，金哀宗出逃蔡州。蒙古约宋朝出兵夹击，灭金后河南地归还宋朝。七月，宋将孟珙出兵，歼灭金将武仙重兵，与蒙古军联合包围蔡州，端平元年（1234年）正月，宋军与蒙古军攻破蔡州，金朝灭亡。

西夏的建立

党项族的兴起

宋朝建立以后，我国西北边区的古老民族——党项族，已经进入了半农半牧的经济阶段，封建生产方式正在扩大。党项族的部落首领，从唐朝以来就接受中原汉族王朝的封号，臣属于中原王朝。到了宋朝，西北地区的经济有较大的发展。党项贵族在汉族进步文化和生产技术的影响下，在汉族地主的支持下，建立起封建地方政权。

党项是我国古代羌族的一支。大约在7世纪，生活在今青海一带和四川西北的党项人，还处于氏族社会趋向解体的历史阶段。他们"以姓别为部"，大的部落有万余骑，小的也有几千骑。他们互不统属，每隔几年聚会一次，过着游牧狩猎生活。

629年，弃宗弄赞建立吐蕃国家。吐蕃古钵教经典把党项列为吐蕃统治下的"外四族"之一。吐蕃强盛，党项族遭到吐蕃的压迫。8世纪初，吐蕃袭杀党项拓拔首领，党项各部落被迫迁移到今甘肃和陕西北部一带。迁到夏州的部落，被称为平夏部。

唐朝末年，党项平夏部首领拓拔思恭出兵助唐，镇压黄巢，随李克用攻占长安。唐朝以夏州为定难军，加思恭节度使，晋爵夏国公，赐姓李氏。从此，党项族便据有银、夏、绥、静、宥等5州地区。

这时的党项族，还处在氏族社会的父权制时期。党项族的居民组成为大小不等的氏族和部落，最大的部落可达四五千人。各部落散处各地，还没有形成固定的部落间的联盟。接受唐朝封号的拓跋首领在党项族中有着颇大的权威，遇有战事，他可以射箭为号，召集各部落对外作战，但战事过后，即行解散。

唐朝末年以来，一些党项部落进入汉地，入居州城。党项族在不断地发生着分化。

在青甘川故居时，党项人往往"求大麦于他界，酿成为酒"，这是指通过交换取得大麦来酿酒。到东迁至农牧业相兼的地区，就无须与他部交换，便可取得像大麦这类酿造的原料了。但不论怎样取得这种酿造的原料，它深刻地反映了这一情况，即：党项人除去必需的基本的生活资料供给之外，已经有了剩余，所以才能够用交换的办法，或生产的办法，以用不了的原料去进行酿造。正因为劳动有了剩余，为阶级、阶级社会的形成提供了一个重要的物质条件。党项东迁以前便具备了这一物质条件，从而为党项人跃进阶级社会奠定基础。

东迁之后，随着财产私有制的发展，党项氏族部落之间的掠夺也逐渐加剧。史料上称其："不事生产，好为盗窃，互相凌劫"；"不事生产，好为盗贼"，便是这一情况的反映。不管是"凌劫"，还是"盗窃"，总之是靠掠夺来扩大私有财产的。

进入州城，与汉族杂居的党项部落，逐渐接受汉族的封建文化制度。某些贵族酋长，也购买田地，剥削汉族农民，甚至经营工商业，广置财产。这些党项部落人户，被汉人称为"熟户"。

散处在广阔山野间的广大党项氏族、部落，继续从事游牧，被称为"生户"。各部落还没有共同的首领，也没有法律和赋税。信奉原始的巫教，有疾病由称作"厮"的专职的巫送鬼治病。各部落之间相互争夺，互相复仇。无力复仇者，就集合妇女去焚烧仇家的庐舍。仇解后，双方饮鸡、猪、犬血盟誓。杀人者可出价钱偿命。这些状况说明，党项族中已确立了财产私有制，并为争夺财产和奴隶而展开内部的和对外的争夺。党项的生户部落不断向汉族地区去掳掠"生口"做奴隶。

但是，在唐、五代时期，党项的奴隶制不可能得到迅速的发展。唐朝和吐蕃都是强大的国家。五代时，后梁、后唐仍有足够的力量控制着西北。契丹建国后，国势强大，一直控制到党项的居住区。党项部落的对外掳掠不能不受到极大的限制，也就是奴隶的来源受到限制。宋朝统治时期，党项族才由氏族部落制逐步发展为奴隶占有制，并进而建立了党项奴隶主的国家——西夏。

党项族的对外扩展

982年，党项贵族内部相互争战。拓跋部首领李继捧率领部落、氏族长270余人，民户5万余帐，投附宋朝，愿留居宋朝的京师东京。宋太宗加封继捧为彰德军节度使。并派使臣到夏州护送继捧家族全部迁居东京。夏州党项贵族李克文、绥州李克宪也相继投宋。宋太宗派出官兵，占领了夏、银、绥、宥等5州。

党项内部由此引起了急剧的分裂。继捧弟继迁年20，住在银州，不愿内迁。

李继迁与其弟李继冲、亲信张浦商定，决计"走避漠北""奔入蕃中地斤泽"（今内蒙古鄂尔多斯市巴彦淖尔市），抗宋自立。

继迁联络党项部落，于982年进攻葭芦川，又进攻夏州三岔口，都被宋兵击败。张浦献策攻打宋兵力薄弱的宥州，继迁率领党项兵2万人攻宥州，又被宋宥州巡检使李询战败。于984年，宋知夏州尹宪与都巡检使曹光实乘势出兵反攻，夜袭地斤泽，焚烧党项部落400余帐。继迁母、妻被俘。继迁败逃至夏州北黄羊平，与当地野利部通婚，召集各部落复仇。继迁利用祖先在银夏地区的影响，"出其祖彝兴像以示戎人，戎人皆泣拜"。

985年，李继迁派人骗曹光实，约在葭芦州会见。曹光实带领百骑赴会。继迁设伏兵杀曹光实，袭据银州。继迁据银州，自称都知蕃落使、权知定难军留后。三月，继迁进攻会州，焚会州城。宋太宗派知秦州田仁朗与李继隆等出兵讨伐继迁。党项部落长折罗遇及弟乞埋战死，折罗遇被宋朝俘虏处死。四月，继迁放弃银州退走。六月，宋兵乘胜进击，党项部落多败破。继迁见部落败溃，宋兵势盛，于次年降附辽朝以对抗宋朝。辽圣宗授继迁定难军节度使、都督夏州诸军事，继冲为副，又以宗室女义成公主嫁继迁。990年，封继迁为夏国王。继迁得到辽朝的支持，又足以与宋朝争胜负了。

987年，继迁再攻夏州。宋太宗见继迁附辽，利用继捧回夏州抵抗继迁。988年，宋太宗赐李继捧姓赵，改名保忠，授夏州刺史、定难军节度使及夏、银、绥、宥、静等5州观察处置押蕃落等使，入守夏州。

端拱二年（989年）四月，继捧出兵击败宥州御泥、布啰树两部。淳化元年（990年）四月，与继迁战于安庆泽，继迁中流矢败退。十月，继迁派破丑重遇贵至夏州诈降继捧。继迁率领部落攻城，破丑重遇贵在城中接应，继捧大败。翌年初，继迁再攻夏州，宋朝派兵来援。九月，继迁占领银、绥二州。宋朝被迫授给继迁银州观察使封号，赐姓名赵保吉。

李继迁以毛乌素沙漠为寄托，以弱小之军经常袭击宋军，宋军处于被动不利的局面。在此关键时刻，宋政府开始禁止买卖青白盐。青白盐产于盐州乌白二池，党项人以畜牧为业，主要靠青白盐与边民私自贸易。

青白盐不论色和味，都胜过山西解池的食盐。由于制盐的成本低，陕西一带的汉族老百姓，乐于拿出自己的粮食交换党项的食盐。当地的汉族人民不愿购买宋朝政府专卖的高价盐。曾经有一个时期，一斤解池的官盐，要卖30多个铜钱，而党项地区的青白盐，只要15文就能买到一斤。宋朝为了增加国家的财政收入，强制陕西人民购买昂贵的解池盐，不让党项的食盐流入陕西境内。这种强制手段，破坏了各族人民之间自然的经济联系，损害了各族人民的利益。淳化四年（993年），转运副使郑文宝向政府献策，只许商人贩运安邑和解池的官盐，不许买卖党项的青白盐。

结果"西人"果然"大困""无以为生"，不过也使一万多帐党项人归附李继迁，大大加强了李继迁的力量。李继迁于是联合43族，会盟于杨家堡，引兵13000多人，进攻环州（今甘肃环县）的石昌镇，劫掠居民，焚烧财物，弄得社会很不安宁。至道二年（996年），又围攻灵州（今宁夏回族自治区灵武），宋军在战斗中都要按照宋太宗的阵图行事，处处被动挨打。加上沙漠地带交通阻滞，军粮运输极度困难，大批士兵和民伕死于饥渴，损失十分惨重，最后不得不撤退。李继迁击退宋朝五路兵马，"大集蕃部"，采取围困方式，并开屯田以解决军粮，最后攻下灵州，并改名为西平府。灵州是宋代西北交通的据点，也是黄河上游沿岸沙漠地带最肥沃的地区。宋朝政府当然不愿意放弃这个重要据点，双方展开了激烈的战斗。后来李继迁战死，1004年由他的儿子德明继承首领。

李继迁死后，他的儿子李德明向辽朝报哀。辽朝封德明为西平王。李继迁临死前，告诉德明，向宋朝进表称臣。景德二年（1005年）六月，德明派牙将王昱到宋朝奉表入朝。宋真宗厚加赏赐。宋朝提出7件事要德明承允，主要是把灵州归还给宋朝和派子弟入宋宿卫作人质。宋朝开放贸易，许贩青白盐。德明始终不应允宋朝的条件，宋朝只好让步。翌年，遣使封授德明为定难军节度使、西平王。宋朝又先后开榷场贸易。夏州天旱歉收，榷场不再禁止夏人买粮。德明时，只是边地部落有过小的冲突，一般说来，和宋朝始终保持着和好关系。德明的劲敌主要是西方的吐蕃部落和回鹘。

1004年，吐蕃六谷部潘罗支在击败继迁后，又与宋朝联络，愿率领六谷部及回鹘兵乘胜攻打党项。继迁统属的党项部落迷般嘱部及日逋吉罗丹部投附者龙族。继迁出兵攻者龙，潘罗支领兵援助者龙抵抗。迷般嘱部及日逋吉罗丹部乘机杀潘罗支。者龙13部中，6部归附党项。六谷部落选立潘罗支弟厮铎督为首领附宋，继续与德明为敌。宋朝加号厮铎督为西凉府六谷大首领。

大中祥符元年（1008年）十月，德明派夏州万子等四部军主率领党项兵攻打西凉府，见六谷部兵势盛，转而引兵攻打回鹘。回鹘伏兵袭击，万子等败走。翌年四月，德明又派张浦率领精兵2万向回鹘复仇，攻打甘州。甘州回鹘夜落纥可汗领兵拒守，乘间出兵袭击，张浦大败而回。1011年，德明又派西凉人苏守信袭击凉州样丹部。六谷部厮铎督会集诸部兵迎敌，苏守信败退，据守凉州。1016 年，甘州回鹘攻占凉州，苏守信子啰麻弃城走（苏守信已死）。回鹘成为德明的一个严重威胁。

1020 年，德明在灵州怀远镇修建都城，从西平迁到新城，号为兴州。1024 年，又在怀远西北省嵬山下建省嵬城，作为兴州的屏障。1026 年，甘州回鹘叛辽，辽萧惠兵攻甘肃，德明出兵助战，不能战胜，随辽朝退兵。公元1028 年，德明子元昊领兵攻下甘肃，又乘胜攻下西凉府，取得对回鹘作战的重大胜利。德明仿宋朝制度，立元昊为皇太子。1030 年，瓜州回鹘可汗贤顺也率部投降。德明、元昊战胜回鹘，党项的历史进入了一个新时期。

元昊称帝

党项族从唐末据有西北五州之地，到 11 世纪时，人口已有数十万户。由于汉族经济和先进文化的影响，又跟吐蕃人、回鹘人生活在一起，使党项族内部的经济生活和社会制度发生变化。在经济生活方面，从狩猎转为畜牧和农业并举，手工业和商业也有一定程度的进展，党项人已经学会制造铁器。从社会制度的变化来看，部落联盟的首领变成有势力的贵族，控制汉人、党项人和各族人民从事农垦，缴纳赋税，出现了封建剥削制度。德明时代，党项的势力已经扩大到甘州（今甘肃张掖）、凉州（今甘肃武威）一带。这些地区的自然条件都比较好，既有适宜于游牧的水草，又有便于农田灌溉的河流，使党项人民的物质生活得到改善。

1032 年，德明病死。在对外作战中立有大功的太子元昊，继承德明的职位。宋朝封元昊为定难军节度使，袭爵西平王。

元昊继续统率党项部落，向吐蕃、回鹘进攻。1033 年，元昊战胜吐蕃唃厮罗部，攻破犛牛城。1036 年，又西攻回鹘，攻下瓜州、沙州和肃州，占领了河西走廊。统治的领域"东尽黄河，西界玉门，南接萧关，北控大漠"，包括夏、宥、银、会、绥、静、灵、盐、胜、威、定、永和甘、凉、瓜、沙、肃等州的广大区域。

领域的扩展，被统治的外族分子的大量涌入和俘掠奴隶的急剧增加，原来以兴州为中心的松散的部落联合，显然已经不够了。历史的发展，迫切需要建立一个适宜的统治机构，以保护党项奴隶主贵族的利益，统治奴隶和各族人民。建立国家的条件，日益成熟了。

唐末宋初以来，拓跋部和被称为平夏部的夏州部落首领，接受唐、宋封授的官职，并且入居州衙通过贡赐的方式，接受了汉族的物质生活和文化。他们以这种特殊的地位，在对外作战时召集各部落形成暂时的联合。宋朝皇室也通过他们来控制党项各部落的对外掳掠。历史形成的这种特殊的状况，不仅越来越不能适应党项奴隶制发展的要求，而且日益成为发展的障碍。

在党项族这样一个历史转变的时期，党项贵族中出现了两种不同的主张。

早在德明时，以德明和元昊为代表，便对党项的发展道路展开了争论。德明主张继续维持现状，依附宋朝。他说："我族有 30 年不穿皮毛，而能穿着锦绮的衣服，这都是宋朝的好处。"元昊说："穿皮毛，事畜牧，是我们本来的习俗。英雄应当成霸王之业，何必穿锦绮。"党项贵族接受宋朝的赏赐，部落居民穷困，矛盾也日益尖锐。元昊对德明说："我们所得俸赐，只归自己。可是，众多的部落都很穷困。我们失掉了部落，还怎么能自守？不如拒绝朝贡，练习兵事，力量小可以去掳掠，力量大还可夺取疆土，上下都能富裕，何必只顾我们自己。"

元昊继位后，便按照自己的主张，摆脱宋朝的控制，按照党项奴隶制发展的道路，着手建立夏国。1033 年，将兴州改为兴庆府，扩建宫城殿宇，作立国的准备。

元昊建国时，野利部的野利仁荣成为他重要的支持者。野利仁荣通晓党项和汉族的文化。他提出"商鞅变法而国霸，赵武胡服而兵强"，主张按照党项本民族的状况和风俗，"顺其性而教之功利，因其俗而严以刑赏"。以兵马为务，反对讲礼乐诗书。依据这个方针，元昊在建国前采取了一系列的新措施。

元昊继立，首先下令秃发。即推行党项的传统发式，禁止用汉人风俗结发。元昊首先自己秃发，然后下令境内人民三日内必须秃发，不服从命令者杀头。接着废除唐朝和宋朝的赐姓李氏和赵氏，改用党项姓"嵬名"。又废去宋朝西平王的封号，用本族语称"吾祖"（兀卒，青天子）。德明时用宋朝年号纪年。1032 年，元昊自立年号显道。1034 年，改年号开运、广运。1036 年，又改为大庆。1038 年，元昊正式建国号大夏，称"始文英武兴法建礼仁孝皇帝"（景宗）。改年号为"天授礼法延祚"。

封建统治的确立

西夏建国以后，元昊吸收汉族失意的地主阶级知识分子，仿照唐、宋封建制度，以兴州（今宁夏回族自治区银川）为中心，建立起统治机构。官府分为五品，职官分文武班。最高长官是中书令和枢密使。设御史台，由御史大夫司监察。中书、枢密以下有三司、翊卫司、官计司、受纳司、农田司、群牧司、磨勘司、飞龙苑、文思院等机构。1027 年，增至 16 司，管理政务，官员由蕃、汉人分别担任。野利仁荣、嵬名守全、张陟、张绛、杨廓、徐敏、张文显等分任中书、枢密、侍中等官。1039 年，又仿宋制，设尚书令，总管 16 司事。专授党项人的官职，有宁令、谟宁令、丁卢、丁弩、素赍、祖儒、吕则、枢铭等。野利仁荣任谟宁令（天大王），在党项官员中，处在极高的地位。

《辽史·西夏外纪》记载，夏有专司曲直的"和断官"。元昊建国前即注意法律，案上常置法律书。后来，还陆续出现了官修的审刑、治狱的专书，夏国的法律和监狱也作为国家的组成部分建立起来了。

随着夏国阶级统治的建立，文字成为必需了。元昊通汉文。建国后与谟宁令野利仁荣，制成西夏文字 12 卷。夏国文书纪事，规定一律用新制的夏国文字。1037 年，设立国字院和汉字院。汉字只用于和宋朝往来的文书，同时以西夏国字并列。对吐蕃部落、回鹘和张掖、交河等地的各民族，一律用西夏国字，同时附列各民族文字。西夏文是依据汉字改制成的方体字。在夏国统治的近 200 年中，一直行用。在夏国亡后，也还长久流传。西夏文字的创制，对夏国统治的确立和经济、文化的发展起了重要的作用。

元昊创制西夏文字后，又命野利仁荣主持建立"蕃学（党项学）。用西夏文字翻译《孝经》《尔雅》《四言杂字》等书，选拔党项和汉族官僚子弟入学学习。学成之后，出题试问。学习精良，书写端正者，酌量授给官职。蕃学的建立实际上是仿照宋朝的科举授官制，并借以推动夏国文化的发展。元昊反对儒学而又译读《孝经》，显然是为了适应氏族部落制的传统习俗的缘故。

元昊建国称帝，不再采用宋朝的衣冠，改穿白色窄衫，戴红里的毡帽，脑顶后垂红结绶。这是采择了吐蕃赞普和回鹘可汗的服制。文武官员的服式也有规定：文官戴幞头，穿靴执笏，穿紫衣、绯衣，基本还是宋朝的样式。武官按照等级戴镂金、镂银和黑漆冠，穿紫衣，系涂金的银束带。平民穿青绿衣，以分别贵贱等级。又参用宋制，改定朝仪。每六日，官员朝见皇帝，称"常参"。九日朝见，称"起居"（问候皇帝起居）。凡吉凶、嘉宾、宗祀、燕享等，改宋九拜礼为三拜。

由于西夏是在战争中诞生的，为与宋辽抗争，元昊筹建了一个庞大的军事系统，与契丹辽国一样，党项夏国所实行的是一种全民兵役制，即达到规定年龄的男子都要承担兵役。

党项部落住帐幕，一家称一帐，小部数百帐，大部千余帐。男子年过 15 成丁。每逢发生战争，各部落出丁作战。元昊建立夏国的军队，各部落每二丁取"正军"一人，配备随军服杂役的"负担"一人，合称一"抄"。原来是以 4 丁为两抄，同住一帐幕，后来改为 3 丁同住一帐幕，即二正丁合用一"负担"。正军每人给马、骆驼各一，如倒毙需赔偿，称为"长生马驼"。又置十二监军司，委豪右分统其众，自河北至午腊，蒭山 7 万人，以备契丹；河南洪州、白豹、安盐州、罗落、天都、惟精山等 5 万人，以备环庆、镇戎、原州；左厢宥州路 5 万人，以备鄜、延、府；右厢甘州路 3 万人，以备西蕃、回鹘；贺兰驻兵 5 万、灵州 5 万人、兴州兴府 7 万人为镇守，总 50 余万。

"五十余万"这个数目也许有些夸大，据估计，当时党项境内全部户口在 15~18 万户之间，100 万人上下。《隆平集》中称"德明时兵十余万而已，曩霄之兵逾十五万"，这个数字应该是比较符合当时的实际数目的。

元昊又设立擒生军，是夏军的精锐，职责是在作战中掳掠生口做奴隶。

擒生军每一正军平均有"负担"两人以上，大概装备特别精良。又有炮手200人，称"泼喜迭"，立旋风炮于骆驼鞍上，发拳大的石弹攻击敌人。擒生军的设立是夏国兵制中的一大变革，它使夏景宗元昊为首的皇室贵族拥有强大的兵力，也使夏国拥有众多的国家奴隶，各部落首领无法与之抗衡了。

夏国出兵作战，仍保持着若干原始的风俗制度。出兵前各部落首领要刺血盟誓。元昊率领各部首领在出兵前先外出射猎，猎获野兽，环坐而食，共同议论兵事，择善而从。这实际上是一种贵族议事的制度。

西夏与宋、辽的关系

党项贵族在建立西夏地方政权的过程中，迅速向封建制转化。但是他们本身仍然带着落后民族的掠夺性，掠夺的对象就是社会经济发展较高的中原地区。西夏的骑兵经常向宋朝边境进行骚扰。宋朝的西部边防军虽有三四十万，但分散在五路，各路驻军各自听命于皇帝，不能随机应变、通力合作、有效地进行防御。

当西夏政权强大的时候，宋朝企图从经济上加以牵制，采取禁止物资交流，割断双方经济联系的手段。宋朝一度下令关闭陕西和河东地区的贸易场所，保安军的榷场也取消了。陕西的官兵和汉人，不能自由地和党项人民进行交易，这就人为地加深了民族矛盾，引起党项人对宋朝的不满和怨恨。

宋朝得知元昊建国称帝的消息后，大为震惊，宝元元年（1038年）十二月，宋仁宗命知永兴军夏竦兼泾原、秦凤路安抚使，知延州范雍兼鄜延、环庆路安抚使，准备出兵夏州。天授礼法延祚二年（1039年）正月，夏景宗向宋朝进表，说明已建国号，称帝改元。但元昊名义上仍向宋称臣，请求宋朝承认夏国，册封帝号。宋朝君臣议论不决。六月间，终于下诏削去元昊的官爵，并在边地揭榜，募人擒捕元昊。又派庞籍为陕西体量安抚使，协同夏竦、范雍备战。十一月，夏军侵宋保安军，被宋部将狄青战败，损失帐2000余。1040年初，元昊侵宋延州，范雍惊惧不敢战。元昊派牙校诈降，范雍不再戒备。夏兵乘势攻保安军，袭击金明寨，生擒宋都监李士彬，乘胜取延州，范雍召部将刘平、石元孙来援。元昊伏兵三川口，生俘刘、石二将，进而攻破宋塞门寨、安远寨，获得胜利。

宋朝兵败，贬范雍，任命韩琦、范仲淹经略陕西。范仲淹把延州的18000名士兵，分配给6名将领固定训练，每人带领3000名。范仲淹又招徕流亡人民，大兴营田，修筑山寨，使无家可归的汉人和党项人，在生活上得到安顿。范仲淹还注意到减轻人民身上的沉重负担，稳定社会秩序。这些措施在一定程度上缓和了北宋政府和各族人民的矛盾，对防御党项贵族的侵犯是很有好处的。

但是范仲淹的"以和好为权宜，以战守为实事"的战略方针，没有得到其他大臣的赞同。韩琦急功近利，主张以攻战为主，速战速决。庆历元年（1041年），韩琦派任福率 8000 名壮士出击，元昊以 10 万精兵进行对抗。任福等几支军队会合于好水川（今甘肃平凉西北），西夏骑兵有意北遁，引诱宋军深入。任福领兵猛追，人马 3 日不食，饥疲不堪。宋军一到六盘山下，就被西夏伏兵冲垮。任福力战阵亡，宋军死伤 1 万多名，并有好几名大将阵亡。韩琦和范仲淹因好水川的惨败被贬官。

庆历二年（1042 年）闰九月，西夏兵再次出击。宋将葛怀敏屯驻定川寨。西夏兵在夜间围城放火。宋将葛怀敏等 14 名将官战死。西夏军俘虏宋将兵 9400 余人，获战马 600 余匹，乘胜直抵渭州，俘掠大批居民而回。

1040—1042 年间的宋、夏短期冲突，使西夏统治者感到得不偿失。元昊虽然多次取胜，掠夺了一批物资和人口，但兵员死伤已达半数，人力和物力感到匮乏。在战争的年代里，就不能像平时那样进行经济交流，致使党项人得不到茶叶、丝绸、粮食等必需品。元昊被迫于 1043 年派出使臣，跟宋朝和好。夏军连续获胜，腐朽的宋朝连遭惨败后，不得不妥协求苟安。夏、宋往来交涉。庆历四年（1044 年）十二月定议，宋朝接受元昊建国时提出的条件，册封元昊为夏国主，夏对宋仍保持名义上称臣。宋朝每年给西夏银 72000 两，绢帛 153000 匹、茶 3 万大斤（约合 18 万小斤）。元昊表示"世世遵守，永为和好"。1046 年，宋朝又恢复保安军和镇戎军两处的交易场所，陕西四路人民和党项人民的物资交流又热闹起来了。

从此以后，宋、夏维持了长时期的和好关系。

元昊即位前，辽兴宗以兴平公主嫁元昊。元昊与兴平公主不睦。1038 年，兴平公主死。辽兴宗曾遣使诘问。西夏与辽，以大河相隔，无城堡可守。交界处的党项部落原来处于辽朝统治之下，西夏建国后，多叛辽附夏。庆历四年（1044年）十月，辽兴宗亲率骑兵 10 万向西夏进攻。皇太弟重元、北院枢密使萧惠、东京留守萧孝友分 3 路渡河，战于贺兰山北。夏兵败退，拒守贺兰山。元昊向辽上表谢罪。辽将萧惠等以为大兵已集，应该乘胜进击。元昊突围反攻，大败辽兵。俘虏辽将萧胡睹等数十人。辽兴宗败回，与夏谈和。辽朝放回扣留的西夏使臣，元昊放回萧胡睹。西夏在建国前即依附辽朝以抗宋。元昊战胜辽兴宗，显示夏国有足够的力量抗辽自立。由此形成夏与辽、宋相互对峙的鼎立局面。

北宋前期、中期的阶级矛盾和农民起义

川蜀农民起义

宋初，川峡地区保留较为落后的生产关系。土地集中尤其严重，豪强地主役使着几十、几百乃至几千家"旁户"，世代相承，视同奴隶。旁户除向豪户纳租外，还负担官府的赋税和夫役。宋朝消灭后蜀，除向蜀地人民征收两税等"常赋"外，还在成都设置博买务，征调各州农民织作一些精美的丝织品，禁止商人贩卖和农民出售，并"掊取"茶利，使川峡人民的生路几致断绝。到淳化四年（993年）二月，广大旁户在王小波的领导下，在永康军青城县（今四川灌县南）发动了武装反抗斗争。

王小波宣告："吾疾贫富不均，今为汝均之！"立即获得川蜀人民的广泛响应。起义军攻占青城，转战邛州（今四川邛崃）、蜀州（今四川崇庆）各县，进而攻打眉州彭山县。起义军把贪污害民的彭山县令齐元振处死，并把他搜刮所得金帛散发给农民。起义队伍发展到一万多人。王小波在作战中牺牲，起义军推举李顺为领袖。李顺继续贯彻均贫富的主张，凡起义军所到之处，将"乡里富人大姓"家中的财物、粮食，除生活需用外，"一切调发"，分给贫苦农民。

淳化五年正月，起义军攻克成都府，李顺建国号"大蜀"，年号"应运"，占领了剑关以南、巫峡以西的广大地区。宋太宗极为震惊，立即派遣两路大军，分别向剑门（今四川剑阁北）和峡路进军。李顺原想在宋大军入蜀前，先派兵占领剑门栈道，但未获成功。宋军占据栈道，得以长驱直入，李顺也在战斗中壮烈牺牲。起义军余部在张余、王鸬鹚等人的领导下，在川南、川东一带坚持斗争，直到至道二年（996年）最后失败。起义失败后，宋朝取消了成都的博买务，川峡地区的封建生产关系得到了一些调整。

北宋中期的农民和士兵起义

宋真宗初年，益州（今四川成都）戍卒在王均的领导下举行起义，占领益州，建立大蜀国。王均起义失败后数年，以陈进为首的宜州（今广西宜山）士兵发动起义，拥立卢成均为南平王，前后坚持斗争三四个月。

宋仁宗、英宗时，小规模的农民起义和士兵斗争在各地陆续爆发。其中声势较盛的有王伦领导的起义，张海、郭邈山等领导的起义，王则领导的起义。庆历三年（1043年）五月，京东路沂州（今山东临沂）"捉贼虎翼卒"100多人在王伦领导下起义，杀死巡检使朱进，起义士兵数量随时扩大，南下淮南路。宋廷极为震惊。七月，宋军围攻，起义军战败，王伦在采石矶被俘牺牲。同年，陕西大旱，商州（今陕西商县）农民1000多人，在张海、郭邈山、党君子、李铁枪等人的领导下起义，活跃于"京西十余郡，幅员数千里"，官员纷纷逃窜。驻守光化军（今湖北老河口市北）的宣毅卒500多人在邵兴率领下哗变，与起义军互相配合。邵兴进军至兴元府（今陕西汉中），大败宋军。宋朝以重兵残酷镇压起义军，年底，张海、邵兴等相继在作战中牺牲，起义失败。庆历七年十一月，河北路贝州（今河北清河境）宣毅军小校王则也发动兵变，并且利用弥勒教，与京东路德州（今山东陵县）、齐州（今山东济南）士兵和农民秘密联络。王则占领贝州后，建国号安阳，称东平郡王，改年号为德圣（一作得圣），设置官吏。宋朝调集数路兵力，并派遣参知政事文彦博主持镇压。经过 60 多天的苦战，起义被残酷地镇压下去。

广大农民和地主阶级及北宋统治集团的矛盾日益尖锐，农民、士兵的反抗斗争"一年多如一年，一火（伙）强如一火"。士兵斗争与农民起义互相结合，是这一时期阶级斗争的显著特点。

北宋中期庞大、腐败的军队和官僚机构

宋太祖时选练禁军，作为正规军，开宝时（968—976 年）有禁军 19.1 万人，厢军 18.5 万人。宋仁宗时，为对西夏用兵和加强对内镇压，各路广募兵士，禁军激增至 80 多万人，皇祐元年（1049 年），总计达 140 万人，为宋代的最高数字。宋朝用来养兵的费用，竟达全国财政收入总数的十分之七八。

宋真宗对辽和议后，兵士平时缺少训练，不识战阵，习于骄惰。禁军领取粮饷，要雇人挑远，陕西沿边的骑兵，不能披甲上马。从南方调来的禁军，自称不会打仗，见到敌人就怕得要死。河北沿边的禁军，"卒骄将惰，粮匮器朽"，将领不是"绮纨少年"，便是"罢职老校"，训练更是有名无实。边郡兵士平时坐食军贮，万一有警，则"手不能安弦，目不能辨帜"。加上将帅频繁更换，兵不识将，将不识兵，以致作战时将领和士兵上下不相附，指挥失灵。宋真宗、仁宗还经常沿用宋太宗制定的"将从中驭"的办法，自定阵图，交由将帅临阵按图指挥战斗，因而屡战屡败。

宋朝官僚机构日益庞大，通过恩荫、科举、进纳、军功、胥吏出职等途径入仕者不断增加。真宗时，文武百官为 9700 余员。宋仁宗皇祐（1049—1054 年）间，增至 17000 余员，还不包括未受差遣的京官、使臣和守选的选人在内。宋英宗时，更增至 4.2 万人。正官之外，等候差遣空缺的人员多到不知其数，"一位未缺，十人竞逐，纡朱满路，袭紫成林"。

在庞大的官僚机构中，一切因循守旧，以袭守成规相标榜。有人对朝政有所建明，即被指为喜功生事；或者不顾时忌，指事陈说，则被指为"沽激"。官员们以"因循懦默者为得计"，遇事唯恐承担责任或招人非议，影响官位，腐朽的官气和暮气笼罩着整个宋朝政府。与此同时，大臣们竞相"广市田宅，争求重利"，文武百官无不仿效。宋仁宗时，"势官富姓，占田无限，兼并冒伪，习以为俗，重禁莫能止焉""公卿大臣之占田或千顷而不知止"。土地兼并的发展，使地主与封建国家、农民的矛盾日趋尖锐。

财政危机

冗兵、冗官，加上最高统治集团的大肆挥霍，使宋王朝的消费逐年增加。

据《宋史·食货志》载，宋真宗天禧五年（1021年）全国收入1亿5085万余，支出1亿2677万余。宋仁宗皇祐元年（1049年），全国收入1亿2625万余，"而所出无余"。到宋英宗治平二年（1065年），财政已出现赤字。当年，全国收入1亿1613万余，支出1亿2034万余，非常支出1152万余，竟然短缺近1500万（单位均为贯、石、匹、两等）。国家财政年年亏空，不断"发诸宿藏"，以致"百年之积，唯存空簿"，宋朝的财政危机日益加深。

从庆历新政到王安石变法

宋朝阶级矛盾和民族矛盾日益严重，统治集团面临危机四伏的局面，士大夫们感到必须采取措施，摆脱困境。早在宋真宗初年，知扬州王禹偁就建议对辽和夏州李继迁"谨边防，通盟好"；减少官、兵冗员，减轻税收；严格选举，使入官不滥；淘汰僧尼，减少耗费等。宝元二年（1039年），同判礼院宋祁上疏，以为国用不足在于"三冗三费"。"三冗"是全国有定官而无限员，各级官员比前增加5倍；几十万厢军坐耗衣食；僧尼、道士人数日增而没行限额；"三费"是道场斋醮，百司供费无数；京师多建寺观，多设徒卒，增添官府衣粮；大臣罢黜，仍带节度使衔，靡费公用钱。他主张裁减官兵，节省经费。所有这些足以说明，宋朝已经不能只率由旧章而无所作为地统治下去了。

庆历新政

庆历三年（1043年），宋仁宗任用范仲淹为参知政事，富弼、韩琦为枢密副使，责成他们条列当世急务，以"兴致太平"。范仲淹、富弼在《答手诏条陈十事》奏中认为，当时中心问题是整顿吏治。他们提出内外官吏过于冗滥，其中老朽、病患、贪污、无能的人应一律裁汰，宋仁宗采纳了这些意见，连续颁布几道诏令，规定：①改革文官三年一次循资升迁的磨勘法。注重以实际的功、善、才、行提拔官员，淘汰老病愚昧等不称职者和在任犯罪者。②严格"恩荫"制。限制中、上级官员的任子特权，防止权贵子弟亲属垄断官位。③改革贡举制。令州县立学，士子必须在学校学习一定时间方许应举。改变专以诗赋、墨义取士的旧制，着重策论和操行。④慎选各地长官。由中书、枢密院慎选各路、各州的长官，由各种、各州长官慎选各县的长官，择其举主多者尽先差补。⑤改进职田法。重新规定官员按等级给以一定数量的职田，以"责其廉节"，防止贪赃枉法。⑥"减徭役"。将西京河南府（今河南洛阳东）的五县废为镇，又析王屋县（今河南济源西）并入河南府，以精简乡村役人。范仲淹、富弼还提出"厚农桑""修武备"等建议，但并未实施。

范仲淹的各项政策，在当年和次年上半年陆续颁行全国，号称庆历新政。

由于这些法令侵犯了贵族、官僚的利益，在实施过程中，遭到他们的强烈反对。反对派诬范仲淹等人为朋党。庆历五年初，范仲淹、富弼、韩琦、欧阳修等人相继被罢官出朝，他们的新政只推行了一年零几个月，便宣告夭折。新政失败了，但社会矛盾并未缓和，财政危机更加严重。在这种情况下，士大夫要求改革的呼声日益高涨。

嘉祐四年（1059 年），三司度支判官王安石向宋仁宗上《言事书》，要求培植人才，以便改革现行法度。他指出，国家财力困穷，风俗衰坏，在于没有合乎先正之政的法度。然要"改易更革天下之事，合于先王之意"，却又缺乏人才。人才成为当务之急。他主张从教、养、取、任等 4 个方面"陶冶"人才，使"在位者得其才"，然后"稍视时势之可否，而因人情之患苦，变更天下之弊法，以趋先王之意"。他还指出，汉、唐、五代所以乱亡，晋武帝所以招致祸乱，皆源于人才不足。《言事书》还指出，当时财政的困窘，绝非由于官员之冗滥和官员俸禄之过多，关键在于理财不得其道，不能因世之宜而变通；假若能理财得其道、通其变，即使增加官吏俸禄，也不会影响国家的经费。所以，他主张"因天下之力，以生天下之财，取天下之财，以供天下之费"。《言事书》受到了许多士大夫的赞扬，却未被宋仁宗采纳。

稍后，司马光、苏辙、苏轼等也多次上奏札，提出"斟酌事宜，损益变通"的主张。司马光的改革主张，主要为裁减禁军，精加选择；量材录用官员，使久其任；减损冗费，节省财用；善于理财，保养财源，使"农尽力""工尽巧""商贾流通"，皆能乐业安富，然后"上下交足"。他还指出："上下偷安，不为远谋，此最国家之大患也。"苏轼也提出了"课百官""安万民""厚货财""训军旅"等涉及政治、经济、军事各个方面的改革主张。在百姓穷困，官府仓库空虚，社会危机四伏的情况下，士大夫们"争言便宜，以变更旧制"。改弦更张，势所必然。

王安石变法

治平四年（1067 年）正月，宋神宗赵顼即位。神宗立志革新，熙宁元年（1068 年）四月，召王安石入京，任翰林学士兼侍讲，次年二月升任参知政事。神宗一心依靠王安石来变法立制，富国强兵，改变积贫积弱的现状。当时，王安石已成为众望所归的人物，士大夫们大都以为只要王安石登台执政，"太平可立致，生民咸被其泽"。

为了改变国贫的局面，王安石主张必须采取"民不加赋而国用饶"的理财方针。一方面"摧制兼并"，把大商人、官僚、地主的部分剥削收入收归朝廷，另一方面扶植"农民"（地主阶级中下层和自耕农），减轻差役，兴修农田水利，发展生产，预防农民起义的兴起。为此，王安石建立一个指导变法的新机构——制置三司条例司，条例司撤销后，由司农寺主持变法的大部分事务。吕惠卿、曾布等人参与草拟新法，此后陆续制定了均输、青苗、农田水利、募役、市易、免行、方田均税、将兵、保甲、保马等"新法"。各路设提举常平官，督促州县推行新法。这些新法按照内容和作用大致可以分为几个方面：

供应国家需要和限制商人的政策，主要是均输法、市易法和免行法。

均输法　宋初以来，为了供应京城皇室、百官、军队的消费，在江南、两浙、荆湖、淮南等路设置发运使，负责督运各地的"上供"物资。发运使只是照章办事，完全按照每年的定额，丰年不敢多运，凶年不能少运，经常支出大笔运费，运来一些过剩物品，只得在京城半价抛售。各司往往隐瞒财富，不肯如实申报朝廷，反而以支移、折变等名目加倍收税，朝廷调用物资时，又多不管产地和时令，一味强征。这些做法给富商大贾囤积居奇、控制市场提供了方便，百姓则被加重赋税负担，朝廷仍然财用窘急。

熙宁二年七月，颁行淮、浙、江、湖六路均输法。以薛向为六路发运使，设置官属，推行此法。朝廷从内藏库拨予钱 500 万贯，并拨予上供米 300 万石，以供周转的费用。发运使掌握六路的财赋情况，斟酌六路每年应该上供和京城每年所需物资的品种、数额以及库存情况，然后按照"徙贵就贱，用近易远"的原则，"从便变易蓄买"，贮存备用，借以节省价款和转运的劳费。王安石试图由朝廷"稍收轻重敛散之权"，调节供求关系，做到"国用可足，民财不匮"。均输法从增加宋朝"国用"出发，多少改变了旧制，增加了财政官员的权力，夺取了富商大贾的部分利益，同时也稍稍减轻了纳税户的许多额外负担。

市易法　熙宁五年三月，颁行市易法。在此以前曾设置市易司，借官钱为本，每年收商利约可一二十万贯。又有平民魏继宗上书建议在开封设置常平市易司，管理京师市场，物价贱则稍增价收购，贵则稍减价出售，以便由官府掌握"开阖敛散之权"，达到"商旅以通""国用以足"的目的。中书据此制定市易法，在开封设置市易务，以内藏库等钱 187 万贯作本，控制商业。市易务根据市场情况，决定价格，收购滞销货物，待至市场上需要时出售，商贩向市易务贷款，以产业作抵押，5 人以上互保，出年息二分，半年出息一分。商贩向市易务成批地赊购货物，也出年息二分。后来陆续在杭州、成都、广州、扬州、润州（今江苏镇江）等几十个重要城市设立市易务，又将开封市易务升为都提举市易司，作为市易务的总机构。市易法在限制大商人垄断市场方面发挥了作用，也增加了朝廷的财政收入。

免行法　熙宁六年七月，正式颁行免行法。开封各行商铺原来承担供应官府所需物品的任务，经常被迫用高价收购货物供官，所以"每纠一人入行，辄诉讼不已"。当年，肉行徐中正等首先提出向官府交纳"免行役钱""更不以肉供诸处"的要求。宋神宗命提举在京市易务吕嘉问和开封府司录司共同调查各行利害，成立详定行户利害条贯所，制订条法。免行法规定，各行商铺依据赢利的多寡，每月向市易务交纳免行钱，不再轮流以实物或人力供应官府。此后，宫廷买卖物品，都通过杂卖场、杂买务，并设置市司负责估定物价。

调整封建国家、地主和农民关系的政策以及发展农业生产的措施，有青苗法、募役法、方田均税法和农田水利法。

青苗法 熙宁二年九月，制置三司条例司颁布青苗法。宋仁宗时，陕西转运使李参在当地百姓缺少粮、钱时，让他们自己估计当年谷、麦产量，先向官府借钱，谷熟后还官，称"青苗钱"。几年后，军粮经常有余。王安石、吕惠卿等据此经验，制定青苗法。规定以各路常平、广惠仓所积存的1500万贯石以上的钱谷为本，其存粮遇粮价贵，即较市价降低出售，遇价贱，即较市价增贵收购，其所积现钱，依陕西青苗钱法，每年分两期，即在需要播种和夏、秋未熟的正月和五月，按自愿原则，由农民向政府借贷钱物，借贷者，每5户或10户结成一保，由第三等以上户充当"甲头"，客户贷款，须与主户合保。在河北路，贷款的限额是客户与第五等户每户一贯500文，第四等户3贯，第三等户6贯，第二等户10贯，第一等户15贯。本县如有剩余，允许第三等以上户借贷。如还有剩余，借贷给有物业抵当的坊郭户，贷款以适中的粮价折算，收成后，随夏、秋两税，加息2/10或3/10归还谷物或现钱。凡灾伤达五分以上的地区，允许延期归还。先分派提举官到河北、京东、淮南三路试行，俟其就绪，然后再在各路推行。

实行青苗法的目的，是要使农民在新陈不接之际，不致受"兼并之家"高利贷的盘剥，使农民能够"赴时趋事"。跟高利贷者的加倍利息相比，青苗法取息二分或三分，应该说是比较轻的。青苗法限制了高利贷者的活动，朝廷也从中获得大量利息。

募役法 熙宁四年正月，司农寺拟定的募役法（免役法）先在开封府界试行。同年十月，颁布全国实施。免役法规定，废除原来按户等轮流充当州、县官府差役的办法，改为由州、县官府出钱雇人应役。各州、县预计每年雇役所需经费，由民户按户等高下分摊。上三等户分八等交纳役钱，随夏、秋两税交纳，称免役钱。原来不承担差役的官户、女户、僧道、未成丁户、坊郭户等，要按定额的半数交纳役钱，称助役钱。州、县官府依当地吏役事务简繁，自定额数，供当地费用；定额之外另加十分之二缴纳，称免役宽剩钱，由各地存留，以备灾荒年份，全部免征"役钱"时，即以此钱充用。募役法使原来轮流充役的农村居民回乡务农，原来享有免役特权的人户不得不交纳役钱，官府也因此增加了一宗收入。

方田均税法 熙宁五年八月，司农寺制定《方田均税条约》和《式》并颁行。官僚地主无止境地兼并土地，隐瞒田产和人口，乡村中、下户卖掉土地，却仍负担重税。田产不均、赋税不实，一直是严重问题。方田均税法分为方田和均税两部分，规定每年九月由县官丈量土地，以东南西北各千步为一"方"，计41顷66亩多。依据方、庄帐籍，检验土地肥瘠，分为五等，规定税额。丈量后，到次年三月向民间公布，分发方账、庄帐、甲帖和户帖四种土地帐帖，作为"地符"。分家析产、典卖割移，都以现在丈量的田亩为准，由官府登记，发给契书。诡名挟佃者，都予合并改正。同时，各县以原有税数为定额，禁止使用合零就整等手段超溢此额。荒地归于耕佃之家，不必追查。瘠卤不毛之地，允许占有佃种：《条约》和《式》颁布后，派济州巨野县尉王曼为指教官，先在京东路实行，再在各路推广。到元丰八年（1085 年），开封府界、京东、陕西、河北、河东五路，"已方而见于籍者"共 248 万余顷，约为全国纳税土地的半数以上，从而使赋税的负担与土地占有的实际情况相符合，官府的田赋收入也得到保证。

农田水利法　熙宁二年十一月，制置三司条例司颁布《农田水利利害条约》。这是王安石主张"治水土"以发展农业，增加社会财富的重要措施。条约奖励各地开垦荒田，兴修水利，修筑堤防圩岸，由受益人户按户等高下出资兴修。如工程浩大，民力不足，可依青苗法，由官府贷款，如官钱不足，州县官劝谕富室出钱，依例计息，由官府置簿催还。变法派广泛吸取发展生产的建议，社会地位低下的胥史、商贩、农民、仆隶甚至罪废者，只要能讲求水利、有利农业，都可直接到东京献策。兴修水利有成绩，还要授官嘉奖。在王安石的倡导下，一时形成"四方争言农田水利"的热潮。这项新法推行 7 年后，据统计，全国共兴修水利工程 10793 处，水利田 36 万余顷，疏浚河汊、湖港之类不计其数。福建莆田木兰陂，在此期间最后建成，溉田 1 万多顷。扬州天长县（今属江苏）的三十六陂、宿州临涣县（今安徽宿县西）的横斜三沟，建成后也溉田 9000 顷。这时，北方在治理黄、漳等河的同时，还在几道河渠的沿岸淤灌成大批"淤田"，使贫瘠的土壤变成了良田。

巩固封建统治秩序和整顿、加强军队的措施，有将兵法、保甲法、保马法以及建立军器监等。

将兵法　作为"强兵"的措施，王安石一方面精简军队，裁汰老弱，合并军营，另一方面实行将兵法。自熙宁七年始，在北方各路陆续分设 100 多将，每将置正将一人，挑选武艺较高、作战经验较多的武官充任，专掌训练。元丰四年，又在东南的淮东、淮西、浙西、浙东等设十三将。"将"成为军队编制的基本单位，正将以下设副将、部将、队将等。将兵法的实行，使兵知其将，将练其兵，提高了军队的战斗力。

保甲法　熙宁三年，司农寺制定《畿县保甲条制》颁行。各地农村住户，不论主户或客户，每 10 家（后改为五家）组成一保，5 保为一大保，10 大保为一都保。凡家有两丁以上的，出一人为保丁。选取主户中"物力最高"和"有材干心力"者充任保长、大保长和都、副保正。农闲时集合保丁，进行军训；夜间轮差巡查，维持治安。保甲法随后推行到全国各路。保甲原属司农寺，熙宁八年改隶兵部。第二年，实行结队法对保丁进行军训，两大保编成 50 人一队。这年，各路"义勇、保甲民兵"达 718 万余人，其中保甲民兵 693 万余人。王安石组织保甲、训练保丁的目的有二：一是使各地壮丁接受军训，与正规军相参为用，军队的缺额不再填补，以节省国家的大量军费。年岁稍久，保甲民兵便可以代替大部分军队。二是建立严密的治安网，把各地人民按照保甲编制起来，以便稳定封建秩序。

此外，王安石等变法派还改革了科举制、整顿了各级学校。王安石变法以"富国强兵"为目标。从新法实施，到守旧派废罢新法，前后将近 15 年时间。在此期间，每项新法在推行后，虽然都不免产生了或大或小的弊端，有的是因变法派自己改变了初衷，有的是因执行新法出现偏差，但基本上都部分地收到了预期的效果，使豪强兼并和高利贷者的活动受到了一些限制，使中、上级官员、皇室减少了一些特权，而乡村上户地主和下户自耕农则减轻了部分差役和赋税负担，封建国家也加强了对直接生产者的统治，增加了财政收入。当时朝廷内外的仓库所积存的钱粟"无不充衍"。

各项新法或多或少地触犯了中、上级官员、皇室、豪强和高利贷者的利益，因此，在每一项新法实施的过程中，都无例外地遭到他们的阻挠和反对。他们在朝内外利用一切机会，制造事端，造作谣言，掀起阵阵波澜，使新法不得不在十分艰难的环境下推行。

新法以"富国强兵"为目标，在西北边防线上，对西夏展开了攻势。到熙宁六年为止，由王韶采用"招抚"和镇压的策略，占领了吐蕃部落居住的熙（今甘肃临洮）、河（今甘肃临夏东北）等州。王安石罢相后的元丰四年、五年，宋神宗又对西夏发动了两次进攻，第一次攻西夏西平府（今宁夏灵武西南）之战，宋军无功而返；第二次永乐城（今陕西米脂西北）之战，宋军大败，士兵、民夫损失 20 余万人。

理学开山祖——周敦颐

周敦颐，字茂叔，号濂溪，世称濂溪先生，公认他为宋代理学的开山祖师。他的主要哲学著作有《太极图说》一卷，《通书》四十篇。其思想以《易传》和《中庸》为核心，又接受道教和佛教的影响而构成自己的体系。《太极图说》主要谈天道，《通书》主要谈人事。

《太极图说》里，他系统地论述了宇宙的本源、万物的演化以及人性善恶等问题。认为宇宙的本源是太极，太极的动和静产生出阴阳，阴阳二气交互作用生成水火木金土 5 种物质元素（即五行或五气），他明确地指出："自无极而为太极，太极动而生阳，动极而静，静而成阴，静极复动"，产生出天地万物和人。阴阳五行是万物生成的必然环节，"无极之真，二五之精（二，阴阳；五，五行），妙合而凝。乾道成男，坤道成女。二气交感，化生万物。万物生生，而变化无穷焉"天地万物均可经由五行、阴阳的环节，归本于太极。"五行一阴阳也，阴阳一太极也，太极本无极也"。周敦颐的"太极——无极"说规划出一个先于天地万物的宇宙本原，在认识上冲破了传统的"天地父子生成图式"，为后学者开辟了一个新型的思维天地。

周敦颐在《通书》中对《中庸》的"诚"作了进一步的发挥，把"诚"解释为人的至善的本性，是仁、义、礼、智、信这些所谓"主常"的根本。为了达到"诚"的最高境界，他提出了"主静"的修养方法。"主静"就是"无欲"。

张载的完整宇宙论

张载（1020—1077 年）是宋代又一个理学家，他从另一角度探求世界的本原，提出"太虚"本原说，建立了以气为本体的宇宙论，奠定了宋时理学的基础。

他认为"太虚者，气之休也"，气是太虚的具体形态，太虚是气的原初形式，所以说："太虚不能无气，气不能不聚而为万物，万物不能不散而为太虚"。世间万物都是某种存在，既是存在，就有具体形态或形状，而具体的形态（状）都是由气凝聚而成，这就叫"凡可状者皆有也，凡有皆象也，凡象皆气也。""气"与"太虚"的关系有如水与冰，"气之聚散于太虚，犹冰凝释于水"。"太虚即气"遂成为天地万物的本原。

张载指出："盈天地之间者，皆物也""理不在人皆在物。"这是说，世界是物质的，"理"——规律是存在于"物"，而不取决于人的。张载根据"太虚即气"的唯物主义，对"一切唯心"和"有生于无"等佛老唯心主义哲学，给以深刻批判，发展了朴素的唯物主义。

张载的辩证法思想，是建立在"太虚即气"的唯物主义自然观的基础之上的。他的"一物两体"的矛盾学说和"动必有机"的内因发展观，丰富和发展了古代辩证法。

张载是有宋以来第一个从理论高度全面辟佛、道的儒家学者，他的思想体系是宋明理学发展的雏形，对程朱理学的建立有很大影响。

理学的奠基者——二程

程颢（1032—1085 年）字伯淳。程颐，字正叔。他们两人是亲兄弟，都是周敦颐的学生。由于哲学思想的一致，人们称他们为"二程"。周敦颐兴理学之始，但程颢、程颐对理学发展却起了突出作用，是理学的奠基人。二程哲学体系的核心是"理"或"天理"。他们的"理"或"天理"是对周敦颐"太极"说的继承和发展。这个"理"不以人们的意志为转移，不受时间、空间的限制，是天下万物都要遵循的普遍原则，是永恒存在的。理不仅是自然界的，也是社会的最高原则。理是先于气（事物）而存在的，人和物"都自这里出"，理是第一性的，气是从属于理的。每一物都由理产生，每一物也就体现了完全的理，理能产生万物，又能统辖万物。程颢说："天者理也"，认为天就是最高的实体。这个"理"凌驾于万物之上，先于万物而存在，永远不生不灭，不增不减。他又说："父子君臣，天下之定理"。他所讲的永恒的理，就是君臣、父子的封建等级关系，封建伦理道德，这是唯一的理。所以程颐就说："天下只有一个理"。二程主张"明天理"，对劳动人民来说，就是不能违反封建伦理道德。

在天人关系上，二程坚持"天人相与"的观点，建立了一种更为精致的"天人合一"说。在认识论方面，二程鼓吹"唯心论"的"先验论"。他们认为，一切知识"皆出于天"，真正的知识、才能并不是在实践中获得的，而是人头脑里固有的。人们只要修身养性，求之于内心，就可以悟出"天理"，认识一切。

二程的学说中，也承认万物变化无穷。程颐说过，"有生便有死，有始便有终"。但是他们特别强调变中有不变的东西，认为不变才是根本的。这个不变的东西就是道，也就是理。万物的变化，都要受道或理的支配。

二程兄弟的思想虽基本一致，但仍表现出不同倾向。程颢重视人的主观精神的作用，提出"心即理"，表现出心学的思想倾向，启发了陆王心学；程颐则表现出理学的思想倾向，他提出"理一分殊"说。这些思想都被朱熹继承和发展，成为朱子学的思想材料。二程思想的不同倾向，导致了后来"洛学"的分化，也为南宋"理学"和"心学"两个独立学派的形成提供了思想因素。

二程所宣扬的理学思想，是同他们的政治保守态度和复古的历史观相联系的。他们都反对王安石变法。王安石提出"新学"，作为实行变法的理论根据。二程对王安石的新学全盘否定。理学家们根据封建的等级制度、法律、伦理道德等，指责王安石变法是"用贱凌贵，以邪妨正"，完全颠倒了是非。王安石为了推行新政，不得不摆脱保守势力，起用一批新人。二程等一班理学家就退居洛阳，洛阳成为理学的根据地。二程的理学被称为洛学学派。

理学集大成者——朱熹

到了南宋时期，封建小朝廷偏安于江南，民族矛盾和农民起义更趋激烈。理学思想在二程学说的基础上又有了发展，代表人物就是朱熹。

朱熹（1130—1200年）早年主张抗金，中年以后转持消极防守。早年除研习儒家经典外，于佛教、禅学、道经、文学、兵法等无所不学。曾受业于胡宪、刘子翚、李侗，得程颢、程颐之传，兼采周敦颐、张载等人学说，集北宋以来各派理学之大成，逐步建立起完整而系统的理学体系。其学派被称为"闽学"或考亭学派、程朱学派。他的著作很多，有《四书集注》《周易本义》《太极图说解》等。他的弟子还把他在讲学时发表的言论，编成《朱子语类》。

朱熹哲学体系中的基本范畴是"理"。在宇宙观上，他认为"理"是万物生成的本源，也是人类社会的最高准则。"理一分殊"；万物有万理，万物均源于天理。一理摄万理，万理归为一理。有"理"而后有"气"，"理""气"不可分，但"理"为本而"气"为末，理为先而气为后。

在认识论上，他主张"格物致知"，认为知识是先天固有的。但由于"利欲所昏"，使"知"有不至。应该用吾心的天理与外物的天理相印证，以推致我先天所固有的知识。

在人性论上他认为"性"是一切生物所据有的天理。他把人性分为天命之性和气质之性，天命之性是"专指理言"，是至善至美的，"理""气"相杂的"气质之性"则有善有恶。他把传统的纲常学说加以理论化、通俗化，把"三纲五常"当作社会的最高道德标准，人们须"去人欲，存天理""正心诚意""居敬""穷理"以"求仁"。

朱熹是有神论者。他说："帝是理是主."上帝就是理，就是万物的主宰者。理是统治一切的。他又说："未有君臣，已先有君臣之理；未有父子，已有父子之理。"不论谁是君，谁是臣；谁是父，谁是子，君臣父子虽然有生有死，但君臣父子的理，也就是忠君孝父的伦理道德是永恒不变的。

朱熹还提出复古的历史观点。他同永康学派陈亮从通信中开展了辩论。朱熹认为夏、商、周三代的帝王是按"天理"行事的，因此出现盛世；汉朝和唐朝的皇帝是照"人欲"行事的，因此出现乱世。他主张要恢复三代之治，走历史的回头路。这就暴露出朱熹在政治上倾向保守的一面。

从南宋后期起，朱熹所提出的程朱理学被统治者尊为正统，长期居于统治地位。

除了建立一套哲学理论外，朱熹和他的弟子们，在学术文化上做了大量工作，涉及政治、宗教、教育、文学、艺术和科学技术等各个领域。朱熹为了"致知"，他博览各种图书，接触到许多知识部门，包括自然科学知识。他说地球是由物质的气凝聚而成的。地球是圆形体的。月亮本身没有光，月光是日光的反射。朱熹一生创办书院，收罗门徒，从事教育工作。他的博览精神、治学态度和治学方法，对当时和后世学者产生较深的影响。

朱熹亲手制定了《白鹿洞书院学规》，规定学习的程序和方法是："博学之，审问之，慎思之，明辨之，笃行之"。他提出了：学、问、思、辨、行这5个字，是他办学的一套比较完整的经验。他是提倡"循序渐进"的学习原则的。这是符合认识发展规律的。他还提倡"熟读精思"的学习方法，认为"大抵读书，先须熟读，使其言皆若出之于我之口；继之精思，使其意皆若出之于我之心，然后可以有得耳"。读书是否有所得，要看能不能把书本知识加以消化，变为自己的东西。朱熹也强调学是为了用。他说："大抵读书须要看那道理是何作用。只读过便休，何必读书。"这些都是作为教育家的朱熹的经验之谈。由于有广博的知识和独到的眼光，朱熹在整理文献、考证文字、注释古书等方面，取得了一定的成就，为发展中国古代文化做出了贡献。

心学学派与陆九渊

南宋另一位有影响的理学家是陆九渊（1139—1193 年），他是抚州（江西抚州）人，字子静，号象山。

陆九渊与朱熹齐名，两人私交也较深，但学术见解多有不同。他融合孟子"万物皆备于我及良知""良道"说以及佛教禅宗"心生""心灭"等论点，提出"心即理"的观点，曾言"宇宙便是吾心，吾心即是宇宙"。"心"是天地万物的本源，唯一的实在。陆九渊建立起所谓"心学"体系。提倡内省反求，认为天下万物之理不外吾心，只要用"易简工夫""发明本心"就可以明了万物之理，用不着外求。

在认识论上，陆九渊反对从客观事物中寻求知识，认识真理，他说："此心此理，固有之。"认识宇宙本来面目，只要认识本心。提出"存心去欲"的理论，并且宣扬纲常伦理。

陆九渊曾与朱熹鹅湖论学，作学术论争。陆九渊的心学与程朱之学的主要区别是，程朱把理看作某种相对独立的存在，"不为尧存，不为桀亡"；陆九渊则认为"心即理也"，天理就在人的内心之中。朱熹主道问学，九渊主尊德性，朱熹好注经，九渊则学苟知道，六经皆我注脚，故两宋的理学有朱、陆两派。

陆九渊在世不注重著书立说，身后只留下《语录》及《文集》，其子汇编为《象山先生全集》。其学术思想，后为王守仁所继承发展，成为陆王学派。

鹅湖之会

淳熙二年（1175 年）吕祖谦约请陆九龄、陆九渊兄弟等会朱熹于信州（今江西上饶）之鹅湖寺，讨论治学方法，意图调和朱、陆两家争执。结果却引得陆九渊、朱熹在江西信州（今上饶）鹅湖寺进行了一场大辨沦，这就是中国哲学史上有名的鹅湖之会。

四月下旬，吕祖谦自浙江到福建崇安访问朱熹，留止旬日。他们俩共同读周敦颐、二程和张载的著作，选取其中在他们看来是关于人体而切于日用的记录，总622条，编成《近思录》14卷。吕祖谦回浙江，朱熹送吕祖谦至信州鹅湖寺，吕祖谦约陆九渊兄弟与朱熹相见，双方展开了激烈的争论。在鹅湖之会前一年，陆九渊已形成了自己的"心学"观点，与理学代表朱熹的观点相矛盾，而鹅湖之会，是朱、陆两派论争的开始。在第一天中，朱熹与陆九渊的矛盾就已经全部摆出来了。陆氏兄弟的诗从"道在吾心"出发，主张"发明本心"的"易简功夫"，而反对朱熹的"格物致知""读书穷理"。第二天，两人主要就诗中提出的矛盾展开论辩。此外还就一些具体的经学、理学问题进行切磋，很多方面达成了一致，但根本矛盾并没有解决，朱熹主张"道问学"，认为应当泛观博览而后归之约，观察外界事物以启发内心的知识。陆九渊主张"尊德性"，认为应先发明人之本心，而后使之博览，认为心即是理，不必多做读书穷理工夫。陆九渊自命为"易简工夫"，讥朱熹"格物致知"做法为支离，朱熹则讥陆九渊为禅学，过于简易，不够实在。鹅湖之会在根本方法上并没有达到"会归于一"的预期目的，反而使"理学"与"心学"从本体论到方法论上的差异大为彰显。吕祖谦在这场争辩中的态度是"和会朱陆"。他认为朱、陆二家各有所长，讲贯通绎为百代为学的通法，不能看做"支离"。学者流入"支离泛滥"，责任在自己。学者为学不能犯笼统零碎的毛病，正如他在给友人的信中说的："大抵论致知则见不可偏，论力行则进当有序。"南宋孝宗乾淳之际，理学有三大流派：朱学、吕学、陆学。鹅湖之会主要是朱陆之争。吕祖谦在鹅湖之会上的表现，也反映他的学风特征，吕祖谦取二家之长。朱陆的分歧是儒学内部的分歧。这种争论对"理学"和"心学"的各自发展均有很大的促进作用，对明清的思想家对"理学""心学"的批判、吸收和改造都有很大的启发作用。

新　学

王安石（1021—1086年）不仅是著名的文学家、政治家，还是个著名的思想家。他的学说当时被称为"新学"，与理学家的理论是格格不入的。他的新学自成一个学派，被理学家们视为离经叛道的东西。

王安石生平有三句名言：

天变不足畏，

祖宗不足法，

人言不足恤。

这三句话，最集中地反映出他的世界观是倾向唯物主义的；在政治上是反对抱残守缺、墨守成规，而主张变革现状、除旧迎新的。

王安石认为"尚变者天道也"。作为自然界的天是经常在变的。日蚀、月蚀、飓风、水灾、山崩、地震、雷电等等，都是难以避免的自然现象。自然界的这些变化，同国家的盛衰没有直接联系。王安石说，"天变不足畏"，人们不应当害怕这些自然灾害。正因为有这么多的自然灾害，就要"修人事"，以人力去战胜自然，决不能束手无策。这是人定胜天的思想。

他又认为天地万物是由金、木、水、火、土等 5 种元素构成的。"行"就是运动、变化的意思。他说五行是"往来乎天地之间而不穷者也"。五行的变化是无穷的。

王安石还认为人类社会是不断前进的，总是新的代替旧的。因此他提出了"新故相除"的思想，也就是新陈代谢的意思。在这一思想引导下，他坚持主张要实行变法，就是"变风俗，立法度"，旧制度不能作为当今立法的依据。所以他说"祖宗不足法"。

王安石感到，古今时代不同，当代的知识要比前代更加丰富。要不断取得新的知识。王安石看不起当时那些死守孔孟教条的"儒者"，认为当时"所谓儒者，大抵皆庸人"。对于他们那一套气势汹汹反对变法的论调，用不着去顾虑。所以他又说，"人言不足恤"。王安石明确表示："祖宗之法，未必尽善""可革则革，不足循守"。王安石的新学，就是他在宋神宗时代实行变法的思想基础。

永康学派大师陈亮

南宋时期，在科学技术进步的基础上，哲学思想领域出现了带有唯物主义因素的新兴学派——浙东地区的永康学派和永嘉学派，这两个学派在思想政治、文化、经济、军事方面，都起了推陈出新的作用。

其中永康学派的特点就是他们讲求"务实"，反对"空谈"。他们是根据事功的实际效果，来检验思想、主张方针、政策的正确或错误。这种事功之学的理论基础，就是道不离物的朴素唯物论。它的代表人物是陈亮。

陈亮（1143—1194 年）字同甫，号龙川，婺州永康（浙江永康）人。他出身于一个趋于没落的普通地主家庭。少年时，他爱读唐代大诗人李白的作品。李白的"凛凛气节"，深深地感动了他。他又喜读屈原的作品。在人民群众抗金热潮的推动下，他在十八九岁时就学习《孙子兵法》，并探究历代兵家用兵的得失。《酌古论》是他最早的著作，共有 21 篇，对历史上的著名人物和历代战争进行了分析，提出自己的议论，从中吸取对抗金斗争可以取法或引为鉴戒的东西。陈亮在政治上坚持抗金、同情人民；在思想上反对专讲"正心诚意"的理学；在文学上，迸发出爱国主义的光彩。他是一位很有成就的词人。他同爱国词人辛弃疾在信州鹅湖相会，谈论国家大事，互相赠送词篇，抒发爱国的抱负。

陈亮在哲学思想上，提出"道在物中"的理论。就是说，任何道理或法则，都不能离开具体的事物。因此他主张要"因事作则"，即从客观存在的事物当中，去探索事物的规律或法则。陈亮不满当时理学家们空谈"道德性命"，空谈什么"义理"，而主张从当时社会现实状况出发，讲求"实事实功"。他深深感到南宋王朝需要有一批图抗金之"事"、谋中兴之"功"的英雄人物，才能挽狂澜于既倒。

绍熙二年（1191 年），陈亮作为一位进步的思想家，遭到了政治陷害，被捕入狱。第二年出狱后，身心受到极大的创伤。但是他对国家的命运仍然寄予极大的希望。绍熙四年（1193 年），他考中了进士第一名（状元）。像他这样有书本知识和实际知识的人，竟没有受到朝廷的信任和重视，只给他建康军判官厅公事这么一个职务很低的小官。陈亮还来不及上任，就一病不起。绍熙五年（1194 年）他与世长辞，年仅 52 岁。

永嘉学派

与永康学派齐名的是永嘉学派。永嘉学派的著名人物，有薛季宣、陈傅良和叶适，而叶适则是这一学派的代表人物。

叶适（1150—1223 年），宋温州永嘉（今浙江温州）人，字正则，世称水心先生。1178 年中进士第二名。孝宗时，奏言大仇未复，不可因循守旧，自为虚弱。历知蕲州、权吏部侍郎、知建康府兼沿江制置使、宝文阁待制兼江淮制置使。韩侂胄开禧北伐，因坚主抗金，为韩侂胄器重。1206 年，在制置使任内，数次派兵袭击江北金军，立有战功。次年，又在江淮一带屯田练兵、修筑坞堡，做积极防御准备。北伐失败，韩侂胄被诛，叶适被夺职奉祠 13 年。直到开禧二年（1206 年）金兵直闯淮南，江南为之震动，才让叶适出任建康府知府，兼沿江制置使，负责江防。他在江淮地区组织民兵，加强防御措施，较好地完成了任务。但不久又被求和派赶下了台。

叶适是永嘉学派的代表人物和集大成者。在学术思想方面，他提倡功利，反对空谈性命，认为构成自然界的主要形态是"五行""八卦"为标志的各种物质，而"仁""义"必须表现于功利。叶适对待一切事物，采取明辨是非的审慎态度。他认为"当代之学，有是有非"。凡是空谈性命、脱离实际的学说，他都加以否定。他说："道"或"理"都是依存于物的，不能脱离具体的物而空谈什么永恒不变的理。"道"或"理"是否正确，要通过全面考察事物之后，才能作出判断。在"天下争言性命之学"的时候，叶适挺身而出，和陈亮一起同倡事功之学。对朱熹学说有所批评。后世推为永嘉学振之巨擘。著有《水心文集》及《习学记言序目》等。

永康和永嘉学派的异军突起，是南宋时代东南地区农业和商品经济发展的产物。当时浙东和浙西两路，是南宋的经济中心。这两路 15 州的人口，几乎占南宋总人口的一半。陈亮和叶适的学术思想，不仅影响浙东和浙西，而且影响到江西、湖南一带。他们的哲学思想和事功学说，在中国思想史上放射出夺目的光芒。

王霸义利之辩

淳熙九年（1182 年），陈亮至衢州、婺州间访问朱熹，相处 10 日。以后两人书信往返联系密切。但两人对天理功利的看法黑白判然。陈亮的事功之学，思想的基本要点是"功到成处，便是有德；事到济处，便是有理"。这和朱熹的理学思想大相径庭。

淳熙十一年（1184 年）四月，即甲辰年四月，当时陈亮第二次入狱，尚未脱狱，朱熹致书陈亮，希望陈亮"绌去义利双行，王霸并用之说"，要"粹然以醇儒自律"。同年，朱熹又写了两封信。淳熙十二年（1185 年），即乙巳年，朱熹三次致信陈亮，全面阐明对王霸义利的看法，说明对中国历史过程和对历史上一些主要人物的观点。陈亮对朱熹的思想针锋相对地加以反诘。朱熹、陈亮的王霸义利之争主要是在这两年的书信往返中展开的。

朱熹认为中国历史有两个截然不同阶段，三代以上行的是王道，讲"义"；三代以下行的是霸道，专讲"利"。朱熹是发挥二程的历史观点。陈亮反驳朱熹的说法。陈亮说，从孟子、荀子论义利王霸，一直到汉唐诸儒，都不能阐明这个问题，宋朝伊、洛的理学家诸公作了阐释。但如果把三代和三代以后分成了两个截然不同的阶段，说三代专以天理行，汉唐专以人欲行，这样的说法不能让人信服。按照这样的观点，三代以后的 1500 年历史"天地亦是架漏过时，而人心亦是牵补度日"。陈亮认为汉、唐之君同样有宏大开阔的本领。朱熹用"暗合说"解释，历史是由"道"支配的。三代行王道，三代以后的汉、唐君王的行事，可以称赞的只是"暗合"于道，全面地看，还是"利欲"的表现。所以，尧、舜、三代自是尧、舜、三代；汉祖唐宗自是汉祖唐宗，终究是两个不同的阶段，不能合而为一。朱熹坚持认为三代以后，其间虽然有小康之世，但尧、舜、三王、周公、孔子所传的道没有继续下去，这个"道"只能行于天地之间。汉高祖、唐太宗，特别是唐太宗，其心"无一念不出于人欲"，是"假仁借义以行其私"。显然，朱熹对历史的看法是历史退化的观点。

陈亮认为三代以后，"道"仍在流行，因而不能把三代以后的历史说得一无是处。但汉唐之君能否胜过三代之君，汉唐能否度越三代？陈亮没有回答。

陈亮的思想在当时很有影响，朱熹指斥包括陈亮的事功在内的"浙学""专是功利。"淳熙十三年（1186 年）即丙午年，陈亮在给朱熹的信中，坚持自己的观点，说："王霸可以杂用，则天理人欲可以并行。"同时，又称自己的论说同朱熹的观点不是水火不容，也不是好为异说，如果"不深察此心，则今可止矣"。朱熹与陈亮的王霸义利之争，都没使对方折服。

古文运动

宋初骈体文占统治地位，柳开、王禹偁以继承韩愈、柳宗元的古文传统为己任，穆修、苏舜钦等相继而起。宋仁宗时，欧阳修登上文坛，倡导流丽畅达，骈、散结合的散文新风，主张"其道易知而可法，其言甚明而可行"，成为北宋古文运动的领袖。欧阳修从理论上提出"道胜者文不雅而自至"，并根据实践经验有所取舍：就道而言，趋向平实，就文而言，趋向平易。他反对"舍近求远，务高言而鲜事实"的文章，也反对"弃百事而不关于心"的态度，主张为现实、为时事而创作，使古文从高谈道统的理论文变为实用的散文。而且，他还以自己丰富的诗文创作来实践自己的理论，写出许多为时为事的作品。散文有《与高司谏书》《五代史伶官传序》《泷冈阡表》《醉翁亭记》等名篇，诗歌有《食糟民》《答杨子敬两长句》《明妃曲》等卓然不群之作。宋嘉祐二年（1057 年），欧阳修始任知贡举，于是，便借助行政职权严格禁止考试用华而不实的骈文，而提倡平实朴素的文风，并以此来选拔诗文革新的后起之秀。苏洵、苏轼、苏辙父子，梅尧臣、王安石、曾巩等人，都是在他的直接或间接的培养和鼓励下成长起来的。在欧阳修的热情努力下，北宋诗文革新运动终于取得了重大胜利。

在欧阳修的弟子中，为诗文革新运动立下大功的是苏轼。他不但勤于创作，提拔青年上也不遗余力。苏轼诗文创作的特点是重视"文"。他论道论文，远异于柳开、石介诸人，亦不同于欧阳修、王安石等。他讲道，不局限于孔孟儒家之道，而是指天地间每一事物背后的"内在物理"。他讲文，是"求物之妙"，"了然于心"和"了然于口与手"的辞达之文。一扫浮艳、用典和艰涩，使诗文革新运动步入新阶段，将西崑体扫入历史的垃圾堆。而出自他名下的黄庭坚、秦观、张耒、晁无咎和陈师道、李廌等，后来也都成为文坛著名人物。如果说欧阳修奠定了北宋诗文革新运动胜利的基础，那么，苏轼则是最后完成它的人。

苏门六君子

苏门六君子和苏门四学士指的都是经过苏轼提携的，有才华的青年人。

苏门六君子指苏门四学士及陈师道、李荐。苏门四学士是指北宋文学家黄庭坚（1045—1105年）、秦观（1049—1100年）、晁补之（1053—1100年）和张耒（1054—1114年）。

苏轼是继欧阳修之后主持北宋文坛的领袖人物，在当时的作家中享有盛誉，一时与之交游者或接受其指导者甚多，黄、秦、晁、张、陈、李都得到苏轼的培养、常识、奖掖，除李荐外其余5人皆受苏轼主荐为官。他们皆以诗文为苏轼赏识荐拔，与苏轼友谊笃厚，关系在师友之间。其中，苏轼又最欣赏和重视黄、秦、晁、张。他曾说"如黄庭坚鲁直、晁补之无咎、秦观太虚、张耒文潜之流，皆世未知，而轼独先知之"。"苏门六君子"只是表明他们都得到过苏轼的垂青和指导，接受过他的文学影响，但不是说他们与苏轼可以统称为一个文学流派。实际上六君子风格各异，受苏轼影响的程度有差别，文学风格也不尽相同。如黄庭坚的诗自创江西诗派，与苏轼并称苏黄。秦观的主要成就在词，但他的词都不走苏轼的路子，而专以纤丽婉约见长，为婉约派代表作家。张耒以诗见长，平易浅近。晁补之诗词稍逊，而擅古文。陈师道（1053—1102年）亦为江西诗派代表作家。李荐（1059—1109年）元丰中以文谒苏轼于黄州，其文条畅曲折，辩而中理，为苏轼称赏，后举进士不第，绝意仕途。南宋人曾辑黄、张、晁、秦、陈、李之文为《苏门六君子文粹》。

豪放派领袖——苏轼

苏轼（1037—1101年）在词的发展史上是开先河的大家，他的作品冲破了词坛上的狭隘局限，为词开辟了较为广阔的天地，在北宋词坛上竖起了一座丰碑。

苏轼作词不拘一格，挥洒自如。他一方面将写诗的豪迈气势和遒劲笔力贯注词中，一方面尝试用散文的句法写词，在词中发议论，偶尔兼采史传、口语，给人以清雄之感。他的词结构变化多端，写景、抒情和议论融为一体，有巨大的艺术表现力。

苏轼首先在词的题材上开疆拓土，扩大了词反映社会生活的范围，提高了词的意境，使词成为一种独立发展的新诗体。广至大千世界，深至个人内心，举凡记游、怀古、说理、感旧、田园风光、贬居生涯，苏轼都一一纳入词中，使原先局促黯淡的词境豁然开朗，为宋人开辟了一块可在其上与唐人诗歌方面的成就争雄况胜的天地。[念奴娇]《赤壁怀古》和[水调歌头]《丙辰中秋……

兼怀子由》这两首词集中体现了苏词的思想艺术成就。这两首词笔涉天地古今，境界开阔高远，既抒写了个人的失意惆怅，又表现出旷达超脱的情怀，一改词流连于"花间""樽前"的旧传统，展示了雄浑豪放的格调和社会人生的广阔领域，苏轼由此被视为豪放派的领袖。

秦观与《淮海词》

秦观（1049—1100年）是苏门四学士之一，词、诗、文皆工，而以词著称，是婉约派的代表作家，其词集名为《淮海词》。

秦观词的内容，局限于描写男女恋情和抒发个人愁怨，以"情韵兼胜"著称，感伤色彩较为浓重。柳永的词在这方面对他颇有影响。秦观词的艺术成就很高。他比较注重晚唐五代以来词体形成的婉约本色，善于通过凄迷的景色、婉转的语调表达感伤的情绪。秦观在这方面继承了柳永的某些表现手法，但又避免了柳永的俚俗和发露无余，而以淡雅含蓄取胜。秦观在北宋以后几百年都被视为词坛第一流的正宗婉约派作家，他的词风对后来的许多著名词家如周邦彦、李清照直到清代的纳兰容若等，都有显著的影响。

女词人李清照

在中国几千年的文学史上，女性文学家寥若晨星，而能够在中国文学史上占有相当重要地位的更是凤毛麟角。李清照正是这样一位千年罕见的女文学家。

李清照（1084—1155年），济南历城（今山东济南）人，自号易安居士。为北宋散文家兼学者李格非女，其丈夫赵明诚，为金石考据学家。

李清照幼有才藻，善属文，工诗词。其父被列入元祐党籍，她呈诗赵廷之以救。1101年结婚后，与赵明诚共同致力于彝器、石刻和书画之收藏研究，收集了大量的金石文物和图书。夫妻诗词唱和，生活优裕。

金人南侵中原，李清照与赵明诚避乱南方。未久，明诚病逝，辗转流离中，文物丧失殆尽。李清照只身漂泊，生活凄苦。晚年整理完成赵明诚所著《金石录》，上呈朝廷。去世时年71岁。

南渡，是李清照个人生活的、也是其文学创作的重大转折。这之前，其词的内容多写闺情，风趣活泼；之后，多写思乡离愁，格调沉郁。但其词风，却一贯以委婉蕴藉为特色，是继五代李煜、北宋柳永之后的佼佼者，达到了婉约词的顶巅。这之后，经历国破家亡的遭遇，情绪激昂，词作流露出对中原故土的怀念，渗透了强烈的爱国情感。部分诗词感慨激昂，表现了她对现实的关心，对统治者的揭露和爱国热忱。其文辞语言清丽，善白描。论词强调音律和典雅，反对以诗为词。亦能散文、骈文和诗，通书画。有《李易安集》，后人辑有《漱玉集》。

辛弃疾

南宋最杰出的爱国词人辛弃疾（1140—1207 年），不仅是南宋著名的爱国之士，而且是开创一代词风的杰出文学家。现存的《稼轩词》共有 620 余首，是两宋作品最多的词家。

辛弃疾，宋济南历城（今山东济南）人，原字坦夫，后字幼安，号稼轩居士。辛弃疾生时已在金人统治之下，投效忠义军领袖耿京，并劝其归宋，张安国杀耿京降金，则又入金营擒张安国南返宋朝，时年仅 23 岁，实一民族英雄。一生主张抗金，以恢复为志，功业自许，多次上书，分析抗金形势，提出抗金主张，奏请练民兵以守两淮。后历任数处安抚使。

辛弃疾是南宋第一大词人，他所遗留下来的词有 623 首之多。他继苏轼之后，把词的豪放风格加以发扬光大，使它蔚然成为一大流派，成为词坛的主流。他在《永遇乐·京口北固亭怀古》里写道："想当年，金戈铁马，气吞万里如虎"，慷慨激昂，气魄雄伟。《破阵子》中的"醉里挑灯看剑，梦回吹角连营。八百里分麾下炙，五十弦翻塞外声，沙场秋点兵。……了却君王天下事，赢得生前身后名。可怜白发生！"不仅抒写了抗金部队壮盛的军容，横戈跃马的战斗生活和恢复祖国河山的胜利愿望，同时也发泄了壮志难酬的悲愤心情。由于其词继承并发扬了苏轼豪放派的风格，纵横驰骋，悲壮激烈，与苏轼并称"苏辛"。

辛词抒发了词人满腔爱国激情及南渡以来的无限感慨与义愤，多方面反映了错综复杂、激烈动荡的社会现实，表现了非凡的英雄气概和创造力，在中国文学史上特别是词史上占有很重要的地位。著有《稼轩长短句》，今人辑有《辛稼轩诗文钞存》。

贺铸与《东山词》

贺铸（1052—1125 年），字方回，北宋卫州（今河南汲县）人。他才兼文武，愤世嫉俗，不事权贵。一生仕途蹭蹬，沉郁下僚。晚年退居苏州，自号庆湖遗老。今传有《山东词》，存词近 300 首。

贺铸为北宋著名词人。他的词以抒发个人闲愁为特色，但坎坷身世，落寞情怀，却又富于人生况味。他善用比兴之法。构成新的意象、新的格局和境界，而不落寻常俗套。他善化前人的成句，来加强词的抒情气氛，但华赡有余而真性不足。他精通音律，声歌弦管，自成新调。他喜用密集的韵脚，错综的韵声，造成跌宕回环的节奏和抑扬顿挫的音律。他寄兴无端，风格多变，柔情缠绵于笔端，豪气腾涌于腕底，至有"幽索如屈、宋，悲壮如苏、李"之誉。

白石道人——姜夔

姜夔（1155—1229年），字尧章，号白石道人，南宋后期著名词人、诗人。

他早年孤寒，成年后出游扬州等地，往来于长江中下游及江淮之间，过着四海飘零的生活。他一生未做官，多才多艺，擅长诗词及书法，精通音律，尤以写词著名。姜夔词的艺术特点首先表现在其意境的清幽冷峻，通过这种意境寄托他落寞的心情，这对后世许多功名失意、流落江湖的文人极富吸引力。姜词还以讲究音律和辞藻、语言典雅凝练著称。他还善于在语言上用虚词和单行散句，声律上间用拗句拗调，富于转折和变化，虽刻意求工而不流于轻靡浮艳，适当纠正了婉约派词平熟软媚的作风，给人以简洁淳雅之感。姜夔的词继承了婉约派词人的成就，同时部分融合了辛弃疾词的清健笔调，又适当地吸收了江西派诗人的手法，在词坛上自成一派，对后来词家的影响很大。

江西诗派

江西诗派是北宋以来古文运动的重要成果之一。它的开创者是黄庭坚。黄庭坚（1045—1105年），字鲁直，分宁（江西修水）人，自号山谷道人，又自号涪翁。

黄庭坚的诗歌创作，是在面对着长江大河一般的唐诗和欧阳修、苏轼的宋诗的挑战下开始的。他想新创一条自己的道路。他说"文章最忌随人后"，又说："自成一家始逼真。"要想实现创新的雄心，他走的是与众不同之径。他的社会接触面比杜甫、韩愈小得多，比欧阳修、苏轼也小得多，长期的书斋生活使他无法在反映现实、评论时事、抒写真怀上与前辈诗人争一地之长，只好到书本知识和写作技巧上寻找超人之处。他虽然也说过学诗"要先以识为主"，但他所指的"识"不过是要"潜心"体味古人的诗作而已。黄庭坚之所以能自成宗派，并成为当时人和后人学习的典范，与他的作诗主张和作诗方法分不开，其中最突出的有下述几点：

一、夺胎换骨法。黄庭坚说："诗意无穷，而人才有限，以有限之才，追无穷之意，虽渊明、少陵不得工也。不易其意而造其语，谓之换骨法；窥其意而形容之，谓之夺胎法。"简言之，夺胎法即点窜古人诗句，借用前人诗意，改为自己的作品；换骨法即意同语异，用前人的诗意，而以自己的语言出之。王安石有诗云："祇向贫家促机杼，几家能有一钩丝。"黄庭坚改换了几字为："莫作秋虫促机杼，贫家能有几钩丝。"这就是换骨法。

二、字字有来处。黄庭坚说："自作语最难。老杜作诗，退之作文，无一字无来处。盖后人读书少，故谓韩杜自作此语耳。古之能为文章者，真能陶冶万物，虽取古人之陈言入于翰墨，如灵丹一粒，点铁成金也。"字字有来处，就是要求搬弄典故，使用古语。他的《戏呈孔毅父》诗说："管城子无食肉相，孔方兄有绝交书。"在短短的两句诗中连用4个典故。

三、拗律。杜甫的七律，已有拗体。韩愈也曾借拗句以推陈出新，胜过旁人。拗律是交换平仄，使诗的音调反常；拗句是句法的组织改变，使文气反常。但杜甫、韩愈，都是偶一为之。到了黄庭坚，这两种方法便被大量地用于诗歌创作之中，成为他的特格。后来又有单拗（将句中平仄二字交换）、双拗（两句中平仄二字对换）、吴体（每对句中的第五字以平声谐转）等名目，在诗坛广泛传播。

四、去陈反俗，好奇尚硬。去陈反俗是黄庭坚作诗的最高信条；好奇尚硬是他作诗的法与格。他说："宁律不谐，而不使句弱；用字不工，不使语俗。"别人常用的字眼和鄙俗的调子，他一概洗除净尽，专搜求拗律、拗句、险韵、怪典。

黄庭坚有诗歌创作的大量作品，又有一套相对完整的理论和具体的作诗技巧指南，因而，在他周围逐渐形成一个诗歌团体。后人称之为"江西诗派"。

江西诗派因黄庭坚是江西人而得名，而诗派中的其他诗人也并不都是江西人。后来，北宋末、南宋初的吕本中撰写了《江西诗社宗派图》中提出了"江西诗派"的称呼，并把黄庭坚作为诗派的创始人，又列举了陈师道等24人为这一派的成员。然而，别人把他也归入了江西诗派之中。其实，在吕本中所列举的诗人中，其理论主张和创作实践并不完全一致，有的诗人还不承认自己是江西诗派。徐俯对于吕本中列他于宗派中很不满，说："我乃居行间耳。"韩驹是江西诗派中除黄、陈以外的大诗人，他也不甘于在江西诗派，《后村诗话》说："子苍蜀人，学山苏氏，与豫章不相通。吕公强之入派，子苍殊不乐。"虽然如此，但作为一个诗歌流派，江西诗派又确实有着黄庭坚影响之下的共同特征。江西诗派对北宋后期诗歌创作有很大的影响。

爱国诗人陆游

陆游（1125—1210年），宋越州山阴（今浙江绍兴）人，字务观，号放翁。南宋著名爱国诗人、词人。

在北宋南迁前两年，他出生在行驶于淮河中的一条船里。他还不懂得世事，淮河就成了宋、金的分界线，中原沦丧了。

陆游在南宋定都临安时即被父母携带返回了家乡。他的少年时代，正是南宋朝廷内抗战与投降两派激烈斗争之时。这期间，乃父友人都是些爱国志士，每当来家聚谈，总以祖国山河的残破、朝廷的腐朽而激昂陈词，疾首痛心。这给陆游以深刻影响，在他小小的心灵里，播下了忠于祖国、忠于民族的种子。既长，陆游就以收复故国河山为己任。

陆游 29 岁那年，参加省试，考取第一名。同时参加省试的有奸相秦桧的孙子，名列陆游之后。这使秦桧大为不满。第二年，陆游又参加殿试，却被秦桧削了名，并永远剥夺他仕进的资格。加给他的罪名是"喜论恢复"，即主张收复失地，也就是"爱国罪"。秦桧死，始任福州宁德簿，迁大理寺司直兼宗正簿。孝宗赵昚即位，任枢密院编修官，赐进士出身。曾任镇江（今属江苏）、隆兴（今江西南昌）、夔州（今四川奉节）通判。

和大将张浚商讨整顿武备，进取中原，被诬告免职。1173 年入四川宣抚王炎幕府，曾向王炎提出抗金大计。又在蜀州、嘉州、荣州（今四川崇庆、乐山、荣县）任职，改任置制史范成大参议官。未几，朝廷召回为礼部郎中兼实录院检讨官。

陆游从入川到出川，生活几近 10 年，这是他一生中至关重要的历史时期。他的诗风，在这时为之一变，气概沉雄、轩昂。他自己编的诗集，取名《剑南诗稿》，就是为了纪念这段川陕生活。

陆游出川后，时仕时闲，65 岁时再次回到了山阴县鉴湖边上的三山村，度其晚年。

陆游工诗词、散文，亦长于史学。南渡后，与尤袤、杨万里、范成大并称南宋诗坛四大家。其诗多沉郁顿挫，雄浑豪放，内容以恢复中原、统一中国、反对投降为主题，兼有反映人民疾苦、批判时政之作。字字句句闪耀着爱国真情和对多灾多难国家的一片丹心，实为一代人民心声之反映。其诗今存有9000 多首，著有《剑南诗稿》《渭南文集》《南唐书》《老学庵笔记》等。

《资治通鉴》

《资治通鉴》简称《通鉴》，共有 294 卷，文字简练，记事周详，上起春秋末韩、赵、魏三家分晋（公元前 403 年），下迄后周亡于宋朝的前夕（959 年），共记载了我国古代 1362 年的历史。这是一部宏伟的编年体通史著作，是我国史学上的创举。它是由宋代著名政治家，史学家司马光同刘恕、刘攽、范祖禹等有很高史学造诣的学者们一起，花了 19 年的时间编成的一部编年体裁通史巨著。

司马光（1019—1086 年）之所以能完成这么一部不朽的通史著作，一方面也是由于他的工作得到北宋朝廷的重视，能充分利用国家的藏书。治平元年（1064 年），司马光把已经完成的先秦部分史稿，即《通鉴》的前八卷呈送给宋英宗，引起宋英宗的重视，让他在崇文院设局专心编书。崇文院是国家藏书最集中的地方，有图书 3 万多卷。治平四年（1067 年），年轻的皇帝赵顼即位，为这部书定了书名，叫做《资治通鉴》，并写了序文，鼓励司马光继续努力，完成这项工作。

《资治通鉴》是众手修书，又体现司马光"一家之言"的成功之作。各个助手承担《通鉴》编修的任务，历来有不同的说法。胡三省、马端临、全祖望及近代学者意见大同小异。范祖禹担任《通鉴》中唐史部分的编修工作。刘攽任汉代部分的内容的编修。刘恕为全局副手，他承担的任务或说是三国两晋南北朝部分，或说是自南北朝至隋的长编，或说是专修五代部分，或考订刘恕担任的工作前后有变化。司马光参与全过程的修史工作，全书定稿"其是非予夺之际，一出君实笔削"。司马光对历史的看法和范祖禹、刘恕的观点也有差异，但《资治通鉴》的"臣光曰"完全贯彻司马光的见解。所以说《资治通鉴》是众手修书而又体现了司马光"一家之言"的成功之作。

司马光治史严谨，考辨材料的方法称为考异法，这部史书有很高的史料价值和文学价值。编纂史书是先编"丛目"，将收集的史料，按照年月顺序，标明事目，剪贴排列。第二步编"长编"，整理丛目，考订取舍，重加组织润饰。最后是定稿。这给后人修史留下宝贵的编纂经验。

《资治通鉴》问世后，编年体史书有较大的发展。受到《通鉴》的影响，宋代的编年体史书重要的作品有李焘的《续资治通鉴长编》、李心传的《建炎以来系年要录》等。为《资治通鉴》作注释和考辨的著作，重要的是胡三省《资治通鉴音注》《释文辩误》等。

欧阳修修史

欧阳修（1007—1072 年）不仅在文学上是古文运动的领袖，在宋代史学领域也做出了杰出的贡献，他是《新五代史》《集古录》的作者，新《唐书》的编者。

欧阳修最先开始撰辑的是《五代史记》。欧阳修的撰辑《五代史记》工作，当初是和尹洙（师鲁）分工合作的，欧阳修负责梁、汉、周三代，尹洙负责唐、晋两代，但庆历七年（1047 年）尹洙去世以后，这一工作便不得不由欧阳修一人来完成了，直到皇祐五年（1053 年），他才全部完成了这一工作，前后共用去了 18 个春秋。后人为了区别于薛居正的《五代史》，遂称薛《史》为《旧五代史》，欧《史》为《新五代史》。《新五代史》凡 74 卷，其中本纪 12 卷，列传匹 15 卷，考 3 卷，世家及年谱 11 卷，四夷附录 3 卷，记载了从后梁开平元年至后周显德七年共 53 年的历史。

从至和元年（1054 年）到嘉祐五年（1060 年），欧阳修又以 6 年多的时间，主持完成了《新唐书》的修撰。由于宋人不满后晋刘昫所奏进的《唐书》，仁宗庆历四年，枢密使贾昌朝始奏重修《唐书》，第二年，仁宗正式下诏设局修史，以贾昌朝为提举，以王尧臣、宋祁、赵概、杨察为判馆，以张方子、余靖为修撰，以曾公亮、赵师民、何中立、范镇、邵必、宋敏求为编修。其中不少人任职不久即离开了史馆，始终参与修《唐书》的只有三人，即宋祁、范镇和宋敏求。工作进展缓慢，设局已有10年，而"纪志俱未有草卷"。为加快撰修《唐书》的进度，至和元年（1054年）八月，命欧阳修"刊修《唐书》"，负责本纪、志、表的编撰。在范镇、宋敏求、刘羲叟、梅尧区等人的协助下，嘉祐五年（1060年），《唐书》全部修成。后人为区别于刘昫的《唐书》，称刘昫的《唐书》为《旧唐书》，欧阳修等所修的为《新唐书》。《新唐书》共225卷，其中本纪10卷，志50卷，表22卷，列传143卷。虽卷数比《旧唐书》多，但字数却比《旧唐书》少了许多，真正做到了曾公亮在《进新唐书表》中所说的："其事则增于前，其文则省于旧。"

欧阳修所修的两部史书，有下列共同特点：一是在体例上有所创新，如《新唐书》即增加了旧史所没有的《仪卫志》《选举志》和《兵志》，《新五代史》则改志为考，学《同天考》和《职方考》，其他典制则从略。欧阳修在两史中还编制了新的谱表，如《新唐书》有《宰相表》《方镇表》《宗室世系表》《宰相世系表》，《新五代史》中有《十国世家谱》等。这虽不是创新，却是继承了司马迁开创的，又几乎被史家摒而不用的史表传统。二是大力开拓史料来源，吸收丰富的史料。他曾奏请派人专门查阅当时尚存的"唐朝至五代已来奏牍案簿"，不仅系统整理了唐代科举制和兵制的演变资料，写成了《选举志》和《兵志》，而且还整理了唐代不少经济史料，致使《新唐书》之《食货志》比旧志增加了一倍多的篇幅。特别是《天文志》，更作了大幅度的补充。值得一提的是《新五代史·司天考》，《旧王代史·历志》载有王朴《钦天历经》，凡4篇，其中一篇亡佚，另3篇也不太完整，欧阳修则访求到了王朴原书，完整地吸收到了《司天考》中，其意义之大是不言自明的。三是欧阳修修史特别注意文辞简赅，力求做到刘知几所说的"文约而事丰"，事实上，欧阳修所修的两史都达到了这一要求。清人赵翼说："不阅《旧唐书》，不知《新唐书》之综核也；不阅薛《史》，不知欧《史》之简严也。"实在是中肯的评价。

欧阳修的史学成就还有一个重要方面，就是非常注重对古代文物的收集、著录和考辨，他在嘉祐七年（1062年）编成了《集古录》1000卷，就是这一成就的体现。

朱熹刊印《四书集注》

北宋时期，儒学在理学家的带动下，又开始兴盛起来，在民间掀起了授徒讲学之风。在教材的选定上，理学家们依照自己的理解，特地从关于礼仪制度的典籍《礼记》中抽取出《大学》《中庸》两篇，并为之作注解以教授生徒。

理学大师朱熹祖述程颢、程颐的观点，特别尊崇《孟子》和《礼记》中的《大学》《中庸》两章，使之与《论语》并列，认为它们代表了儒家经典的根本精神。他对此四书分别作了注解，于绍熙元年（1190年）漳州任上，首次一齐刊印，称之为《四子》，亦即后人所称的《四书章句集注》，或简称《四书集注》。刊出后，朱熹自己又反复作过修改，是他最富代表性的著作之一，对后世影响极大。《论语》《大学》《中庸》《孟子》合称为《四书》，从此始。

书画家苏轼

苏轼是继欧阳修后北宋文坛的杰出领导者，在书画上也有独到贡献。他喜好画枯木、怪石、墨竹等，时出新意，形神俱妙。他的《枯木竹石图》一卷，画盘曲枯树一株，顽石一块，石后露出二三小竹和细草，深具意趣，可谓"诗中有画，画中有诗"。他画竹，常常一杆从地直至顶。图中枯木虬屈无端倪，怪石皴硬。自谓"枯肠得酒盘角出，肝肺槎枒生竹石"。枯木题材绘画也正是他心灵的写照。该图运思青拔，风格卓绝，是画中珍品。

在书法上，他以行书和楷书名著于世。最著名的墨迹代表是《黄州寒食诗》，为行书诗稿。诗的内容，充满着消沉、悲苦、凄凉、绝望的情绪。其书随意命笔，随着诗情的起伏而变化，参差错落，时大时小，忽长忽短，感情随着笔尖自然流出，达到了艺术形式和内容的完美统一，令人感叹不已。

《宣和画谱》

北宋宣和二年（1120年），在宋徽宗赵佶的授意和主持下，一批精于画史和鉴赏的儒生们集体编撰了一部反映宫廷所藏绘画作品的著录著作——《宣和画谱》。

《宣和画谱》共20卷，收录了魏晋至北宋画家231人，作品6396幅。并按画科分为10门。每门画科前都有短小精悍的叙论，叙述该画科的渊流、发展及代表人物等，然后按时代先后顺序排列画家小传及其作品。

《宣和画谱》虽然是属于著录性质的画史专著，但从每个画科的叙述及画家传记评论来看，更具有绘画史论的性质。因此，此书不但是宋代宫廷藏画的记录，而且还是一部传记体的绘画通史，对于研究北宋及其以前的绘画发展和作品流传，具有重要的史料价值。

《清明上河图》

《清明上河图》的作者是北宋著名画家张择端。张择端，字正道，东武（今山东诸城人）。幼好读书，早年游学汴京（今河南开封），后习绘画，徽宗赵佶在位时供职翰林图画院，专工界画宫室，尤擅舟车、市、肆、桥梁、街衢、城郭，自成一家。有《清明上河图》《西湖争标图》等作品名于世。《清明上河图》是著名风俗画作品，绢本，长卷，淡设色，卷宽24.8厘米，长达528.7厘米。"清明"指农历清明节前后，一般认为该图是描写北宋京城汴梁及汴河两岸清明时节的风光。

作品采用了传统的手卷形状，从鸟瞰的角度，以不断推移视点的办法来摄取景物，段落节奏分明，结构严密紧凑。至于笔墨技巧，无论人物、车船、木房屋，都线条遒劲老辣，兼工带写，设色清淡典雅，不同于一般的界画。

全画结构共分3段：首段写市郊风景，寂静的原野，略显寒意，渐而有村落田畴，嫩柳初放，有上坟回城的轿、马和人群，点出了清明时节特定的时间和风俗。中段描写汴河，汴河是当时中国的南北交通干线孔道，同时也是北宋王朝的漕运枢纽，画面上巨大的漕船，或往来于河上，或停泊于码头。横跨汴河有一座很有规模的拱桥，其桥无柱，以巨木虚架而成，结构精巧，形制优美，宛如飞虹。桥的两端连着街市，人们往来熙熙攘攘，车水马龙，与桥下繁忙的水运相呼应，是全国的第一个热闹所在。后段描写市区街景，以高大的城楼为中心，街道纵横交错，各种店铺鳞次栉比，有茶坊、酒肆、脚店、寺观、公廨等。有沉檀楝香、罗锦匹帛、香火纸马，有医药门诊、大车修理、看相算命、修面整容，还有许多沿街叫卖的小商小贩。街上行人摩肩接踵，络绎不绝，男女老幼，士农工商，无所不备。

全卷所绘人物有500余位，牲畜50多只，各种车船20余辆艘，房屋众多，道具无数，场面巨大，段落分明，结构严密，有条不紊。技法娴熟，用笔细致，线条遒劲，凝重老辣，反映了高度精纯的绘画功力和出色的艺术成就。同时，因为画中所绘为当时社会实景，为后世了解、研究宋朝城市社会生活提供了重要的历史资料。

《梦溪笔谈》

沈括（1031—1095年），字存中，北宋钱塘（今浙江杭州）人。他博学善文，于天文、方志、律历、音乐、医药、卜算，无所不通，是中国历史上一位伟大的科学家，一生著述颇丰，其中以记平日与宾客之言者的《梦溪笔谈》最为著名。

现存《梦溪笔谈》26 卷（分十七日），《补笔谈》3 卷，《续笔谈》11 篇。《补笔谈》和《续笔谈》较为后出。最早著录《补笔谈》的是《文渊阁书目》，而不著录《续笔谈》；最早著录《续笔谈》的是《遂初堂书目》，而不著录《补笔谈》。明马元调按《梦溪笔谈》的分类，将《补笔谈》归为 11 目，分 3 卷，连同《梦溪笔谈》《续笔谈》全书刊行，成为现存较完善的《梦溪笔谈》的祖本。

《梦溪笔谈》记述了沈括多年来观察实践所积累的研究成果，其中包括文学、艺术、历史、政治、科学、技术诸方面的内容，而最可宝贵的是他在学术领域内广泛的见解和见闻，很多有创造性的见解，至今仍为世人所称道。据不完全统计，《梦溪笔谈》中属于科学技术的条文约 255 条，约占全书的五分之二强，分属数学、物理、化学、天文、地学、生理医学、工程技术诸科，所涉学科广泛。美国李约瑟说沈括是"中国整部科学史中最卓越的人物"，《梦溪笔谈》是"中国科学史上的里程碑"。

沈括在太行山崖间，看到石壁上密嵌着螺蚌壳和鸟卵式的石子，考虑到这里是太古时代的海滨，这种现象是由海滨的介壳和淤泥堆积而成。他指出河流的侵蚀和沉积作用，推断出太行山地区的海陆变迁。沈括的这一推断较欧洲的达文西提出化石是生物遗迹的看法早 400 年。他在地质学、古生物学方面的贡献无疑是伟大的。在延州，河岸崩坍，地下数十尺处，有类似竹笋林的化石，即推测"旷古以前，地卑气湿而宜竹"，这在植物地理学和古生物学方面都是重要的创见。在数学方面，他发展了《九章算术》，创造了新的高等级数——隙积术，解决了累层堆积的甓、缸、瓦盆类物件的总和的求法。天文方面，发展了张衡的学说，明确指出月亮本身不发光，其光缘于日光。医药方面，沈括精于医术，对药用植物很有研究，《梦溪笔谈》有一卷为《药议》，订正了许多生药的性状和名称，对以后的药学家颇有启发。沈括在书中首次指出了地磁场存在磁偏角；最早记载了一种简便的人工磁化法，即"以磁石磨针锋"造指南针；详细论述了指南针的 4 种装置方法；首创了分层堰法测量地形；最早提出"石油"这个科学的命名，沿用至今；提出了完全按节气来定一年的日历安排的方案等。

《梦溪笔谈》还注意记录当时劳动人民和科学家的杰出发明，充分体现沈括具有一个伟大科学家的坦荡心胸，以及实事求是的严谨学风。布衣（平民）毕昇发明了活字印刷术，沈括对其创造过程以及设备的使用，做了详细有条理的记述，成为有关这一发明的唯一资料。《梦溪笔谈》记录孙思恭经认真观察和思考，提出彩虹是大气中的折射现象的见解，使这一重要创见得以保存。另外，沈括也重视客观地记述自然现象和生产技术情况，如对陨石和陆龙盖的描写；摘录"匠师"喻皓的《木经》，记录河北锻钢工人所掌握的"团钢"和"灌钢"的制作技巧，从这类记载中不难看出那个时期人民对自然的认识以及生产技术所达到的水平。

沈括作为一个政治活动家，在《梦溪笔谈》中当然要记述人民斗争与民族斗争的情况，由于他又是一个科学家，世俗偏见较少，记载较为客观。对于王小波、李顺所领导的农民起义，他有这样的叙述，"录用材能，存抚良善，号令严明，所至一无所犯"。又如咸平间（998—1003年）契丹犯边，由于张皓出使，将契丹之谋告之守将，大败契丹。而真宗仍与契丹签订了澶渊之盟。正史及多数史籍皆不载张皓事。只有《梦溪笔谈》尊重事实，它的记载揭露了统治者为维护其皇位而向外族屈辱求和的用心。

沈括兴趣广泛，学识精博，对出土文物亦留心搜集，而且把这些文物当作研究历史的资料。沈括爱好音乐、美术、文学，亦有较高的造诣。

宋代佛教

在宋一代，佛教在宗教界可以说一直唱着主角。宋建立后，太祖赵匡胤、太宗赵光义都信奉佛教，北宋一建立，就大力提倡佛教，960年，赵匡胤刚登位，即令各地保护寺院，971年，派人前往成都雕刻藏经，按照《开元释教录》所载的藏经，顺次刊行。983年，刊刻13万版，近5000卷。此后继续进行这一工作。太宗时期建寺院，在东京设译经院。佛教势力开始兴盛。

河南府进士李蔼作《灭邪集》反佛，赵匡胤斥他"诽毁佛教，诳惑百姓"，把他流配沙门岛。太宗赵光义时，对佛教的倡导可以说到了一个高峰。在五台山、峨眉山、天台山等处修建寺庙，在开封设译经院翻译佛经。太祖赵匡胤开宝年间，开始在益州雕印大藏经，太宗时雕版完成。这是第一部印行的佛经总集。宋朝建国时，各地僧徒不过68000余人，太宗时增加到24万。真宗赵恒更加大力提倡佛教，撰写《崇儒术论》的同时，又作《崇释论》，说佛与孔孟"迹异而道同"。赵恒继续建寺译经，并亲自作佛经注释。全国僧徒增加到近40万，尼姑6万多，所成佛经多至410余卷。真宗统治时期，成为赵宋一朝僧徒最多、佛学最盛的时期。

宋儒虽排斥佛教，但宋儒理学所受佛教思想之影响颇多，士大夫中亦喜闻禅学，至于庶民百姓，尤其是死丧殡葬之时的礼节，亦受佛教的影响。

宋朝佛教有各种宗派，其中以禅宗南宗流传最广泛。南宗中又有各种宗派。在禅宗之外，天台宗等宗派也相当盛行。

北宋道教

北宋提倡道教，特别是在太宗、真宗、徽宗时期，崇道教成了一股思潮。道教的几个代表人物在社会上有很大的影响，他们对学术思想的发展起了重要的作用。陈抟是五代后期的著名道家。宋太宗时，被召到京城，太宗赐号"希夷先生"。宋代的几个重要理学家如周敦颐、邵雍的学术都和他有紧密的关系。据说，周敦颐的《太极图》是陈抟传下来的；邵雍的学术思想渊源也来自陈抟，另外一个重要人物是张伯端，但他主张儒、释、道"教虽分三，道乃归一的。"这里体现出儒、释、道合流的趋向，但道教在北宋最兴盛时期是徽宗时期。宋徽宗大肆宣扬道教，为提高道教的地位，政和三年（1113 年）十二月，下诏示道教仙经于天下；政和四年（1114 年）正月，下令置道阶 26 级、道官 26 等；政和六年（1116 年），下令立道学，修《道史》；政和七年（1117年）四月，他还自称是神霄帝君下凡，令道箓院册封他为"教主道君皇帝"，集天神、教主、人君三位于一体。重和元年（1118 年）八月，颁发《御注道德经》，九月，诏太学置道教各经博士，等等。从此，道教愈发兴盛起来，道教的地位被抬到空前的高度。

《洗冤集录》

《洗冤集录》是中国最早的一部比较完整的法医学专著，也是世界上第一部法医学专著，比意大利人佛图纳图·菲德利（Fortunato Fidelis）所著的欧洲第一部法医学著作要早 350 多年。此书的最早版本是宋理宗淳祐七年（1247 年）宋慈于湖南宪治的自刻本。该书一出，皇帝立即命令颁行全国，成为南宋王朝及后世办理刑案官员的必读本，据钱大昕称，该书一直被"自司检验奉为金科玉律"（《十驾斋养新录·洗冤录条》）。该书编撰者宋慈（1186—1249 年），宋建宁建阳（今属福建）人，字惠父，嘉定进士。后任广东提刑，雪洗冤狱，除暴安良，扶正祛邪，8 个月决辟狱囚 200 余，一扫粤吏数年不予详复的积弊。他博采治狱之书以及官府历年所公布的条例和格目，加以订正、补充，又吸取民间医药学知识与官府刑狱检验经验，分检复总说、验尸、四季尸体变化、自缢、溺死、杀伤、服毒以及其他伤死等 53 项，著成《洗冤集录》一书。《洗冤集录》中不少内容符合近代法医学原理，有许多具有相当高的科学水平，对法医检验很有价值的条目。它提出了即使在今日法医检验中也须遵循的检验的一般原则，该书所论述的法医检验范围和项目与现代法医学所论述的基本一致。明代以后，朝鲜、日本、法国、英国、德国、荷兰先后翻译出版《洗冤集录》，该书在国际上广为流传，是中华民族对世界文明发展的一大贡献。

元　朝

（1271—1368 年）

蒙古统一概况

蒙古的兴起

蒙古族源于东胡，唐朝称蒙兀室韦，是东胡语系室韦的一支。蒙兀是唐代对蒙古的译名，其后文献中的萌古、盲骨子、鞑靼等名，均指蒙古。世居黑龙江上游额尔古纳河东南地带。8世纪后在鄂嫩河和克鲁伦河流域放牧，属唐朝燕然都护府管辖，两宋时先后隶属辽、金。自突厥、回纥衰亡后，大漠南北散居着众多部落，蒙古部是其中的一个部落，后蒙古征服各部，统称蒙古诸部。

蒙古诸部大都过着游牧生活，"黑车白帐，随水草放牧"。他们经历了漫长的原始氏族社会阶段。11至12世纪时蒙古族私有制开始发展，向阶级社会过渡。12世纪初成吉思汗的曾祖合不勒始称汗，形成蒙古部集团。随着生产力的发展，社会上出现贫富分化，通过大批战俘和人口买卖，奴隶人数大增，从而形成那颜（官人）、哈剌楚（牧民）、孛斡勒（奴隶）等阶级和阶层。当时蒙古草原有近百个部落，其中势力最强的是塔塔儿、蒙古、克烈、篾儿乞、乃蛮诸部。各部落的那颜为了掠夺牧场、牲畜和奴隶，互相展开激烈战争，攻杀不止。金朝统治者也利用各部族间的矛盾制造其内部冲突，让他们在厮杀中削弱，以便分而治之。诸部的混战，以及金统治者对蒙古族残酷的民族压迫（当时金人经常强索或掠取他们的财富，金世宗时每隔3年出兵一次，逢人便杀，称为"减丁"），使得蒙古族人民生活极端困苦，他们迫切要求结束混战状态，以反对金的统治，实现统一和安定。

成吉思汗统一蒙古各部

1162年，蒙古尼伦部孛儿只斤氏族的首领也速该把阿秃儿的妻子诃额仑生了一个男孩。恰巧生孩子的那天，也速该擒获了两个塔塔儿人，其中一个名叫铁木真。为了纪念他这次突袭的战功，也速该就把刚生下的儿子取名叫铁木真。铁木真就是后来的成吉思汗。

铁木真的童年和青年时代是在动乱的岁月中度过的。他的父亲也速该继忽图剌汗之后成为蒙古尼伦部的首领，因为长期以来一直与塔塔儿部发生争斗，所以结下了很深的仇恨。后来，塔塔儿部借机杀死了也速该。也速该之死造成了尼伦部的分裂，许多部众都脱离了尼伦部的统治，并且派人去杀铁木真。13岁的铁木真和3个弟弟随母亲逃往鄂嫩河滨，过着颠沛流离的渔猎生活。

铁木真长大后，积累了丰富的斗争策略和经验。他知道单凭自己几个人的力量是不能打败敌人的，只有利用蒙古各部之间的矛盾，取得一些部落奴隶主的支持，才能壮大自己的力量，打败自己的敌人。于是，他忍痛把妻子的嫁妆黑貂裘献给克烈部的脱斡里勒汗，作为取得他支持的进见物。脱斡里勒汗则愿意帮助铁木真重新召集以前离散的亲属和部众。铁木真还争取了扎答剌部首领札木合薛禅对他的支持。

铁木真为了向蔑儿乞人报仇，就约定脱斡里勒汗和札木合一起出兵攻打蔑儿乞人。三方约定：脱斡里勒汗出兵两万，札木合出兵一万，铁木真带领住在鄂嫩河上的原来属于他的一万军队，共同会师。他们很快就击败了蔑儿乞人，迫使蔑儿乞人从色楞格河方向逃去，大批蔑儿乞人成了俘虏，许多男子遭到屠杀，而妇女则留下来做他们的妻子、奴婢，儿童留下来做奴隶，掠夺来的牲畜成了铁木真的财产。为了报答脱斡里勒汗和札木合的恩德，铁木真把脱斡里勒汗当作自己的父亲，并把掳来的蔑儿乞人送给他当奴隶。铁木真通过这次胜利，实力大大加强了，许多旧时的属民、那可儿、奴隶，也纷纷重新投靠他。

金世宗大定二十九年（1189 年），铁木真被一部分蒙古尼伦部的奴隶主们拥戴为汗。为了加强自己的权力和防止邻部的袭击，他重新整顿了军队，成立了专门警卫他的侍卫队，建立了保护、训练战马以及管理战车等的专门机构，使战斗力有了提高，为未来的统一战争做了种种准备。

铁木真的壮大引起了札木合的不快。恰好札木合的弟弟给察儿因掠夺铁木真部下的马群而被杀了。札木合便集合其所属的札答剌的 13 部 3 万之众进攻铁木真，铁木真也将他的 3 万士兵分成 13 翼迎战札木合。双方战于答兰巴勒主惕地方（今克鲁伦河畔）。这就是蒙古历史上著名的"十三翼之战"。会战结果，铁木真失败，被迫退到鄂嫩河去。札木合用极其残酷的手段把战俘处死了，引起了札木合部下许多人的不满，他们脱离札木合，投奔了铁木真。因此，铁木真虽然在"十三翼之战"中战败了，但由于札木合部下的许多奴隶主、属民和奴隶成了铁木真新的支持者，铁木真反而更壮大了。

不久，塔塔儿部首领蔑古真反抗金朝，金章宗命丞相完颜襄约克烈部的脱斡里勒汗和铁木真合兵进攻塔塔儿。蔑古真大败并被杀死，塔塔儿的部民和牲畜全部被脱斡里勒汗和铁木真掳获。完颜襄打了胜仗，十分高兴，因而封脱斡里勒汗为"王"，从此脱斡里勒汗就称为"王汗"；封铁木真为"札兀忽里"（前锋司令官），铁木真正式接受了金朝的封职。这样，铁木真在蒙古尼伦各部中的威信更高，权力更大，他惩罚和处死了几个不听指挥与他作对的奴隶主，并收管了他们的部众。后来成为成吉思汗"四杰"之一的木华黎就是在这时由他的父亲送来做奴隶的。

铁木真在漠北高原上崛起后，与其他蒙古各部的矛盾越来越大。1201年，合答斤、撒勒只兀、豁罗剌思、朵儿边、塔塔儿、翁吉剌、蔑儿乞、斡亦剌、泰赤乌等11部的首领在阿鲁灰地方（今内蒙古乌尔虎河）集会，共推札木合为古儿汗（天下之主的意思）。札木合称汗后迅速出兵攻打铁木真。铁木真联合王汗对抗札木合，结果札木合的军队大败。王汗乘胜追击札木合，铁木真乘胜追击泰赤乌部，取得了胜利。

1202年，铁木真又发动了对塔塔儿残部的战争。结果，塔塔儿人被全歼，部民都成了铁木真的俘虏，他们或是被杀，或是沦为奴隶。塔塔儿部的消灭标志着东部蒙古各部已被铁木真征服。

这样，铁木真的劲敌就剩下西部蒙古各部了，而西部蒙古各部中最靠近铁木真的就是强大的克烈部。王汗对铁木真的壮大也感到了威胁，加上逃亡的札木合的挑拨，王汗决定先发制人，对铁木真发动袭击。但是，由于王汗部下的两个牧民透露了消息，铁木真已做好了战斗的准备。王汗的攻击没有摧垮铁木真，反使自己的儿子桑昆受了箭伤。然而，王汗毕竟兵多将广，实力雄厚，铁木真是经不起这种消耗战的，因而不得不把部队撤走，并派人向王汗求和。这时，铁木真抓紧时机，继续扩充力量，准备伺机决战。当他发现王汗思想麻痹、失去警惕时，发动了突然袭击，占领了王汗的金帐。王汗败逃，在鄂尔浑河畔被乃蛮人所杀。他的儿子桑昆一直逃到合失合儿（今新疆喀什），也被当地人杀了。从此，强大的克烈部完全瓦解。克烈部的败亡为铁木真统一全蒙古扫除了最大的障碍。所以，对王汗作战的胜利是铁木真取得成功的关键之一。

攻灭克烈部王汗后，剩下的敌人还有乃蛮人、蔑儿乞人，南方的汪古人以及其他一些小部落。其中蔑儿乞人是世仇，乃蛮人是最有力量的大部落。

克烈部败亡后，到处流窜的札木合只好投奔到乃蛮人那里去栖身了。乃蛮是一个文化发达、建立了政权的大部落，当时的统治者叫塔阳汗。塔阳汗得知克烈部被消灭、铁木真统一了大半个蒙古的消息后非常惶恐，加上札木合的挑拨，决定以铁木真为敌。他采取的对策是：南联汪古，上下夹击。但是汪古人不愿与铁木真结怨，反而把塔阳汗的计谋告诉了铁木真。铁木真知道这个消息后，知道与乃蛮的战争不可避免，于是一面通过中亚的商人摸清乃蛮的军队实力和部署，一面再次整顿自己的军队，以增强战斗力。他把自己的军队按十人、百人、千人组织起来，任命自己的亲信当百夫长和千夫长；设置"扯儿必"（把总）管理辎重；挑选精兵组成"怯薛"（护卫军）；又从精兵中挑选上千名勇士当前锋。这样一支机动灵活、配合协调的军队，是非常适应草原作战的需要的。

1204年夏，铁木真率领大军出征乃蛮。铁木真驻军于哈勒哈河畔的建忒该山；塔阳汗则纠集蔑儿乞、克烈、塔塔儿、哈答斤等残部及斡亦剌、朵鲁班、散只兀诸部，声势颇大，扎营于杭爱山。当铁木真与手下众将领商量出征时，有人就认为夏天马瘦，不宜行军，主张缓至秋天时再征。铁木真采纳了其弟别里古台的意见，认为正可利用乃蛮轻敌而不备之机出兵，必获全胜。双方摆好阵容后，恰巧铁木真军营中有一匹瘦马受惊逃入乃蛮营中。塔阳汗一看铁木真的马瘦成这样子，就更加轻敌。他亲自跃马索战，铁木真摆好阵势准备迎战。这时跟随塔阳汗一起上阵的札木合，看到铁木真的军容十分整肃，简直今非昔比，知道交战后凶多吉少，就偷偷地溜走了。这一天，战斗十分激烈、残酷。到下午时，塔阳汗的军队渐渐招架不住，塔阳汗也遭擒被杀。于是形势急转直下，乃蛮军队顿时溃散，在黑夜中到处奔逃，坠崖身死者不计其数。只有少数军队在塔阳汗的儿子古出鲁克率领下逃到西辽境内。这场大战之后，乃蛮的百姓都成了铁木真的俘虏，追随塔阳汗的朵鲁班、塔塔儿、哈答斤、散只兀等部也纷纷投降了。

征服乃蛮战役的胜利，使铁木真统一蒙古的事业前进了一大步。从此，铁木真的威名震动了蒙古高原，余下的一些尚未征服的部落都不是铁木真的对手，他们或被击破，或自动归附。1204年秋，铁木真最后击溃了他的宿敌蔑儿乞残部，大败蔑儿乞首领脱黑脱阿，俘获了他的百姓，脱黑脱阿带了他的两个儿子、几个那可儿远远地逃走了。不久，翁吉剌残部、汪古部也归附了铁木真。这时只剩下十分潦倒的札木合了。由于大势所趋，他的几个那可儿知道败局已经不可挽回，便将他绑了送交铁木真，最后被铁木真处死。至此，铁木真统一全蒙古的大业完成了。

蒙古国的建立

1206年，铁木真会诸部首领于斡难河（鄂嫩河）畔，举行忽里勒台（大聚会），立九足白旄纛，在蒙古各部的拥戴下，告天即"汗"位，尊称为成吉思汗（意为强大无敌），建立了大蒙古国（亦称蒙古汗国）。这是蒙古历史上第一个军事奴隶制国家。自此，"蒙古"便成为各部落的统一名称。

蒙古统一后建立了军政合一的国家体制，定都和林（今蒙古鄂尔浑河上游哈尔和林）。政治上实行领户分封制或称千户制，就是打破以血缘为基础的氏族组织，按等级高低划分封地，封地内的各阶层人民，按十进制方法，编为十、百、千、万户，并设十、百、千、万户长，千、万户长是世袭贵族，以下各户长领有不等的领地和领户。领户包括奴隶、自由牧民和属民，由领主统辖，领户平时从事畜牧业生产，定期向领主纳贡服役，战时随领主出征打仗。这样就把军事、行政和生产结合了起来，是蒙古国家建制的一个特点。军事上实行怯薛制，建立了拥有万人的怯薛（护卫军），为蒙古军的精锐，由成吉思汗直接指挥。另设左、中、右三军。又规定自15岁至70岁的男子皆为兵，按十、百、千、万户组织，战时各自备鞍马、兵器、粮食，随领主征战，实行军事行政联合体制。司法上设立札鲁忽赤（即断事官）。成吉思汗将许多习惯法固定下来，又把他的训言和命令编成大札撒（法典）颁布实行，并建立司法机构，以札鲁忽赤掌握民户分配和审判诉讼案件。文化上创制蒙古文字。在征服乃蛮部时，命乃蛮部掌印官畏兀儿人塔塔统阿用畏兀儿字母拼写蒙古语言，教蒙古青年读书，从此蒙古族有了自己通行的文字。这些措施巩固了蒙古各部的统一，有利于蒙古经济文化的发展。

畏兀儿归附蒙古

成吉思汗建国后，就开始向邻国发动掠夺吞并战争。畏兀儿是突厥语系中文化比较发达的一个古老民族。唐朝时称回纥、回鹘，曾在蒙古高原建立过回鹘汗国，后被黠戛斯击败，开始西迁。其中有一支迁到今新疆吐鲁番盆地一带，到10世纪末期时，地域已扩大到西抵葱岭，东达甘（今甘肃张掖）、肃（今甘肃酒泉）二州，北界天山，南越戈壁，并建立了高昌回鹘政权。其都城在高昌（今新疆吐鲁番东），或称"哈拉和卓"，其首领称"亦都护"。12世纪初西辽建立后，畏兀儿臣属于西辽，西辽于畏兀儿境内设立了一个专门监管畏兀儿事务的官员——少监。

成吉思汗称汗后，虽然统一了蒙古各部，但是蔑儿乞部的首领脱黑脱阿和他的两个儿子——忽秃、赤老温，乃蛮部塔阳汗的儿子古出鲁克，依然盘踞在也儿的石河（今额尔齐斯河）。1208年，成吉思汗命速不台和者别分别追袭脱黑脱阿和古出鲁克。结果，脱黑脱阿战死，其子率残部逃奔畏兀儿，当时畏兀儿的亦都护叫巴而术阿而忒的斤，没有收容他们，并把他们打败后驱逐走了，又派人向成吉思汗通好。1209年，巴而术阿而忒的斤不满西辽少监的横征暴敛，杀了西辽少监，并于1210年遣使投顺成吉思汗。这样，蒙古国的统治扩大到了畏兀儿。

蒙古灭西辽

西辽是契丹贵族耶律大石建立的。1124年契丹族建立的辽王朝在各族人民反抗斗争的冲击下，在女真军队的打击下，正处于灭亡的前夕。这时辽宗室耶律大石自立为王，率其部众西迁，在我国今天的新疆西部及中亚一带建立了政权，历史上称为西辽，也称"黑契丹""哈剌契丹"，其都城在虎思斡耳朵（今吉尔吉斯托克马克以东楚河南岸）。西辽建立后不久便控制了畏兀儿，战败了中亚大国花剌子模，势力扩展到巴尔喀什湖以西的两河流域，成为中亚地区势力强大的政权。

古出鲁克被畏兀儿打败后逃奔到西辽。他利用西辽大汗直鲁古的昏庸无能，夺取了西辽汗位。古出鲁克统治下的西辽，阶级矛盾、民族矛盾、宗教矛盾都十分尖锐，政权是极不稳固的。1218 年，成吉思汗命者别率 2 万人进军西辽，讨伐古出鲁克。者别利用西辽境内的民族矛盾和宗教矛盾，宣布信教自由，并保证对居民不干涉，立即赢得了广大回教徒的支持，他们纷纷起来杀掉住在老百姓家里的古出鲁克的兵士，使蒙古军队很快就占领了西辽都城，古出鲁克仓皇出逃，者别追至撒里黑昆地面（今新疆喀什附近），擒杀了古出鲁克，西辽终于被蒙古军队征服。西辽的灭亡为蒙古军队的西征扫除了障碍。

蒙古灭西夏

成吉思汗建国后，就开始向邻国发动掠夺战争。首先，他利用蒙古族和金人的民族矛盾，决意对金发动战争。为了扫除进兵金国的障碍，成吉思汗先进兵西夏。他以王罕长子逃入西夏为借口，向西夏兴师问罪。1205 年、1207 年、1209 年 3 次进攻西夏，俘掠西夏人和牲畜。1209 年又包围中兴府（今宁夏银川市），迫使西夏主纳女贡赋，订立城下之盟。西夏既降，蒙古又挥师西进南下。至 1226 年秋，成吉思汗以西夏拒绝征调及与金缔结和约为借口再次进攻西夏，攻陷甘（今张掖）、凉（今武威）、肃（今酒泉）、灵（今灵武）等州，在灵州附近的黄河边歼灭西夏军队主力，进围中兴府（今银川）。1227 年西夏主李睍请降，要求宽限一月献城。成吉思汗未及看到西夏献城，于同年七月病死在六盘山南清水县，享年 66 岁。蒙古军秘不发丧，当西夏主来降时，诸将按成吉思汗遗命将他处死，西夏灭亡。

蒙宋联合灭金

1209 年西夏投降，蒙古便全力向金朝进攻。从 1211 年起，先后攻取抚州（今河北张北）、宣德府（今河北宣化）、东京（今辽宁辽阳）和河北、河东（今山西一带）、山东诸州县。1214 年进围中都燕京，金宣宗完颜珣献公主和金帛求和，成吉思汗接受和议退兵。因燕京残破，金帝便迁都南京汴梁。成吉思汗认为金朝迁都是缓兵之计，企图东山再起，遂再次南征，1215 年攻下中都，1217 年占领黄河以北地区，前锋直达开封西 12 里的杏花营。由于遭到金军的顽强抵抗，又闻西北发生纠纷（即花刺子模杀害蒙古商队和使臣），成吉思汗便命木华黎为太师国王，全权处理燕云新占领区的军政事务，自率大军西征。成吉思汗西征归来后进攻西夏，在灭西夏前病逝，由幼子拖雷监国。1229 年窝阔台即大汗位，史称太宗。窝阔台曾遵照成吉思汗遗言，遣使入宋，相约夹攻金国，灭金后河南之地归宋。1231 年窝阔台在官山（今内蒙古卓资北）与诸王议定分兵 3 路南下伐金，1232 年初蒙古军会师汴京城下，窝阔台和拖雷北还，留速不台领兵围汴，虽久攻不克，但汴京粮尽援绝，金哀宗弃汴京出奔归德（今河南商丘），1233 年初汴京降蒙。蒙古军追围归德，金哀宗又逃至蔡州（今河南汝南），并急派使臣向南宋求援，但南宋置之不理，反与蒙相约夹攻蔡州，并商定灭金后，由宋收复三京（洛阳、汴京、归德）。冬十月宋将孟珙自襄阳提兵北上，攻取唐、邓二州，十一月与蒙军会师于蔡州。1234 年初月，宋军攻破蔡州南门，招蒙古军入城，金哀宗自杀，金朝在北方的统治至此结束，历 150 年。

蒙古进攻南宋和统一吐蕃、大理

蒙宋联合灭金后，蒙古却没有实现将河南地归宋的诺言，反而迫使宋朝将陈州、蔡州西北的大片土地归蒙古占有。蒙宋开始对峙。历史又开始重演了：100 多年前，当女真进攻辽朝时，约北宋联合灭辽，结果辽被灭后女真大举进攻北宋；现在蒙宋联合灭金后，蒙古又大举进攻南宋。

这时的南宋政权已经腐朽到了极点。宋理宗赵昀在位达 40 年（1225—1264 年）之久。他重用丁大全、贾似道等奸臣，面对强大的敌人，不仅不加强国防，坚决抵抗，反而过着纸醉金迷的腐朽生活，对蒙古进攻束手无策，和战不定，把希望寄托在委曲求和、敌人自动退兵上。

金朝灭亡后，蒙古主力军北还，河南处于空虚状态，南宋乘机出兵，企图收复洛阳（南京）、汴京（东京）、归德（南京）三京和河南其他地方。1234 年夏，宋理宗赵昀命全子才等出兵汴京，汴京蒙古守将杀长官崔立降宋，宋将赵葵自滁州（今安徽滁县）取泗州（今江苏盱眙北），至汴京会师。七月，宋兵入洛阳，洛阳近乎一座空城，宋兵军饷无着。蒙古闻讯后派军南下，包围洛阳，双方交战后宋军虽然未败，却因严重缺粮，只好弃城而归。在汴京的宋军，也因朝廷不供应粮饷，无法坚守，在蒙古军决黄河水淹城后，也只好退走了。

1234 年底，王楫再次使宋，责怪南宋破坏协议。

1235 年初，窝阔台大举进攻南宋。蒙古军队分兵 3 路：西路由窝阔台次子阔端等率领攻取四川；中路由窝阔台第三子阔出等率领，进犯汉水流域和长江中下游；东路由宗王口温不花等率领入侵江淮。

1235 年秋，阔端率领的西路军到达巩昌（今甘肃陇西），原金守将汪世显投降。又攻下沔州（今甘肃略阳）。1236 年秋，蒙古军入蜀，大败宋军，占领成都、利州、潼川三路 20 余州。阔端大肆掳掠后，于 1237 年初返回陕西。宋军于 1238 年收复成都。

1236 年春，阔出率领的中路军，进攻郢州（今湖北钟祥）。四月，襄阳宋将叛降蒙古。十月，阔出在进攻江陵（今湖北江陵）时死去。

口温不花、察罕等率领东路军，先于 1235 年攻唐州（今河南唐河），不胜。1236 年冬，口温不花入淮西蕲（今湖北蕲春）、舒（今安徽舒城）、光（今河南潢川）3 州，进攻黄州（今湖北黄冈）、庐州（今安徽合肥）等地。1237 年，宋命孟珙往援。

1238 年，宋以孟珙为荆湖制置使，收复荆、襄。孟珙连战皆捷，复信阳、光化、襄阳、樊城，荆襄形势扭转。蒙宋双方曾互派使臣，但未达成协议。1241 年窝阔台死，蒙宋战争暂时休止。

蒙古军退后，南宋开始在四川部署防御。孟珙、余玠等先后主持屯田积粮，立寨筑城等，卓有成效。特别是合州（今四川合川）钓鱼山城的修筑，为日后击退蒙古军的进攻做好了准备。

1251 年，蒙哥即大汗位，开始作进攻南宋的新的部署。由于四川宋军防守严密，蒙古军队不敢轻易进攻。因而采取了绕道吐蕃，进攻云南的大理，然后南北合兵进攻南宋的战略。1252 年蒙哥弟忽必烈、老将速不台子兀良哈台奉命出征。1253 年秋，忽必烈取道吐蕃向大理进发。当时吐蕃正处于四分五裂的状态下，蒙古强大起来后，还在灭西夏之前，有的吐蕃地方势力就已向蒙古表示臣服。后来，窝阔台派阔端和掌握吐蕃地方实权的萨斯迦派宗教首领萨迦班智达在凉州达成协议，吐蕃正式接受蒙古大汗规定的各项制度。忽必烈入藏后，击败了反抗的吐蕃军队，吐蕃归于统一。

1253 年，忽必烈和兀良哈台率军进入大理境，在金沙江附近降服了大理以北的么些蛮各部，酋长唆火脱因、塔里马等投降。忽必烈遣使入大理招降，使臣被杀。大理是五代后晋天福二年（937 年）白蛮首领段思平所建，辖今云南全境及四川西南境，当时的国王是段兴智，大权操于高祥、高和兄弟之手，忽必烈的使臣就是被高祥杀死的。1253 年底，忽必烈攻占大理城，段兴智逃奔善阐（今云南昆明），高祥逃奔姚州（今云南姚安），蒙古军追至姚州，杀高祥。忽必烈留兀良哈台继续平定大理国境的未征服各部，自己返回蒙古。兀良哈台攻占善阐，获段兴智。自 1254 年至 1256 年，兀良哈台先后平定了乌蛮、白蛮、罗罗、金齿、白衣等部，大理国 8 府 4 郡内附。

1258 年初，蒙哥再次发动 3 路大军进攻南宋。他自率主力军进入四川；命忽必烈攻打鄂州（今湖北武昌）；又命兀良哈台从云南北上攻潭州（今湖南湘潭），然后在鄂州与忽必烈会师。准备 3 路军会师后同时东进，直抵临安，灭亡南宋。

蒙哥先派纽璘占领成都，自率大军攻下利州（今四川广元）及其附近地方，然后沿嘉陵江南下，准备进攻重庆。1258 年底，蒙古军到达合州。合州在嘉陵江东岸，地势险要，是重庆的北边门户。合州宋将王坚调集 17 万人增筑钓鱼城御敌，军民抗蒙情绪高涨。1259 年春，蒙宋双方在合州及其周围展开了激烈的攻守战，蒙军始终未能攻破钓鱼城。入夏后，天气炎热，疾病流行，被阻在合州城外的蒙古军病倒很多。随后，蒙哥等率大军攻城，宋军发炮石，蒙哥被击中负重伤，回营后终因伤势严重，死于军中。大汗一死，蒙古军只好撤退。

忽必烈一路于 1259 年渡淮河，入大胜关，抵黄陂（今湖北黄陂北），向鄂州推进。九月，蒙哥死讯传来，忽必烈企图攻下鄂州后再北上夺取汗位，因而攻城更加激烈。由于南宋援兵来到，忽必烈一直未能得手。十二月，在汉阳声援鄂州的南宋右丞相兼枢密使贾似道向忽必烈求和。这时，忽必烈已得知其弟阿里不哥准备在和林（今蒙古人民共和国乌兰巴托西南）即大汗位，于是便采纳谋臣郝经计，匆匆与贾似道签订密约：双方以长江为界，南宋每年献银 20 万两、绢 20 万匹给蒙古。然后，急速撤兵北上争夺汗位。

兀良哈台一支军队到达潭州后，因南宋军民奋战抵抗，未能攻下，兀良哈台便绕道北上与忽必烈会师。

成吉思汗西征

蒙古军队在中国境内展开军事活动的同时，还交替着向西方的 3 次远征，在欧亚大陆横冲直撞，掠取土地，扩大版图。成吉思汗灭乃蛮部后，乃蛮王子逃奔西辽，成吉思汗于 1218 年攻灭西辽，国土与中亚大国花剌子模接壤。1219 年，成吉思汗以花剌子模杀害蒙古使臣和商人为借口，统兵 15 万，进攻花剌子模，开始了第一次西征。蒙古军包围了花剌子模的新都撒麻耳尔（今乌兹别克撒马尔罕），国王和王子兵败逃走，成吉思汗命诸将穷追，先后占领中亚、伊朗和阿富汗的大片领土。又派大军北越太和山进入欧洲，1223 年在今乌克兰境内迦勒迦河大败南俄和钦察人的联军。不久凯旋东归，途中又收降里海、咸海间的康里国。

长子西征和钦察汗国的建立

第二次西征是由俄罗斯诸侯和钦察汗人的反抗引起的。成吉思汗死后，其子窝阔台继位。窝阔台于 1235 年以拔都（成吉思汗长孙）为统帅，领兵 10 余万再次西征，1236 年至 1241 年间，在伏尔加河中游击溃了不里阿耳部（今保加利亚）、平定钦察（今黑海北），占领俄罗斯，分兵进入勃烈儿（今波兰）和马扎儿（今匈牙利）、捷克和奥地利等地，蒙古军在里格尼茨（今波兰西部）一役，大败勃烈儿、捏迷思（今德意志）联军，欧洲震动。西征军在 1242 年因窝阔台去世而东返，留驻在也的里河下游。1243 年拔都在钦察草原建钦察汗国。

旭烈兀西征和伊利汗国的建立

第三次西征的主要目标是征服波斯地区。1251 年，蒙哥即位，以其弟旭烈兀为统帅，于 1253 年开始西征。1256 年攻灭木剌夷（今伊朗境内），1258 年攻陷今伊拉克巴格达，杀末代哈里发，又灭黑衣大食（阿拉伯帝国阿拔斯王朝）；1259 年分兵进入叙利亚首都大马士革等地。后闻蒙哥卒于四川，旭烈兀退回波斯，建立伊利汗国。

蒙古西征的结果是占领了欧亚大陆的大片领土，并逐渐形成地处俄罗斯等地的钦察汗国，从中亚到天山南北路的察合台汗国，阿尔泰山地区的窝阔台汗国，波斯等地的伊利汗国。这四大汗国名义上是元朝的藩属，但伊利汗国和钦察汗国都是独立的，而它们较长时期同元朝关系友好，使节往来频繁，东西驿路畅通，对经济文化交流起了促进作用。

侵略高丽的战争

成吉思汗向外扩张时，高丽由王氏所统治。1216 年契丹人金山、元帅六哥因不满蒙古的统治，率 9 万人进入高丽。1217 年金山等攻占江东城作为据点，金山自称辽东王。不久，统古杀金山，喊舍又杀统古。1218 年，成吉思汗借口讨伐契丹人，遣哈只吉、札剌等侵入高丽，与高丽军合作攻破江东城，喊舍自杀。高丽王王皞称臣，并纳贡财物。1224 年，由于蒙古使臣被高丽人所杀，两国关系开始恶化。

1231 年，窝阔台命撒礼塔率军进攻高丽，华裔高丽人洪福源投降，并协同蒙古军攻克许多州郡。王皞被迫投降。撒礼塔在高丽安插京、府、县达鲁花赤 72 人实行监督。

1232 年，高丽爆发了大规模的反蒙斗争。王皞杀蒙古达鲁花赤，倾朝徙居江华岛抗敌。蒙古再派撒礼塔前往镇压，为高丽军击毙，高丽军收复西京（今平壤）等地。从 1233—1241 年，蒙古虽多次派军联合洪福源入侵高丽，但王皞却始终没有投降。

1241 年，王皞派族子王皞入质。贵曲、蒙哥统治时期，又以"岁贡不入"为由，4 次派兵入侵，对高丽人民进行残酷的屠杀，迫使王璬又派子王倎入朝。直到忽必烈上台后，两国关系方有好转。当时王皞已死，子王倎继位，蒙古以高丽"永为东藩"，令其每岁入贡。两国使臣和商旅往来频繁，经济和文化联系也很密切。

大蒙古国的建立

在诸部争战中，蒙古乞颜氏贵族铁木真的势力逐渐壮大。12 世纪末至 13 世纪初，他无依靠克烈部首领王汗的支持，打败蔑里乞部，又相继消灭了蒙古部内强大的主儿乞氏（jiurkid）和泰赤乌氏贵族，击溃以札答阑（jakaran）

部首领札木合为首的各部贵族联盟，乘胜灭塔塔儿，降服弘吉剌诸部。1203年，又出奇兵攻灭王汗，尽取克烈部众。这时，漠南汪古部首领也遣使献降。1204年，铁木真举兵攻灭乃蛮太阳汗部，又先后兼并了蔑里乞残部和乃蛮不欲鲁汗部，完成了蒙古高原的统一。

1206年，蒙古贵族在斡难河源举行忽里台，奉铁木真为大汗，尊号成吉思汗。成吉思汗将全蒙古游牧民统一编组为数十个千户。《元朝秘史》记载最初编组的千户数为95个，但其中包括了一些后来组成的千户，分授共同建国的贵戚、功臣，任命他们为千户那颜，使其世袭管领，并划定其牧地范围。千户既是军事组织单位，又是地方行政单位。成吉思汗又命大将木华黎为左手万户，统领东画直到哈剌温只敦（今大兴安岭）的各千户军队；博尔术为右手万户，统领西面直到按台山的各千户军队；纳牙阿为中军万户。万户是最高统兵官。成吉思汗将原来的护卫军扩充为1万人，包括1000宿卫、1000箭筒士、8000散班，从各千户、百户、十户那颜和白身人子弟中选身体健壮、有技能者充当。护卫军职责是保卫大汗金帐和跟随大汗出征。平时分4队轮番入值，因此总称四怯薛，由"四杰"博尔术、博尔忽、木华黎、赤老温4家子弟任四怯薛之长。大汗直接掌握这一支最强悍的军队，足以"制轻重之势"，控御在外的诸王和那颜。又设了"治政刑"的札鲁忽赤（断事官）一职，掌管民户分配和审断案件，命养弟失吉忽秃忽担任，这是蒙古国的最高行政官。千户制、怯薛制和断事官的设置，是蒙古国初建时最重要的三项制度。按照传统的分配财产习惯，成吉思汗将一部分蒙古民户分封给其弟、子，各得一分子（忽必），后来又划分了诸弟和诸子的封地。弟搠只哈撒儿封地在也里古纳河（今额尔古纳河）、海剌儿河和阔连海子（今内蒙古呼伦湖）地区，合赤温封地在兀鲁灰河（今内蒙古东乌珠穆沁旗乌拉根果勒）南北，铁木哥斡赤斤封地在哈勒哈河以东，别里古台封地在怯绿连河（今古鲁伦河）中游，总称东道诸王；子术赤、察合台、窝阔台封地在按台山以西，总称西道诸王。分民和封地均由受封宗王世代承袭。管辖分民的千户那颜即成为所属宗王的家臣。大部分民户和蒙古中心地区归成吉思汗领有，按照传统的幼子守产习惯，由幼子拖雷继承，蒙古人原来没有文字，蒙古高原西部的乃蛮人使用畏兀儿文。蒙古灭乃蛮后，即借用畏兀儿字母书写蒙古语，从此有了蒙古文，用来发布命令、登记户口、记录所断案件和编集法律文书，使蒙古人的文化大大提高了一步。蒙古人原有许多从古代相传下来的约孙（意为道理、体例），成吉思汗灭克烈部和建国以后，又相继发布了一系列札撒（意为法令）。1219年，成吉思汗召集大会，重新确定了札撒、约孙和他历年的训言，命用蒙古文记录成卷，名为《大札撒》。其后每代大汗即位或处理重大问题，都必须依例诵读《大札撒》条文，以表示遵行祖制。

成吉思汗建国以后，就开始向邻境发动掠夺性战争。1205 年、1207 年和 1209 年 3 次攻入西夏，迫使夏国称臣纳贡。西夏既降，接着全力攻打金朝。1211 年，成吉思汗统兵攻入金西北路边墙，取昌州（今内蒙古太仆寺旗九连城）、桓州（今内蒙古正蓝旗北郊）、抚州（今河北张北）等山后诸州，于野狐岭（今河北万全西北）北击溃金 30 万守军，追至浍河堡，歼其大半。1213 年，于怀来再灭金军精锐。因居庸关防守坚固，成吉思汗采用迂回战术，率主力从紫荆口入关，进围中都（今北京）。同年，分兵 3 道南下，破黄河以北数十州县，大肆杀掠。1214 年，金宣宗献公主、金帛请和，乃退驻鱼儿泺（今内蒙古克什克腾旗达里诺尔）。金宣宗南迁汴京（今河南开封），驻守中都南的乣军叛金降蒙，蒙古军再入。1215 年，攻占中都，置达鲁花赤等官镇守，成吉思汗退回漠北。1217 年，封木华黎为太师国王。命统汪古、弘吉刺、亦乞列思、忙兀、兀鲁诸部军以及投降的契丹、女真、汉诸军，专责经略中原汉地。木华黎逐渐改变以前肆行杀掠、得地不守的做法，着重招降和利用汉族地主武装攻城略地。自 1217—1229 年，除先已归降的永清土豪史秉直父子兄弟等外，易州（今河北易县）张柔、东平严实、济南张荣、益都李全等地方武装头目相继降蒙，两河、山东大部分地区为蒙古所占。蒙古对各地归降的官僚、军阀，多沿用金朝官称，授以元帅、行省等官衔，使世袭其职，在其所献地继续统军管民，称为世侯。

1217—1218 年，蒙古相继征服北境的火里（Qori）、秃麻（Tumat）诸部（今贝加尔湖地区）、吉利吉思及其他森林部落，攻灭被乃蛮贵族屈出律所篡夺的西辽政权。1219 年，以花刺子模（Khwāream）杀害蒙古商队和使臣为理由，成吉思汗亲统大军西征，分兵攻下诸城，进围其新都撒麻耳干（今乌兹别克撒马尔罕）。花刺子模国王摩诃末先已弃城逃亡，成吉思汗遣哲别、速不台率军追赶，摩诃末避入宽田吉思海（今里海）中岛上，病死。1221 年，术赤、察合台、窝阔台攻克花刺子模旧都玉龙杰赤（今土库曼斯坦库尼亚乌尔根奇）；成吉思汗与幼子拖雷分兵攻取呼罗珊（今阿姆河以南兴都库什山脉以北地区）诸城，继而会师击溃花刺子模新王札阑丁的军队于印度河上，札阑丁退入印度。1223 年，成吉思汗置达鲁花赤等官镇守撒麻耳干，率军回蒙古。哲别、速不台军在抄掠波斯各地后，越过太和岭（今高加索山），攻入钦察（Qibôaq），1223 年，于阿里吉河（今乌克兰日丹诺夫市北）战役中击溃斡罗思（Oros=Ros）诸国王公与钦察汗的联军，进掠斡罗思南境，又转攻也的里河（今俄罗斯伏尔加河的突厥名，又译亦的勒）上的不里阿耳（Rulyar）国，然后东返蒙古。

1226 年，成吉思汗又出兵攻西夏，连取肃（今甘肃酒泉）、甘（今甘肃张掖）等州，于灵州（今宁夏灵武西南）附近黄河边歼灭西夏主力，进围中兴府（今宁夏银川）。1227年，西夏国主李睍投降。同年七月。成吉思汗病逝军中，幼子拖雷监国。

征夏与伐金

新建的大蒙古国南面邻接两个国家：东为女真族建立的金，西为党项族建立的夏，两个都是多民族国家。金朝建于1115年，1125年灭辽，1126年灭北宋，1153年迁都燕京（今北京），后称中都。金世宗统治时期（1161—1189年）是金的全盛期，当时它领有今天的黑龙江、吉林、辽宁、河北、河南、山东、山西7省之地以及内蒙古、陕西、甘肃的一部分，南与南宋隔淮相望，西邻西夏，北抵外兴安岭，东至于海，人口逾5000万，是个文化、经济相当发展的大国。夏国建于1038年，本名大夏，宋人称它为西夏，又称唐古、唐兀、河西。其地包括今宁夏回族自治区全部、甘肃省大部、陕西省北部以及青海、内蒙古的部分地区。到13世纪初，西夏已立国160余年，先后与宋、辽、金等国并存，与它们时战时和。西夏国家虽小，人口最多时不过300万，但能利用宋辽或宋金的矛盾以自保，经济、文化也有一定的发展。这就是金、夏两国的基本情况，成吉思汗在决定大规模南侵以前，必定对它们作了了解和比较。论关系，金与蒙古有旧仇，在历史上金一直利用塔塔儿部牵制和削弱蒙古高原各部，也直接派兵攻打过他们。成吉思汗的曾祖父杀过金的使臣，金朝杀过俺巴孩汗，成吉思汗的叔祖忽图剌汗曾率军攻金。成吉思汗本人虽在1196年接受了金的封号，其后每年还向金进贡，但祖先的仇恨并未忘记，他也不能长久忍受称臣进贡的地位。可是金是大国，不能轻易侵犯，与金相比，西夏要小得多，故而西夏成了首先掠取的目标。1207年秋，成吉思汗借口西夏不肯纳贡称臣，再次出兵征夏。

1205年那次抄略，曾使夏国感到震惊。夏桓宗在蒙军撤出后下令修复遭受破坏的城堡，大赦境内，改都城兴庆府（今宁夏银川市）为中兴府。有的史书记载，这年冬天西夏还主动派兵往击蒙军，行数日，不遇而还。次年，西夏王室内讧，桓宗弟李安全废桓宗自立，是为襄宗。蒙军再侵西夏，破斡罗孩城，四出劫掠，襄宗集右厢诸路兵抵御。蒙军见西夏兵势尚盛，不敢冒进，于第二年春季退还。

1209年春，蒙古军在成吉思汗的亲自率领下，第三次南征西夏。四月，陷兀剌海城。七月，蒙军进逼中兴府外围克夷门，襄宗增派嵬名令公率兵5万抵御。相持两月，夏军防备渐松，蒙军设伏擒嵬名令公，破克夷门，进围中兴府，引河水灌城。襄宗自即位以来一直与金交好，纳贡称臣，受金册封；此刻中兴府危急，一面坚守，一面遣使向金乞援。金朝群臣普遍主张出兵援夏，以为西夏若亡蒙古必来攻金。然而即位不久的卫绍王却说："敌人相攻，吾国之福，何患焉？"拒不出兵。十二月，眼看中兴府城墙行将倒塌，外堤突然决口，河水四溢，淹及蒙古军营，蒙军只好撤围。成吉思汗遣讹答为使入城谈判，迫襄宗纳女称臣。西夏既服，成吉思汗便集中力量准备攻金。

1211 年春，成吉思汗以替祖先复仇为名，誓师伐金。从这年到 1215 年，他连续 5 年亲自率兵南下，取得一系列胜利。

第一年，蒙军兵分两路，越过金的边防。一路由成吉思汗本人统领，者别为先锋，攻破金西北路边墙乌沙堡，进陷昌州（今内蒙古太仆寺旗西南）、桓州（今内蒙古正蓝旗北）、抚州（今河北张北），继续南下。金以 30 万（一说 40 万）大军守野狐岭（今河北万全膳房堡北），凭险抵御，被成吉思汗一举击溃，金军精锐丧失殆尽，遗尸蔽野。九月，蒙军前锋突入居庸关，攻中都，金人坚守，不克而还。另一路蒙军由成吉思汗长子术赤、次子察合台、三子窝阔台率领，以汪古部首领阿剌兀思剔吉忽里为向导，入金西南路，攻取净（今内蒙古四子王旗西北）、丰（今内蒙古呼和浩特东白塔镇）、云内（今内蒙古托克托县东北古城）、东胜（今托克托县）、武（今山西五寨县北）、朔（今山西朔县）等州，大肆抄掠后离去。《金史》记载，这一年"德兴府、弘州、昌平、怀来、缙山、丰润、密云、抚宁、集宁，东过平、滦，南至清、沧，由临潢过辽河，西南至忻、代"，一时均陷于蒙军。

第二年，蒙军继续骚扰上年侵掠过的许多地区。成吉思汗攻取山后一些州府，进围西京（今山西大同）；因中流矢，撤退。者别攻入东京（今辽宁辽阳），大掠而还。

第三年秋，成吉思汗领大军再越野狐岭，重陷宣德、德兴诸城，在怀来重创金军，追至居庸关北口。金兵坚守居庸，成吉思汗留部分军队继续攻打，自率主力由紫荆口（今河北易县西）入关，败金兵于五回岭，拔涿（今河北涿州市）、易二州。不久，者别攻取居庸关，进逼中都。蒙军兵分 3 路：术赤、察合台、窝阔台为右军，循太行山而南，掠河东南、北诸州府；成吉思汗弟哈撒儿等为左军，东取蓟（今天津蓟州区）、平（今河北卢龙）、滦（今河北滦县）、辽西诸州；成吉思汗与幼子拖雷为中军，取河北东路、大名及山东东、西路诸地。木华黎领一军攻陷密州（今山东诸城），屠其城。《元史·太祖纪》称："是岁，河北郡县尽拔，唯中都、通、顺、真定、清、沃、大名、东平、德、邳、海州十一城不下。"

1214 年（金宣宗贞祐二年）春，成吉思汗会诸路军将于中都北郊，以退兵为由，派使臣向金朝索取贡献。金宣宗遣使求和，进献卫绍王女岐国公主（成吉思汗纳为第四妻）及童男女、金帛、马匹，并派丞相完颜福兴送成吉思汗出居庸关。五月，宣宗见河北、山东州府多已残毁，恐蒙军再来，即以完颜福兴和参政抹撚尽忠辅助太子守忠留守中都，自率宗室迁都南京开封府（今河南开封），史称"贞祐南迁"。六月，驻于中都南面的金糺军斫答等哗变，杀其主帅，投降蒙古。成吉思汗得知上述情况，派大将三摸合和金降将、契丹人石抹明安率兵与斫答等共围中都。金太子守忠立即逃往南京。十月，木华黎征辽东，收降高州卢琮、锦州张锦等。

1215 年春，蒙军陆续收降中都附近州县金朝将官，击败前来救援中都的金军。五月，完颜福兴眼看中都解围无望，服毒自杀，抹撚尽忠弃城出逃。蒙军遂入中都。成吉思汗当时在桓州凉泾避暑，闻报后命石抹明安镇守中都，遣失吉忽秃忽等登录中都帑藏，悉载以去。

金由 1115 年建国，至 1215 年中都失陷，正好 100 年。它以一个中原大国，竟在 5 年时间里被建国未久的成吉思汗打得落花流水，必有它自身虚弱的原因。历史学家们举出过许多原因，有民族矛盾、阶级矛盾、统治阶级内部矛盾、猛安谋克丧失战斗力、经济衰敝，等等。这些原因都存在，但仍难解释的是，就在成吉思汗攻金前四五年，金朝还从容打败了南宋韩侂胄的北伐军队，在中都失陷以后又能同蒙古周旋近 20 年，何以在蒙军来侵初期了无招架之功？这个问题尚待做深入细致的研究。

对蒙古将士来讲，伐金的 5 年就是恣意掠夺的 5 年。他们攻城略地，但没有久驻的念头，至少在前 4 年里成吉思汗还没有打算把蒙古兀鲁思扩展到中原地区。蒙古军每得一地，都大肆烧杀掳掠。然后把他们掠得的财物、牲畜、人口席卷而走，最终弄到塞北。当时金、夏的统治者已深受汉族儒家文化影响，他们的军队无论进行什么样的战争，都还需要找一些理由，把自己扮成王者之师、仁义之师。成吉思汗的军队根本不管也不懂这些，他们只是赤裸裸地一味抢劫，并且从大汗到士兵各有一份。史籍记载："其国平时无赏，惟用兵战胜，则赏以马或金银牌或纻丝段，陷城则纵其掳掠子女玉帛。掳掠之前后，视其功之等差，前者插箭于门，则后者不敢入"（彭大雅撰、徐霆疏：《黑鞑事略》，《王国维遗书》本）；"凡破城守，有所得，则以分数均之，自上及下，虽多寡每留一分为成吉思皇帝献。余物皆敷表有差。宰相等在于朝漠不临戎者，亦有其数焉"（赵珙：《蒙鞑备录》、《王国维遗书》本）。这样的军队最残暴，造成的破坏最大。"自贞祐元年（1213 年）冬十一月至二年春正月，凡破九十余郡，所至无不残灭，两河、山东数千里，人民杀戮者几尽，所有金帛、子女、牛羊马畜皆席卷而去，其焚毁室庐，而城郭亦丘墟矣"（李心传：《建炎以来朝野杂记》乙集卷二十，《鞑靼款塞》，文津阁《四库全书》本）。汉族理学家刘因记述了保州（今河北保定）被屠的情形："贞祐元年十二月十七日（1214 年 1 月 29 日）保州陷，尽驱居民出。……是夕下令：老者杀。卒闻命，以杀为嬉。……后二日，令再下，无老幼尽杀"（《孝子田君墓表》，《静修先生文集》卷四，《四部丛刊》本）。只有工匠可以免死，因为他们对蒙古军队有用。严格地说，这一时期蒙古军队从事的只是抄掠，还不足以称作征服。征服者总要设法守住已征服的地区，而抄掠者总是一走了之，宁可日后再来攻打。只是由于降附蒙古的契丹、女真、西夏和汉族的人物增多了，成吉思汗及其将领通过他们才逐渐懂得征服要比单纯的抄掠更加有利。大约是在攻陷中都以后，成吉思汗开始想到把大蒙古国扩展到中原地区。这年七月，成吉思汗派使臣到开封，晓谕金宣宗献出河北、山东全部地方，放弃帝号，改称河南王。宣宗不从，战争继续下去。据统计，迄至秋末蒙军已攻破城邑862处，但许多州县无人留守，随后有的被金收复，有的被趁乱而起的地方豪强或原金朝将官占据。

1215年冬，成吉思汗留木华黎攻伐辽东、西诸地，自己率蒙军主力返回塞北。1216年，成吉思汗驻于克鲁伦河行宫，《史集》说"他幸福如愿地驻扎在自己的斡耳朵里"。他一边休整，一边注意着远方的战事。这年秋天，三摸合率兵经西夏趋关中，越潼关，进拔汝州（今河南临汝），一度逼近开封。

1217年秋，经过两年的考虑，成吉思汗终于下决心要变金地为大蒙古国的一部分。他封木华黎为太师国王，对木华黎说："太行之北，朕自经略；太行以南，卿其勉之。"赐给誓券、黄金印，要木华黎"子孙传国，世世不绝"。这就是叫木华黎安心专一经略中原，不要再有北归故土的念头。他命木华黎统领汪古、弘吉刺、亦乞列思、兀鲁、忙兀、札刺亦儿等部军和投降过来的契丹、糺、汉诸军，又把自己树建的九尾大旗赐给木华黎。成吉思汗告谕诸将说："木华黎建此旗以出号令，如朕亲临也。"

木华黎少年时代就是成吉思汗的那可儿，勇敢善战，受命后全力以赴。金朝自从南迁，重心移到河南，凭借黄河天险，集中诸路军户，加强防御。木华黎避开中坚，先扫外围，前后分别在东、北、西3方向用兵。1217年，蒙军自燕南攻拔遂城、蠡州、大名（以上在今河北），东取益都、淄、莱、登、潍、密诸州（以上在今山东）。1218年西入河东，攻克太原、忻、代、泽、潞、汾、霍、平阳等州府（以上在今山西）。1219年，克岢岚、石、隰、绛诸州（以上在今山西）。1220年，收降真定（今河北正定）、滏阳（今河北邯郸南），略卫、怀、孟三州（在今河南），东取济南。1221年夏，克东平（今属山东）。同年八月，木华黎驻兵青冢（今内蒙古呼和浩特南，俗称昭君墓），由东胜（今内蒙古托克托）经西夏南下，取葭州（今陕西佳县）、绥德，进围延安，克洛川、鄜州（今陕西富县）。1222年冬，取河中府（今山西永济），渡河拔同州（今陕西大荔）蒲城。趋长安（今西安），不下；西攻凤翔，又不下。1223年，木华黎渡河至闻喜，病卒，年54。临终以未能灭金为憾。

木华黎经略中原6年，正值成吉思汗率大军西征，留给他的兵力有限，故而与金形成相持局面。当时河北、山东地主武装颇多，他们依违于蒙、金之间，互争雄长，常有反复，蒙、金都要争取他们，使战事呈现多元状态。木华黎留意召集契丹、女真、汉族地主武装头目，给他们各种职务，并能听取他们的意见，改变了蒙古军队早先的一些做法。例如，史籍记载，1220年木华黎以史天倪为权知河北西路兵马事，史天倪对木华黎说："今中原已粗定，而所过犹纵抄掠，非王者吊民伐罪意也。且王为天下除暴，岂复效其所为乎！"木华黎称善，"下令敢有擅剽掳者以军法从事，所得老幼咸遣归之，军中肃然"（《元史》卷一四七，《史天倪传》）。这段记载无疑是把事情过分美化了；史天倪究竟是怎样讲的，木华黎能否懂得"王者吊民伐罪"，都是问题。但是，在木华黎时期，蒙军一味杀掠的做法的确有所收敛，并且引起了金朝的注意。金宣宗元光元年（1222年）六月，金晋阳公郭文振向宣宗上奏："河朔受兵有年矣，向皆秋来春去，今已盛暑不回，且不嗜戕杀，恣民耕稼，此殆不可测也"（《金史》卷108，《胥鼎传》）。"不嗜戕杀""恣民耕稼"和"盛暑不回"，反映出此时中原蒙军不再是单纯的抄掠者，它已按照成吉思汗的意图转化为征服者。这一转化对金朝造成更大的威胁，郭文振所谓"殆不可测"，就是这个意思。

木华黎死后，其子孛鲁继为国王。孛鲁按木华黎的方略经营河北、山东，重点依靠降蒙的原汉族地主武装。1226年，宋将、原红袄军领袖李全攻克益都，俘蒙古军元帅、汉人张林，控制了山东东路的大部分地区。秋九月，木华黎弟带孙与严实率兵围益都。冬十二月，孛鲁领兵入齐，派人招降李全。次年四月，益都城中粮尽，李全出降。蒙古一些将领主张杀掉李全，孛鲁则表示应留李全以劝山东未降者，便以李全为山东淮南楚州行省。继而攻克滕州，尽有山东全境。与之同时，成吉思汗率领征西夏大军进入金地，攻破临洮、信都、德顺等府州。金朝眼看两面受敌，形势危急，恰遇成吉思汗病逝，孛鲁北上奔丧，次年病死于漠北，给了金朝喘息的机会。

金宣宗南迁

泰和八年（1208年），金章宗病死，由世宗第七子永济嗣位，是为卫绍王。此时，成吉思汗领导下的蒙古汗国已对金朝形成了严重的威胁。大安三年（1211年）二月，成吉思汗聚兵南下，发动了大规模的侵金战争，腐朽的金王朝在蒙古军队的进攻下不堪一击。九月，参知政事完颜承裕所率数十万金军在会河堡（今河北万全南）一役中几乎全被消灭。蒙古军直达中都城下，卫绍王下令中都戒严，朝廷上有人主张弃城逃跑，但多数臣僚认为应该利用中都坚固的城防死守。卫绍王采纳了守城的建议，一面在城内作防御的准备，一面诏令各地金兵入卫中都。蒙古军屡攻不下，只得于当年年底从中都撤围。

至宁元年（1213年）八月，金右副元帅纥石烈执发动宫廷政变，杀死卫绍王，迎立世宗孙完颜珣入朝即位，是为宣宗。就在这时，蒙古又一次发动了对金朝的进攻，很快进逼居庸关下，而后绕过中都向南突破紫荆关，乘胜攻占涿州（今河北涿州市）和易州（今河北易县），打开了南进中原的大门。从宣宗贞祐元年（1213年）秋到二年（1214年）春，蒙古骑兵几乎踏遍了黄河以北的中原大地，这一地区的金朝州府只有中都、通（今北京通县）、顺（今北京顺义）、真定（今河北正定）、清、沃（今河北赵县）、大名（今河北大名）、东平（今山东东平）、德（今山东德州东南）、邳（今江苏睢宁西北）、海州（今江苏连云港西南）等11城未下，其余全被蒙古军队掳掠一空。贞祐二年二月，蒙古诸军在横扫中原后，又集中到中都城北，金朝派驻居庸关北口的契丹人诒鲁不儿率军投降，蒙古军遂进入居庸关，中都再次被围。三月六日，宣宗派都元帅完颜承晖前去议和，蒙古奴隶主贵族在几年来的对金战争中，一直以掳掠奴隶、财物和牲畜为主，无意于占领金朝的领土，因此成吉思汗同意了金朝的求和，并提出以下要求作为议和条件：金朝向蒙古献纳童男女各500名，绣衣3000件，御马3000匹和大批的金银珠宝，并把卫绍王女岐国公主献给成吉思汗，以表示对蒙古的臣服。金宣宗对这些条件全部接受，和议于是达成，同月，蒙古撤军北退。

蒙古虽然暂时退兵，但还有随时再来的危险，中都两度被围，使得君臣们心有余悸，因此从蒙古撤兵之日起，朝廷内就开始酝酿迁都南京（今河南开封）的意见。元帅左都监完颜弼向宣宗进言说，南京北有黄河可以阻挡蒙古，南有淮水可以抵御宋朝，西有潼关可以对西夏设防，乃是都城的最佳所在。参知政事耿端义也力主南迁，南京留守仆端连上三表，促请宣宗南幸。反对南迁的大臣以左丞相徒单镒和宗室霍王从彝为代表，他们认为，如果放弃中都，河北肯定就守不住了，丢了河北，南京之外再也没有退路。但在四五月间，徒单镒和霍王从彝却突然相继死去，宣宗遂决意南迁。五月十一日，宣宗正式下诏迁都南京，太学生赵昉等400人上书极言利害，反对迁都，宣宗一概不听。十八日，宣宗车驾离开中都。作为金朝都城长达61年的中都终于被放弃了。

宣宗南迁后，命右丞相兼都元帅完颜承晖、左副元帅抹撚尽忠辅太子守忠留守中都。宣宗刚离开中都，驻守涿州一带的以契丹人为主的纠军就起兵反金。完颜承晖派兵到卢沟桥设防，却被乱军偷渡掩袭，金兵大败。纠军叛金后就派使者去向蒙古投降请援，成吉思汗派蒙古军与契丹降将石抹明安等部南下与纠军会合，合力包围中都。七月间，宣宗一听说蒙古军再度南下，就把驻守中都的太子守忠召回南京，这表明朝廷已经无意坚守中都，中都守军因此更加人心惶惶。贞祐三年（1215年）正月，蒙古军已经攻到中都外围，驻守通州的金右副元帅蒲察七斤率军投降，中都形势更加危急。完颜承晖派人向朝廷告急，宣宗派元帅左监军完颜永锡等率河北军增援，但援军一遇蒙古兵就被击溃，完颜承晖本想与左副元帅抹撚尽忠合力死守，不想抹撚尽忠却别有打算，他悄悄与元帅府经历官完颜师姑密谋南逃，承晖知道了这个消息后，就将完颜师姑推出斩首。五月二日，承晖作遗表交付尚书省令史师安石，要师持表去奏报朝廷，随即服毒自杀。当日傍晚，抹撚尽忠弃城南逃，中都失陷于蒙古。

统一畏兀儿和西辽

成吉思汗为了使自己的统治范围进一步扩大，让他的弟兄、儿子们"各分土地，共享富贵"，决定继续向外进行军事行动，降服蒙古境外的相邻政权。这些向外扩张的战争，具有很大的掠夺性和破坏性，暴露了蒙古奴隶主阶级的贪婪本质。

13世纪初蒙古周围的形势大体上是这样的：在它的西部有畏兀儿和西辽，在它的南部有西夏和金朝。成吉思汗在征服畏兀儿和西辽的同时，对西夏和金朝进行了骚扰和掠夺。

畏兀儿是突厥语系中文化比较发达的一个古老民族。唐朝时称回纥、回鹘，曾在蒙古高原建立过回鹘汗国，后被黠戛斯击败，开始西迁。其中有一支迁到今新疆吐鲁番盆地一带，到10世纪末期时，地域已扩大到西抵葱岭、东达甘（今甘肃张掖）、肃（今甘肃酒泉）二州，北界天山，南越戈壁，并建立了高昌回鹘政权。其都城在高昌（今新疆吐鲁番东），或称"哈拉和卓"其首领称"亦都护"。12世纪初西辽建立后，畏兀儿臣属于西辽，西辽于畏兀儿境内设立了一个专门监管畏兀儿事务的官员——少监，他像太上皇一样，为所欲为，骄恣用权，激起了广大畏兀儿人民的极端不满。所以，自从畏兀儿沦为西辽的藩属后，境内的社会矛盾是十分尖锐的，不仅广大畏兀儿人民和西辽统治者之间的矛盾很尖锐，就是畏兀儿统治者与西辽统治者之间的矛盾也很尖锐。

西辽是契丹贵族耶律大石建立的。1124年契丹族建立的辽王朝在各族人民反抗斗争的冲击下，在女真军队的打击下，正处于灭亡的前夕。这时辽宗室耶律大石自立为王，率其部众西迁，在我国今天的新疆西部及中亚一带建立了政权，历史上称为西辽，也称"黑契丹""哈剌契丹"。其都城在虎思斡耳朵（今吉尔吉斯托克马克以东楚河南岸）。西辽建立后不久便控制了畏兀儿，战败了中亚大国花剌子模，势力扩展到巴尔喀什湖以西的两河流域，成为中亚地区势力强大的政权。

成吉思汗称汗后，虽然统一了蒙古各部，但是蔑儿乞部的首领脱黑脱阿和他的两个儿子——忽秃、赤老温，乃蛮部塔阳汗的儿子古出鲁古，依然盘踞在也儿的石河（今额尔齐斯河）。1208年，成吉思汗命速不台和者别分别追袭脱黑脱阿和古出鲁古。结果，脱黑脱阿战死，其子率残部逃奔畏兀儿，当时畏兀儿的亦都护巴而术阿而忒的斤没有收容他们，并把他们打败后驱逐走了，又派人向成吉思汗通好。1209年，巴而术阿而忒的斤不满西辽少监的横征暴敛，杀了西辽少监，并于1210年遣使投顺成吉思汗。这样，蒙古国的统治扩大到畏兀儿。

古出鲁克被畏兀儿打败后逃奔到西辽。当时西辽的大汗叫直鲁古，他是一个昏庸无能、不理政事的统治者。古出鲁克奔西辽后，直鲁古对他毫无警惕，反而将女儿嫁给他，并供应他费用去招徕乃蛮和蔑儿乞残部，使古出鲁克势力渐渐增强起来。古出鲁克为了达到篡夺西辽政权的目的，先是挑起花刺子模与西辽互斗，继而于1211年抓获直鲁古，夺取西辽大汗位。古出鲁克统治下的西辽，阶级矛盾、民族矛盾、宗教矛盾都十分尖锐，政权是极不稳固的。1218年，成吉思汗命者别率两万人进军西辽，讨伐古出鲁克。者别利用西辽境内的民族矛盾和宗教矛盾，宣布信教自由，并保证对居民不干涉，立即赢得了广大回教徒的支持，他们纷纷起来杀掉住在老百姓家里的古出鲁克的兵士，使蒙古军队很快就占领了西辽都城，古出鲁克仓皇出逃，者别追至撒里黑昆地面（今新疆喀什附近），擒杀了古出鲁克，西辽终于被蒙古军队征服。西辽的灭亡为蒙古军队的西征扫除了障碍。

成吉思汗西征

成吉思汗为了确定谁当他的继承人，有一天他把4个儿子叫来。当着成吉思汗的面，术赤和察哈台发生了争执。成吉思汗对他们说："世界广大，江河众多。使你们攻占外国，去各自分配，扩大自己的牧地。"这段话，就是以成吉思汗为首的蒙古奴隶主阶级的哲学：要想富贵，就去抢掠；要想称王，就去攻占外国。这也就是成吉思汗和他的继承者为什么连年累月发动对外战争的原因。

成吉思汗及其继承者对西部的战争，在1218年成吉思汗击败乃蛮的古出鲁克灭亡西辽以前属于国内民族战争，从1219年成吉思汗亲自率军侵入花刺子模开始，则属于向国外的侵略扩张战争。蒙古奴隶主早就闻知花刺子模是一个广袤富饶的国家。这个国家原是阿姆河下游的一个古国，到13世纪初花刺子模沙摩诃末时，已控制今天的中亚地区，阿富汗、伊朗这些地方，都城在玉龙杰赤（今乌兹别克共和国郭耳加纳契），是中亚的一个大国。1218年，有一队400—500个回教人组成的蒙古商队，受成吉思汗委托，带了500只骆驼运载的金银、皮毛、纺织品等到西方去经商。行至花刺子模边境的讹答刺城（今哈萨克共和国境内），该城守将亦纳勒赤黑以为是间谍，将这个商队全部洗劫，商人被杀。成吉思汗得知后即派专使前往交涉，要求交出亦纳勒赤黑，花刺子模沙摩诃末不但拒绝要求，还把成吉思汗的使者杀了。成吉思汗闻讯后，又是震惊，又是愤怒，气得眼泪也淌了下来。他一口气登上附近一座山的山顶上，脱下帽子，跪在地上求老天保佑。不饮不食，祈祷了3天3夜，方始下山。于是便抓住讹答剌事件，发动了对花刺子模的战争。

1219年秋，成吉思汗率20万军队侵入花刺子模。花刺子模虽然拥有40万军队，又有精良的武器和充足的财富，但是这个国家民族复杂，人心不齐，加上摩诃末独断独行，战斗力很弱。蒙古军队首先围攻讹答剌城，但久不能下。成吉思汗留下察哈台、窝阔台攻城，另派术赤率一支军队进攻锡尔河下游的各城镇，派阿剌黑等进攻别纳客忒和忽毡（今列宁阿巴德），自率主力进攻不花剌（今布哈拉）。

1220年年初，成吉思汗到达不花剌。经过3天围城后，守城的将领眼看有城破的危险，无心坚守，只想逃跑，他们乘夜率两万士兵突围。蒙古军毫无准备，只得慌忙撤退。可是，这些一心逃跑的花刺子模将领们不但没有乘势进攻，反而溜之大吉。成吉思汗率军回过头来追击，一直追到阿姆河畔，终于歼灭了这支军队。次日，不花剌投降。城中内堡尚有400士兵坚守，12天后也被消灭。蒙古军队在不花剌掠取所有财物后，把它付之一炬。与此同时，察哈台、窝阔台攻下了讹答剌，为报复杀回族商人之仇，他们大肆杀戮；术赤和阿剌黑军所攻占的城池，也遭到了大屠杀。

接着，成吉思汗进攻花刺子模的新都撒麻耳干（今撒马尔罕）。尽管摩诃末增修了工程浩大的壁垒，调集了波斯、突厥兵4万，还有20只战象，但是腐败的花刺子模统治者毫无抵抗的勇气，初战失利后，城中属于突厥人种的康里人士兵纷纷携眷属及辎重出降，法官、僧侣到成吉思汗军营中商洽投降条件，并开城投降。成吉思汗入城后照样屠杀，连康里士兵也不例外。只留下了3万工匠，把他们押到蒙古军营，分送给蒙古贵族当奴隶。

昏庸无能的摩诃末，眼看自己的城池或被攻破，或不战而降，弄得他神志沮丧，一筹莫展，也不知往哪里逃才好。后来决定采取逃奔哥疾宁（今阿富汗加兹尼）以纠集残兵作抵抗的计划。但是，他的儿子札兰丁坚决反对，力主坚守阿姆河以遏止蒙古兵南下，反而受到摩诃末的训斥。成吉思汗为了生擒摩诃末，派者别和速不台追击。摩诃末只好逃到宽田吉思海（今里海）的一个小岛上，1220年年底月病死在这里，札兰丁继承花刺子模王位。

札兰丁是花刺子模统治集团中抗蒙很坚决的统治者，他坚定勇敢，有计谋。摩诃末死后，札兰丁决心以旧都玉龙杰赤为基地，抗蒙复国。这时成吉思汗已命术赤、察哈台、窝阔台等追来。守卫玉龙杰赤的花刺子模将领贴木儿蔑里，指挥3万士兵英勇地击退了术赤的军队。但是，由于花刺子模统治集团发生内讧，一些将领准备谋杀札兰丁，札兰丁只好带着贴木儿蔑里等300人逃奔呼罗珊（今土库曼斯坦南部、伊朗东北部和阿富汗的西北部一带），在玉龙杰赤的反札兰丁的势力则拥忽马儿为新国王。札兰丁走后，蒙古军进而围攻玉龙杰赤，忽马儿出城投降。但城中军民继续抗战，蒙古军围城6个月付出了极大的伤亡，至1221年破城。城中军民继续巷战，直到最后牺牲为止。蒙古军除将10万工匠遣送蒙古为奴外，居民大部分被杀。最后，蒙古军队引阿姆河水灌城，将玉龙杰赤城变为一片汪洋。与此同时，拖雷的一支蒙古军队攻占了马鲁（今土库曼斯坦马里）。

这时，花剌子模的力量只存下札兰丁的残余部队。札兰丁在呼罗珊避开了蒙古军队的追击，进入哥疾宁，收集余部，图谋反攻。成吉思汗决定亲自率军追击。其先锋在八鲁湾（今阿富汗喀布尔东）与札兰丁军相遇，被击败。但每当胜利的时候，花剌子模统治集团就发生内讧，札兰丁的部将们为争夺战利品发生争执，纷纷离去。蒙古军队再次发起进攻，札兰丁被迫于1221年逃到忻都（今印度），在申河（今印度河）被蒙古军打败。札兰丁弃家室辎重，跃马投入申河，游至对岸。后来在外高加索一带继续与蒙古军队作战。

1223年春，成吉思汗准备进攻印度然后越过雪山（今喜马拉雅山），从土蕃（今西藏）返回蒙古。由于道路崎岖，气候炎热，改由原路退回蒙古。

1220年摩诃末逃跑时，成吉思汗曾派者别、速不台去追赶。现在再讲这支蒙古军队的活动。

者别和速不台一直追到宽田吉思海西岸，然后攻破阿哲儿拜占（今阿塞尔拜疆共和国）各地。阿哲儿拜占的都城在帖必力思（今第比利斯），当时的阿塔卑叫月即伯。蒙古大军压境后，年老而嗜酒的月即伯以货币、衣服、马畜等物赠献蒙古，作赎城费，才免遭劫掠。

1222年年初，蒙古军侵入谷儿只（今格鲁吉亚），击败谷儿只王阔儿吉·剌沙。随即逾越太和岭（今高加索岭），侵入阿兰部（其驻地在今俄罗斯境内）及钦察草原（波罗夫赤草原），迫使钦察人迁至亦的勒（伏尔加河）、涅卜儿（第聂伯河）两河之间，与该地之钦察人联合。钦察人也是突厥人种，已经在这里生活了两个世纪之久。

蒙古军队追击至克里木，占领速答黑城（今萨波罗什）。钦察部的忽滩汗向南斡罗思（俄罗斯）的伽里赤大公密赤思老求援，于是密赤思老联合南斡罗思诸大公，推乞瓦（今基辅）大公罗曼诺维赤为盟主，决定迎击蒙古军于斡罗思境外。

斡罗思和钦察联军虽然人数众多，但缺乏统一指挥，步调不一。1223年夏，联军与蒙古军激战于迦勒迦河（在今乌克兰境内），联军大败，6个斡罗思大公阵亡。罗曼诺维赤乞降，结果斡罗思军全被屠杀。蒙古军长驱直入斡罗思境。这年冬，者别和速不台率军经过现在的哈萨克草原东返，与成吉思汗的主力军会合，经撒马尔罕回到蒙古本土。1225年成吉思汗西征结束。

西征结束后，术赤尚在中亚，不久病死。成吉思汗在中亚各地置达鲁花赤（镇守官），命"回回商人"牙剌瓦赤总督一切军政事宜。后来又改命牙剌瓦赤的儿子马思忽惕代其父职。

窝阔台的统治

1229年，蒙古贵族举行大聚会，遵照成吉思汗遗命推举窝阔台为大汗。窝阔台即位后，决定亲征金朝，遣大将搠里蛮（又译绰儿马罕）往征波斯。时札阑丁已从印度回波斯，花剌子模旧将及各地诸侯奉他为主，据有波斯西部。搠里蛮急速进兵，1230年冬抵阿塞拜疆，札阑丁从都城桃里寺（今伊朗阿塞拜疆大不里士）出奔，次年，为曲儿忒人所杀。搠里蛮军留镇波斯，攻打诸国，谷儿只（格鲁吉亚）、亚美尼亚、鲁迷（小亚细亚的塞尔柱突厥王国）等国先后归附蒙古。搠里蛮死后，由拜住那颜代领其军。

1231年，窝阔台与诸王在官山（今内蒙古卓资北）会议攻金方略，议定分兵3路南下，约次年春会师汴京。窝阔台自统中路军经山西取河中府（今山西永济），由白坡（今河南孟州市西南）渡河，进屯郑州；铁木哥斡赤斤统东路军由济南进兵；拖雷统右翼军，按成吉思汗遗策假道宋汉中地，沿汉水东下，由邓州（今河南邓州市）入金镜。1232年年初，拖雷于钧州（今河南禹县）南三峰山击溃金军，北上与窝阔台会合，攻汴京。三月，窝阔台、拖雷北还，留速不台统兵围汴，久攻不克。同年底，汴京城中粮尽援绝，金哀宗出奔归德（今河南商丘）。次年初，金元帅崔立杀汴京留守，献城投降。蒙古军追围金哀宗于归德，金哀宗又逃往蔡州（今河南汝南）。都元帅塔察儿率蒙古军及汉军万户史天泽等部进围蔡州，并遣王檝出使南宋，约请出兵共同灭金。宋将孟珙自襄阳提兵北上，攻取唐（今河南唐河）、邓两州，抵蔡州，与蒙古军分攻南、北城。1234年年初，城破，金哀宗自杀，金亡。在攻金同时，蒙古还多次发兵入侵高丽。1233年，据有辽东的东真国也为蒙古所灭。

灭金后，蒙古宗王、贵族大会，筹划进兵南宋和远征西域，继续进行征服战争。1235年，窝阔台遣其子阔出统兵攻宋荆襄地区，阔端统兵攻四川，对南宋的战争从此开始。同年，窝阔台又召集大会，定议遣各支宗王长子统兵，出征钦察、斡罗思等国。万户以下各级那颜亦以长子从征；以拔都为西征军统帅，速不台为先锋。1237年，蒙古军灭不里阿耳、钦察，攻入斡罗思。3年之中，蹂躏了大部分斡罗思国土。1241年，拔都分兵两路，侵入孛烈儿（波兰）、马札儿（匈牙利）。蒙古军在思格尼茨（今波兰西部）一役，大败孛烈儿、捏迷思（德意志）联军，欧洲震动。1242 年，拔都闻窝阔台死讯，率军东返，留驻也的里河下游，统治所征服的钦察、斡罗思等地区。

窝阔台在位期间，大蒙古国的政治、经济制度逐步完备。1229 年，制定了蒙古民户的羊马抽分及其他差发制度，限制诸王、那颜任意科取；进一步健全驿站制度，从各千户签调站户当役，规定使臣往来需经由驿路，以免骚扰沿途百姓，乘驿者需持有牌子文字，方许付给驿马、饮食；又命人在沙漠地区掘井，以扩大牧场。1235 年，签调汉族工匠，于斡耳寒河（今蒙古鄂尔浑河）旁建立哈剌和林城郭，作为都城。对所征服的定居农业地区，其统治和剥削方式也作了初步改革。窝阔台即位后，即采纳耶律楚材的建议，在中原汉地实行征税办法，规定"汉民以户计，出赋调"，以耶律楚材主管其事。1230 年，设立十路课税所，专掌征收钱谷。1234 年灭金后，下令检括中原民户，命失吉忽秃忽为中州断事官，主持括户。次年，各路同时编定户口，总数 110 多万户，称为乙未（1235 年）户籍。按照蒙古分封制度，窝阔台将一部分中原州县民户分赐给诸王、贵戚、功臣为食邑，计 70 多万户，其余民户则作为皇室共有财产，直属大汗政府。又采纳耶律楚材建议，规定受封贵族只在分地置达鲁花赤监临，由朝廷设官征赋，按其应得份额颁给。分民每两户出丝一斤纳于政府，每五户出丝一斤纳于受封者，称为五户丝。同时制定了各类人户的丁税、地税以及商、盐诸税之法。在西域地区，实行征收丁税的办法，以花剌子模人牙老瓦赤主管其事，并先后设立了管理河中和呼罗珊等地的行政机构。窝阔台晚年信用回回商人，任命牙老瓦赤为中州断事官，准许富商奥都剌合蛮扑买中原课税，加倍搜括中原人民。1241 年窝阔台去世，皇后乃马真氏称制，政事愈坏，对人民的剥削更加沉重。

从贵由到蒙哥

1246 年，窝阔台长子贵由立为大汗。拔都与贵由不和，借口患病不参加选汗大会。蒙古皇室的内讧开始激化。次年，贵由任命亲信大臣野里知吉带为西征军统帅，授以统辖波斯及其以西诸地的全权。1248 年，贵由亲率护卫军西行，声言到叶密立养病。拖雷妻唆鲁禾帖尼认为贵由此行当是谋攻拔都，秘密遣人向拔都报信。拔都严兵为备。三月，贵由死于横相乙儿之地（今新疆青河东南），皇后斡兀立海迷失摄政。时拔都驻兵于其封地东境，召集诸王会议，推举拖雷长子蒙哥为大汗。察合台、窝阔台两系诸王拒不参加会议，亦不承认其推选有效。次年，蒙哥又于怯绿连河上游成吉思汗大斡耳朵之地召集大会，察合台、窝阔台两系再次抵制，拖延了两年。1215 年，到会的东西道诸王、诸将始定议奉蒙哥即位。窝阔台孙失烈门、脑忽和脱脱3人率其部属密谋来袭，谋泄被捕。蒙哥开始镇压两系政敌，杀斡兀立海迷失及贵由亲信大臣镇海、野里知吉带等，将失烈门等3王发配军前效力。

自窝阔台去世后，蒙古统治集团内部争夺汗位的斗争愈演愈烈，选汗大会一再推延，以致大汗之位两度虚悬约8年。在这期间诸王贵戚各自为政，滥发牌符，遣使四出，征敛珠宝财物。斡脱商人各持令旨，恃势勒索。蒙哥即位后，极力恢复大汗的权威和政令的统一。他下令整饬民政，尽收旧发牌符；加强汉地、中亚和波斯三大行政区的统治机构（汉文史籍称为燕京、别失八里、阿姆河三行尚书省）。又命弟忽必烈总领漠南汉地军国庶事，统兵南征大理、南宋；命弟旭烈兀总领波斯之地，统兵西征未服诸国。1252年起，在全蒙古国范围内重新进行户口登记，编造籍册，并再次分封诸王贵族。

忽必烈受命后，即南驻金莲川（在滦河上源），建立藩府，继续招聘汉族知识分子为谋士，访问治道。他采纳刘秉忠、张文谦、姚枢、史天泽等人的意见，设立邢州安抚司和河南经略司，整顿地方行政，设立屯田。1253年，统兵征大理，以为迂回包抄南宋之计。兵分3路，取道吐蕃之地，过大渡河，抵金沙江，降摩些（纳西族）部。十二月，克大理城，用刘秉忠、姚枢之策，下令禁止杀掠。留兀良合台继续征讨云南诸部，自己班师北归。1254年，在所受京兆分地设立关中宣抚司加以治理。1256年，命刘秉忠于滦河上游选地建城，营造宫室，名为开平。

旭烈兀军于1256年消灭盘踞波斯北部诸山寨的"木剌夷国"（阿拉伯语mulahidah的音译，意为异端者，此指伊斯兰教亦思马因派）。1258年攻陷报达（今伊拉克巴格达），灭回回哈里发（Khalifat，伊斯兰教领袖的称号，阿拉伯语意为继承者。此外指阿拔斯朝）。次年，旭烈兀分兵三路侵入叙利亚。

蒙哥于1257年亲统大军征宋。他自领西路军攻四川，命宗王塔察儿统东路军攻荆襄、两淮。蒙哥见中原诸侯、士人归心忽必烈，关中、河南财赋又多为藩府所得，甚为猜疑，便夺忽必烈兵权，不使领兵出征，并遣大臣阿蓝答儿等到陕西主管政务，钩考关中、河南钱谷，尽罢忽必烈所置宣抚、经略诸司。1258年，蒙哥入川，与原在四川掌管军事的蒙古都元帅纽璘、汉军万户刘黑马、巩昌总帅汪德臣等合兵，沿嘉陵江南下。南宋守臣凭险抵抗。1259年年初，蒙哥率军围合州钓鱼山（今重庆市合川区东），连攻5月不克。

塔察儿所统东路军略地至长江，无功撤回，蒙哥不得已于1258年底改命忽必烈统率。1259年春，忽必烈会各路诸王、将领于邢州；七月，至汝南，申明军令，诫诸将勿妄杀，并使杨惟中、郝经等宣抚江淮。同月，蒙哥病逝于钓鱼山下。忽必烈得知蒙哥死讯，仍继续渡淮南下，进围鄂州。这时，留镇漠北的阿里不哥力图乘机控制漠南，发诸部兵直趋关陇，并派亲信至燕京掌管汉地政务,签诸道军。忽必烈恐阿里不哥先踞汗位,遂采纳郝经等人建议,与南宋贾似道密订和约,立即回师北归。

1260年春,旭烈兀在叙利亚得到蒙哥死讯,也引军退回波斯,留先锋怯的不花继续征进。九月,怯的不花军在阿音扎鲁特(今耶路撒冷北)被密昔儿(埃及)军击溃,蒙古西征之役至此告一段落。

忽必烈夺取汗位

1259年,蒙哥在合州钓鱼城战死后,以阿里不哥为代表的守旧派和以忽必烈为代表的"汉法"派,都积极活动起来,准备夺取汗位。

阿里不哥是拖雷的第七个儿子,蒙哥即汗位后,命阿里不哥留守都城和林。阿里不哥长期在蒙古本土,与外界接触不多,特别对汉地的政治、经济、文化了解甚少。后来,以他为中心,逐渐形成了一个墨守蒙古成规的保守集团,他们主张维持蒙古原来的统治方式,反对采用中原地区原有的封建统治方式。

忽必烈是拖雷第四个儿子,他很早就结识了一批汉族地主知识分子,像信佛崇儒的刘秉忠,熟读孔孟之道的张文谦、王鹗等,都是忽必烈十分信任的。他们把历代封建统治的经验灌输给忽必烈。蒙哥即位后,以漠南汉地委托给忽必烈来管理,从此忽必烈与各族地主阶级进一步紧密地结合了起来。他一方面继续网罗人才,像杨惟中、姚枢、郝经、王文统等汉族地主知识分子,都纷纷前来投靠。这些人都是忽必烈的谋士,对忽必烈影响很大。刘秉忠对忽必烈说:"今天谁能重用士大夫,又能推行中国原有的治国之道,就能当中国的皇帝!"这对抱有统治全中国愿望的忽必烈无疑是极大的启发。因此,像官吏的任用、对南宋的作战方略、经济政策、屯田措施等事,甚至后来的夺取汗位,建立元朝,几乎都出自这些人的策划。除了汉族地主分子外,忽必烈对其他各族上层人物也是加以争取的,像"回回人"赛典赤·瞻思丁、畏兀儿人廉希宪、西夏人高智耀等接受汉文化很深的一些人也受到忽必烈的重用。另一方面,忽必烈为了扩大自己的军事实力,采取了拉拢、利用北方地主武装的方针。早在蒙古灭金时,北方地主武装头目董俊、严实、史天倪、张柔等就投靠了蒙古。忽必烈总管漠南汉地后,继续对他们加以重用,像董俊的儿子董文炳,在忽必烈进兵西南和灭宋战争中就非常卖力;史天倪的弟弟史天泽在平定阿里不哥和李璮的战斗中出力很多;张柔和他的儿子张弘范也是忽必烈十分信用的,最后灭亡南宋、逼迫赵昺投水而死的就是张弘范;红袄军头目李全的儿子李璮,忽必烈也给他很大的权力,封他为江淮大都督,忽必烈十分信用的王文统,就是李璮的岳丈。忽必烈联合汉族和其他各族地主阶级的目的,就是为了巩固自己的地位,学会统治汉地的方法。因此,在忽必烈夺取汗位之前的 10 多年间，他已跳出了蒙古"黄金家族"的小圈子，逐渐成为懂得汉法、决心抛弃蒙古旧法的新的封建统治者。忽必烈是蒙汉各族地主阶级利益的总代表。

忽必烈不仅为自己夺取政权奠定了政治基础，而且还奠定了物质基础。在他主持漠南汉地后，十分注意招抚流亡的人民，大搞屯田积粮，并采取整顿财政等措施。早在 1252 年，忽必烈就已在河南的唐、邓等州实行屯田，后来又在陕西凤翔等地屯田，这样就使他掌握了大量军粮。忽必烈又立钞提举司，印发纸钞。这一系列措施的实施，使忽必烈完全控制了蒙古国的财政大权。

1256 年年初，忽必烈命刘秉忠在桓州（今内蒙古正蓝旗北）东北、滦河北岸的龙岗，营建营室、房屋，3 年后建成，称开平府。在这里聚集了忽必烈的一批重要谋士，成为忽必烈集团的根据地。

蒙哥死后，阿里不哥和他的支持者立即采取夺位措施。他命令脱里赤为断事官，占据燕京，号令各方面；又命令各地军队听从调度，由阿兰答儿纠集漠北各地军队，脱里赤纠集漠南各地军队，形成对开平的包围势态。阿里不哥企图先发制人，迫使忽必烈就范。

忽必烈这时还在围攻鄂州，蒙哥死讯传来后，他召集诸将、诸谋士研究蒙哥死后的形势和对付阿里不哥的策略。这时郝经提出了如下建议：一面遣军去迎接蒙哥的灵车，接收大汗的宝玺，一面赶快与南宋贾似道议和，签订密约，迅速撤军，派轻骑兵赶到燕京，防止阿里不哥的势力南下。忽必烈采纳了此计。1260 年春，忽必烈抵达开平，诸王合丹、阿只吉等率西道诸王，塔察儿等率东道诸王，会集开平。他们都是忽必烈的支持者。忽必烈废弃了贵族选汗的旧制，宣布即位。并定当年为中统元年，开始建元纪岁。

同年四月，阿里不哥也在和林召开忽里勒台，宣布为大汗。支持他的除阿兰答儿、脱里赤等外，还有窝阔台后王阿速带、玉龙答失、昔里吉，察哈台后王阿鲁忽，旭烈兀子出木哈赤等。

阿里不哥和忽必烈双方为争夺地盘开始了第一个回合的争斗。阿里不哥命霍鲁海、刘太平等去陕、甘地区任职，忽必烈则命廉希宪为京兆等路宣抚使。双方发生冲突，廉希宪擒霍鲁海，杀刘太平等，忽必烈控制了陕甘地区。阿里不哥又派遣阿兰答儿南下联合浑都海作乱。但两人均被忽必烈的军队所杀。

1260 年冬，忽必烈决定亲征和林。阿里不哥闻讯后不敢抵抗，逃至谦谦州（今叶尼塞河上游南），忽必烈占领和林，命亦孙哥驻守，自回开平。1261 年秋，阿里不哥至和林，伪装愿意归顺，却采取突然袭击的办法，占领和林，并南下骚扰，被忽必烈击败。由于阿里不哥多次战败，支持他的诸王纷纷向忽必烈投降，加上连年饥荒，阿里不哥不得不于 1264 年向忽必烈投降。经过 4 年的战争，阿里不哥的分裂势力终于被消灭，漠北和中原地区重新恢复统一。忽必烈战败阿里不哥后，取消和林为蒙古国的都城，改设宣慰司都元帅府。

忽必烈夺取汗位的胜利，从本质上来说是蒙古统治集团内部"汉法"派战胜了守旧派，这对于蒙古国最后完成封建化来说是有决定意义的。同时也说明了历史的规律是不可抗拒的，像阿里不哥那样坚持维护旧的统治方式，失败是注定了的，而忽必烈能够顺应历史发展，适应汉族地区生产力发展的需要，采用原有的封建统治方式，因而在历史上做出了自己的贡献。

忽必烈治理中原

蒙哥汗元年（1251年），蒙哥即位后，任命二弟忽必烈总理漠南汉地军国庶事。忽必烈南下驻于爪忽都（蒙古人对金北边部族的泛称）之地，建藩府于金莲川（今内蒙古正蓝旗闪电河），常驻于桓（今内蒙古正蓝旗北）、抚（今内蒙古兴和县）二州间。在他身边招纳了一批汉族士人为幕僚，如刘秉忠、姚枢、许衡、郝经等人。通过他们的互相引荐，吸引了更多的中原士人。他们用儒家思想和历代行之有效的治国之道影响忽必烈，促使忽必烈采纳他们的计策，以汉法来治理中原。

蒙哥汗二年（1252年）正月，谋士姚枢建议改变过去春去秋来、夺城后剿杀掳掠的作战方式，采取以守为主，亦战亦耕，广积粮储，充实边备的灭宋方针。忽必烈采纳了这一建议，首先整治邢州（今河北邢台）。这时，邢州在两个答剌军统治下，民户由1万多户锐减为5700户。忽必烈任用汉人张耕为邢州安抚使、刘肃为邢州商榷使。他们到邢州后，除去弊政，革去贪暴，召抚流亡，仅几个月时间，邢州大治，户口增加几十倍。于是，忽必烈请设经略司于汴（今河南开封），以汉人史天泽、杨惟中、赵壁等为经略使，整顿河南军政。汉将史天泽等到河南后，打击暴虐贪淫的地方军阀，处死横暴的州官，兴利除害，深得民心。他们还在唐（今河南唐河县）、邓（今河南邓州市）屯田。在邓州设屯田万户，范围西起邓州，东连陈州（今河南淮阳）、亳州（今安徽亳县）、清口（今江苏淮阴西）等地。屯田的农民，敌至则战，敌走则耕，不久，河南大治。

蒙哥汗三年（1253年），蒙哥把关中地区封给忽必烈。次年,忽必烈在京兆（今陕西西安）立宣抚司，以孛兰和儒臣杨惟中为宣抚，使并屯田于凤翔（今陕西凤翔）。又奏割河东解州盐池的收入以供军食，募民以盐换粮，支援四川前线。他们改革弊政，努力恢复农业生产，减关中常赋之半；整顿吏治，处死害民的贵族，并进一步严肃军纪，由此关中情况大为改观。忽必烈还任命许衡为京兆提学，在关中建立学校，释放俘掠的儒士，编入儒籍；又立京兆交钞提举司，所发纸钞，以佐经用。关陇地区的社会经济得以恢复。忽必烈上述措施，得到了汉族地主、儒生的广泛支持，巩固了自己的统治地位。他从中也学到了统治汉地的方法。

蒙哥汗六年（1256年）春，忽必烈命刘秉忠在桓州东、滦河北岸的龙冈（今内蒙古多伦西北）营建宫室、房舍。3年后建成，称开平府（今内蒙古锡林郭勒盟正蓝旗东50里），作为藩王府的常驻地。开平府聚集了忽必烈的一批重要谋士，成为他治理汉地的政治中心。汉地社会经济的恢复，也为后来建立元朝奠定了基础。

忽必烈采用汉法治理中原地区，取得了显著成效，改变了过去那种人民逃亡，农田荒芜、典章不立的混乱状况。但是这却招致了蒙古统治集团中一部分贵族的不满。蒙古旧贵族企图用旧的统治方式来统治中原汉地。于是，有人向蒙哥大汗告状，说忽必烈在中原收买人心，财赋尽入王府，恐枝大于本，不利朝廷等，引起了蒙哥的疑忌。蒙哥汗七年（1257年）春，蒙哥以王府诸臣多擅权营奸利事为名，派遣亲信阿兰答儿等到关中主管政务，并在关中设钩考局，查核关中、河南等处钱谷事。阿兰答儿从忽必烈所任命的经略、宣抚司官员中，罗织罪状140余条，企图通过罢免忽必烈所信用的官员来打击他的势力。蒙哥下令解除忽必烈在汉地的军权。忽必烈忧惧不安，谋士姚枢献策说，只有将王府诸妃送往朝廷和林（今蒙古后杭爱省厄尔得尼召北），表示准备久居，才能解除蒙哥的怀疑。忽必烈接受此建议，于冬天亲自送全部家属到和林，并单独朝见蒙哥，才解除了蒙哥对他的猜忌。蒙哥决定不追究忽必烈，同时停止了对关中、河南的钩考。但是，忽必烈所设置的行部、安抚、经略、宣抚、都藩诸司全部被罢除。忽必烈调回自己派出的官员。蒙哥伐南宋时，仍以忽必烈患足疾为名，让他在家养病，不予统兵之权。直到蒙哥汗九年（1259年）十月才不得不改命忽必烈统东路军征南宋。忽必烈以谦恭忍让保全了自己，避免了一场不测之祸。

四等人制

元是蒙古贵族建立的王朝。他们以欧亚大陆的征服者自居，怀有强烈的民族优越感和狭隘的民族偏见，推行民族歧视和民族压迫的政策。

元初，依民族标准和历史因素，将其统治下的民众分为四等：蒙古人，又称为"国族"，包括蒙古贵族和蒙古族民众；色目人，指成吉思汗征服西域时，归顺的西夏、"回回"、西域人和葱岭东西直到欧洲的一些民族；汉人，指窝阔台汗六年（1234年）灭金之后，将原在金统治下的汉族人和女真、契丹、渤海等人，以及至元十六年（1279年）灭南宋之前归附的云南、四川的居民；南人，指原属南宋统治下的江浙、江西、湖广3省和河南、江北行省襄郢、两淮等地的汉族等各族民众。四等人中蒙古人社会政治地位最高，色目人次之，汉人又次之，南人最低。

四等人制度体现的民族不平等，首先在科举和选官入仕方面。当时选100名中乡试者参加会试。而名额的分配却是四等人中各25人，这从总人口比例上说是很不公平的。而且从乡试、会试到廷试，均分两组：蒙古人和色目人为一组，汉人和南人为一组，两组分卷考试。考中者又分两榜：蒙古人和色目人为右榜，汉人和南人为左榜。据当时的规定，两组考试试题深浅不一，汉人和南人一组难于蒙古人和色目人一组。但所分左、右两榜却是以右榜为上。考选已失公平，任官上更不平等。终元之世，汉人为丞相者，只有史天泽、贺唯一两人；为枢密副使者只有赵璧、史天泽二人；为御史大夫者，只有贺唯一一人。为维护御史台长官不用汉人的惯例，贺唯一在上任前，特将姓名改称蒙古姓名太平，以符合四等人制度。在地方长官的任用方面，元世祖时规定以蒙古人担任各路达鲁花赤，汉人担任总管，"回回"担任同知。以后多次重申这一规定，要求必须用蒙古人为达鲁花赤。如无蒙古人可用，也可以用"回回"、畏兀、乃蛮、唐兀等色目人，但决不准用汉人和南人。如果发现汉人冒用蒙古人名字担任达鲁花赤，立即革去官职，永不叙用。

其次，反映在法律地位上。元代司法中严格维护四等人制度。在中央，蒙古人犯法，只能由管理蒙古人的专门机关宗正府决断。一般司法机关无权受理；在地方，司法长官基本上由蒙古人或色目人担任，即汉人犯罪必须由蒙古人决断。在量刑上，元代法律规定蒙古人殴打汉人，汉人不能还手，只能"诉于有司"。蒙古人因争吵、酗酒打死汉人，最重不过罚服兵役和赔"烧埋银"（丧葬费用）。但在同样条件下，汉人打蒙古人或色目人，除赔烧埋银，还要将本人处死。依据四等人制度，蒙古人和色目人享有许多法定的特权。

依据四等人制度，严禁汉人、南人私藏武器、练习武艺、结社集会。甚至连打猎、养马和夜间点灯都一并禁止。如有违犯则从严治罪。规定凡私藏刀枪及弩达10件者，或有弓箭10副者或盔甲一副者，一律处死。

阿合马、桑哥事件

忽必烈统治的30多年，是从连年不断的战争向全国安定过渡的时代。诸王叛乱、南下灭宋、镇压反元武装起义，迫切需要军饷；百废待兴、恢复封建经济，迫切需要金钱。因此，谁善于理财，谁就受到忽必烈的重用。忽必烈时期主要帮助他管理财政的是花剌子模人阿合马、汉人卢世荣和畏兀儿人桑哥。他们3人在旧史书里是大大有名的奸臣，其实他们做的事未必每件都是坏事，在理财上他们都有一套本领，如果没有足够的金钱，忽必烈是办不成这么多大事来的。正因为忽必烈宠信他们，他们自以为理财有了功，就居功自傲，专权不法，干了不少坏事，引起了统治集团中其他人的不满，最后遭到杀头的下场。

中统三年（1262年），阿合马任诸路都转运使，专理财政，他在钧州（今河南省禹县）、徐州（今江苏徐州）兴办了炼铁业，每年产铁1037000斤，铸成农器20万件，换成官粮4万石；又因太原私盐盛行，盐课收入大减，他大大增加了当地赋税，不论僧道军民户，一律不得免税，于是收入大增。这两件事办成后，忽必烈非常高兴，升阿合马为中书平章政事。从此，阿合马深受忽必烈宠爱，日益骄横，连中书右丞相安童也不在他眼里，左丞相史天泽等也常被他弄得很窘。他还让他的儿子忽辛当大都路总管，又不通过中书省，安插自己的亲信任要职。还依仗自己的理财特权，派人经商，从中获得巨额财富。至元十五年（1278年）中书左丞崔斌上书，揭露阿合马任用亲信、一家身居要职等罪，忽必烈罢免了阿合马子侄们的职务，但仍对阿合马十分信任，并认为他有当宰相的才能。至元十七年（1280年），阿合马以清理江淮钱谷的名义，打击诬陷异己。当时崔斌已调任江淮行省左丞，阿合马乘机诬陷他与江淮平章阿里伯、右丞燕帖木儿等盗官粮40万、擅自更换朝廷任命的官员800人，加以杀害。皇太子真金知道这件事后，立即派人去制止，竟来不及了。

阿合马搜括钱财，结党营私，排斥异己，大失人心。至元十九年（1282年）三月，益都千户王著秘密铸造了一个大铜锤，准备击杀阿合马。这时正好忽必烈和皇太子到上都去了，阿合马留守大都。王著知道皇太子很痛恨阿合马，就伪装皇太子返京作佛事并假传太子命令，命阿合马等中书省官员来见，当阿合马来迎接假太子时，王著对他加以痛斥，并用铜锤把他打死了。王著被捕处死，临刑时高呼："王著为天下除害，现在虽然死了，日后必有人为我载上史册！"后来忽必烈知道了阿合马的罪恶，下令剖棺戮尸，他的死党和忽辛等4个儿子都被杀。

阿合马死后，朝廷里没有人再敢言及理财的事了。总制院使桑哥推荐卢世荣到朝廷来理财，忽必烈任命卢世荣为中书右丞。卢世荣上任后提出改革钞法、制定市舶条例、将没收来的各地权豪私造的铁器卖去以充实常平仓、官营酿酒、于上都等地收购羊马选蒙古人放牧、选拔阿合马原来任用过的一些理财能手等一系列主张，忽必烈一一采纳。卢世荣得宠后，引起了一批官僚的反对，纷纷上奏弹劾，他干了不到一年，就被杀了。其实卢世荣被杀是有点冤枉的，他的理财措施有不少还是可取的，只是因为触犯了不少富豪、官僚、贵族的利益，在当时统治集团内部矛盾很深的情况下做了牺牲品。

至元二十三年（1286年）卢世荣死后不久，忽必烈起用桑哥理财，第二年任命为平章政事。他更改钞法，发行至元钞，解决了朝廷的财政危机，于是声名大著，升任尚书右丞相兼总制院使。接着，又清理江南六省钱谷，增加江南赋税和盐酒醋税，大大加重了剥削，引起了天下骚动。他的权势非常大，一些阿谀逢迎之徒，特地为他立了德政碑。桑哥更加跋扈，于是顺我者昌，逆我者亡，任意调动内外官员，官爵刑赏全凭钱买和贿赂，引起了一批朝臣的反对，纷纷上奏弹劾。当时百姓失业，起义烽火连年不断，忽必烈深感事态严重，为缓和社会矛盾，于至元二十八年（1291 年）把桑哥杀了。在抄家时发现桑哥收藏的珍宝至少有宫廷里的一半那么多。

忽必烈统治时期发生的阿合马、卢世荣、桑哥事件，牵涉面很广，持续的时间也很长，它反映了元朝初期统治集团内部争权夺利的斗争是很尖锐的，也是很残酷的。

窝阔台侵宋

窝阔台汗六年（1234 年）年初，蒙、宋联合灭金后，蒙古与南宋仅隔一条淮水。蒙古违约，不肯将河南地归还南宋。南宋不敢坚持原议，反而让蒙古占领了陈州（今河南淮阳）、蔡州（今河南汝南）西北的大片土地。南宋也想乘金国灭亡，河南处于空虚的状态之机，收复洛阳、汴京（今河南开封）、归德（今河南商丘）等地。蒙古和南宋的冲突势所难免。

同年六月，宋朝在各方面都准备不足的情况下，仓促出兵汴京。庐州知州全子才奉命率军万人进至汴，汴京人立即举事响应。汴京军民杀死蒙古所立的长官崔立等人，迎接南宋军队。宋将赵葵率兵 5 万进入汴京。七月，宋将张迪率兵进攻洛阳，也受到洛阳民众的欢迎。但是，由于河南经历连年战乱，到处是断壁残垣，田野荒芜，粮饷极度缺乏，宋军士气大受影响。蒙古军在都元帅塔察儿的率领下进攻洛阳。洛阳城中缺粮，宋军只得退出。在汴京的赵葵也因无粮饷，再加上蒙古军掘黄河堤放水，不得不退出汴京。昏庸的宋朝君臣又把收复失地的希望寄托于和议。但是，由于南宋曾经接受过将陈、蔡西北之地归属蒙古的要求，窝阔台便以此为理由把这次出兵归罪于南宋先启边衅，召集诸王贵族大会，决定进攻南宋。

窝阔台汗七年（1235 年），蒙古兵分两路进攻南宋。东路由皇子阔出率诸王口温不花、国王塔思、汉将张柔、史天泽等统兵攻宋荆襄和长江中下游；西路由皇子阔端率元海塔海、汉将刘黑马等率兵攻取四川。南宋的防御重点是以襄阳为中心的镇北军。该军全部由招募的中原豪杰组成，骁勇善战。七月，东路口温不花部攻唐州（今河南唐河县）。十月，塔思部攻陷枣阳后南下攻郢州（今湖北钟祥）。宋军坚守，塔思未能破城，掳掠大批人口和牛马数万头而还。同月，西路阔端军进入巩昌（今甘肃陇西）。原金国守将汪世显投降。

阔端大喜，命其率兵攻宋，同时要求他约束部队，不要扰民。年底，蒙古军将宋将赵彦呐所部包围在青野原。宋将曹友闻知后说："青野原是入蜀的咽喉要地，决不能丢失。"便率兵星夜前往援救，击退了敌军。解青野原之围后不久，曹友闻率兵援救大安（今陕西宁强北），击退汪世显部，并扼守仙人关，挡住了蒙古军的攻势。

但是，这时镇守襄阳的宋将赵范由于用人不当，军纪废弛，内部矛盾尖锐。窝阔台汗八年（1236年）三月，王旻、李伯渊等发动兵变，焚毁襄阳城郭，投降了蒙古。荆襄重镇的失守，使东路蒙古军得以长驱直入，攻克了郢州、随州、荆门等地。阔端的西路军由大散关（今陕西宝鸡西南）南下取凤州（今陕西凤县东北）。九月，由于四川宋军主将赵彦呐拒绝了曹友闻凭险据守、伺机伏击敌军的建议，下令曹部守大安军以保蜀中门户，结果，曹友闻全军在大安阳平关全军覆没。阔端长驱入川。一个月之内，攻占了成都、利川（今四川广元）、潼川（今四川三台）等20余地，宋军只剩下川东的夔州一路和潼川路的顺庆府。蒙古军队在大肆抄掠之后，退回陕西。阔端又派按竺迩攻占金遗臣郭斌据守的会川（今甘肃兰州西北）和南宋的文州（今甘肃文县）。与此同时，东路蒙古军口温不花等部进攻淮西。蕲（今湖北蕲春）、舒（今安徽安庆）、光（今河南潢川）3州守将望风而逃。蒙古军直逼黄州（今湖北黄冈）。同时，派轻骑自信阳奔袭合肥。蒙古忒木觯率部进攻江陵（今湖北荆州）。宋将孟珙命部下多次改换服色、旗帜，以迷惑敌军，使敌军不敢轻动，接着连破蒙古军24寨，救回被俘的两万多百姓。攻真州（今江苏仪征）的蒙古察罕部也被宋将邱岳击退。

窝阔台汗九年（1237年）十月，东路蒙古军口温不花、史天泽部再度南下攻占光州，在复州（今湖北天门）打败南宋水军，并迫使复州宋军投降。接着又转攻秦春（今安徽寿县）、黄州。宋将孟珙率兵援黄州，击退蒙军。同月，西路蒙古军攻克夔州（今四川奉节）。

窝阔台汗十年（1238年）年初，东路塔思蒙古军队抄掠安庆府（今安徽潜山）后北返。九月，察罕、张柔率80万大军围攻庐州（今安徽合肥），宋将杜杲死守，迫使察罕退兵，然后派水军扼守淮河，派其子杜庶率勇将占文德、聂斌等精兵强将埋伏在要害之地。蒙古军无法前进，只好北撤。两淮得以稳定。宋将孟珙收复了荆襄等地。

窝阔台汗十一年（1239年），蒙古军接连三次败于孟珙手下。南宋收复了襄阳、樊城、光化、信阳等地。同年八月，蒙将塔海等率兵80万入蜀，攻占重庆、万州、夔州等地。但出川时，在归州（今湖北秭归）大垭寨遭到宋将孟珙的阻击，未能顺流而下进入湖湘。孟珙乘胜收复夔州。次年二月，蒙古按竺部再攻万州，在夔门击败宋军。窝阔台汗十三年（1241年）十月，东路蒙古军再围安丰。十一月，达海绀、汪卜显等部进攻成都、汉都（今四川广汉）、遂宁（今四川遂宁）、叙州（今四川宜宾）、泸州（今四川泸州）、资州（今四川资中）等地。同月，窝阔台去世，皇后乃马真称制，继续进攻南宋。

自从窝阔台汗七年（1235 年）蒙古大举进攻南宋以来，荆襄、两淮、四川的许多地区遭到蹂躏。蒙军虽从这些地区掠夺了大量财物，但在各地遭到宋军民的抗击，损失也不少，蒙古贵族一面进攻，一面也派使者来宋议和。南宋也于嘉熙二年（1238 年）和嘉熙四年（1240 年）两次派人到蒙古议和，均未达成和议。

在此期间，双方无大战，而各有胜负。宋朝于淳祐二年（1242 年）曾任命余玠为四川安抚置制使，收复了被蒙古占领的一些州县，改革弊政，安抚遗民，招聘贤才，并想出兵收复汉中地区，但没有成果。而蒙古由于贵族宗室内部矛盾的尖锐化，直到蒙哥即汗位海迷失后二年（1250 年）之前，也未能对南宋发动新的大规模进攻。

元朝的统治

元王朝的建立

1260 年春，元世祖忽必烈在开平召集忽里台，即大汗位，建元中统，任用汉地士人，建立起中书省、十路宣抚司以及负责中原汉地政务的燕京行中书省等行政机构，巩固了在中原地区的统治地位。阿里不哥也在漠北召开忽里台，称汗，据有漠北地区。驻军六盘山的蒙古军主帅浑都海、奉蒙哥命主管陕西政务的刘太平，以及四川蒙古军的一些将领，拥护阿里不哥为汗，企图以秦蜀之地响应。忽必烈遣廉希宪为京兆等路宣抚使，急驰赴任，杀刘太平、霍鲁海和四川军中附阿里不哥的将领。不久，诸王合丹、汪良臣等合军，击败浑都海和逾漠南下应援的阿蓝答儿，于是完全控制了关陇川蜀地区。同时，忽必烈亲自率师北征，前锋移相哥败阿里不哥军，迫使他退守吉利吉思。次年秋，阿里不哥又移师东还，袭败移相哥，大举南进，与忽必烈激战于昔木土脑儿，双方死伤相当，各自退兵。因忽必烈切断了汉地对漠北的物资供应，阿里不哥陷于窘境，便派阿鲁忽（察合台孙）前往主持察合台兀鲁思。但阿鲁忽取得汗位后，拒绝向阿里不哥提供物资，并扣留其使者，于是阿里不哥举兵西击阿鲁忽，残破亦列河（伊犁河）流域。至元元年（1264 年），阿里不哥众叛亲离，势穷力竭，向忽必烈投降。至此，忽必烈终于控制了岭北局势，并将势力伸入畏兀儿地区。

忽必烈在与阿里不哥争位战争之初，即已承认旭烈兀对阿姆河以西土地的统治权，原来由大汗直接领有的波斯诸地遂变为大汗的宗藩伊利汗国。伊利汗国与立国于钦察草原的术赤后王之间又为领土争端爆发了长期战争。大蒙古国分裂了。

中原汉地成为忽必烈政权的重心，他顺应时势，全面推行"汉法"，改革蒙古统治者对汉地的统治方式。1262年，山东行省大都督李璮趁北边有战事，结宋为外援，占据济南，并企图策动华北各地诸侯响应。忽必烈调集重兵围攻济南，七月城破，李璮被杀。忽必烈因势利导，罢世侯，置牧守，分民、兵之治，废州郡官世袭，行迁转法。由于中原各地数十年专制一方的大小诸侯的势力受到限制和削弱，中央集权获得加强。中统、至元之初，元廷博采汉族士大夫建议，遵循中原传统制度，同时也采取了充分保障蒙古统治者特殊权益的各种措施，大体奠定了元朝一代政制的规模。中统四年（1263年），以开平为上都。至元元年，升燕京为中都。四年，始于中都旧城东北建造新城。至元八年十一月，诏告天下，正式建国号大元。九年，升中都为大都。

统一全国

北方政局稳定后，忽必烈决定采用南宋降将刘整的建议，先拔襄阳，浮汉水入长江，进取南宋。至元五年（1268），命阿术、刘整督师，围困隔汉水相望的襄、樊重镇，襄、樊军民拒守孤城6年。至于十年初，元军攻下樊城，襄阳守帅吕文焕出降。次年六月，忽必烈命伯颜督诸军，分两路大举南进。左军由合答节度，以刘整为前锋，由淮西出师。伯颜本人与阿术领右军主力，九月，自襄阳出发，沿汉水入长江；同时，命董文炳自淮西正阳南逼安庆，以为呼应。十二月，元水师入长江，克宋江防要塞阳逻堡。宋汉鄂舟师统帅夏贵遁，汉阳、鄂州宋军降。伯颜分兵留阿里海牙经略荆湖，自领水陆大军顺流而东，以吕文焕为前锋。宋沿江诸帅多为吕氏旧部，皆不战而降。十二年二月，贾似道被迫督诸路精兵，抵御元军之时，他仍企图奉币称臣议和，被伯颜拒绝，只好在池州下游丁家州勉强与元军会战。因宋军内部不和，一触即溃。同年秋，伯颜从建康（今江苏南京）、镇江一线分兵3道趋宋都临安（今浙江杭州）。十三年正月，宋恭帝赵㬎上表降元，宋亡。十六年，完全占领四川，又追灭南宋卫王赵昺于崖山，完成了全国的统一。元朝的统一，结束了自唐末藩镇割据以来国内的南北对峙、五六个民族政权长期并存的分裂和战乱局面，推动了多民族统一国家的巩固和发展。

远征海外

灭宋后，忽必烈对邻近诸国发动了一系列的战争。至元十一年，侵日军无功而还。十八年，又分两路进攻日本，由唆都率蒙古、汉军、高丽军从高丽东渡对马海峡，范文虎率新附军（元政府收编的南宋军队）从庆元（今浙江宁波）浮海北进。元军在日本鹰岛遇飓风，战船多坏，将卒溺死者众，又遭日军掩杀，几乎全军覆没。十九年，遣唆都从广州渡海攻占城，连战逾年。二十一年至二十二年，镇南王脱欢（忽必烈子）发兵侵安南，命唆都从古城北上助战，南北夹攻。安南王撤离都城，其主力走匿山林，避免与元军决战；待元军疲惫，又出而攻扰。五月，脱欢因暑雨不止、瘟疫流行，被迫退师。唆都战死。二十年、二十三年，元兵两次从云南出侵缅国（今缅甸），二十四年，进至蒲甘，追缅国定岁贡方物后退回。同年再侵安南，次年以粮尽师老北还。二十九年十二月，史弼、亦黑迷失、高兴从泉州起航出侵爪哇（今印尼爪哇岛）。爪哇统治者降元，并请元军助讨其敌国葛郎，打败葛郎王以后复举兵拒元，元军力竭退师。

各族人民的反抗斗争

从攻南宋以来，连年战争，加以宫廷廪禄、宗藩岁赐，都需要巨额经费来支持。忽必烈急于解决国用不足的问题，因而日益信用以"理财助国"邀宠的大臣阿合马、卢世荣、桑哥等人主持国政。至元七年至九年、二十四年至二十八年间，两次设尚书省综理财用。尚书省的理财政策主要包括：增加税收、兴铁冶、铸农器官卖、"括勘"（追还被私人、寺院夺占的南宋公田，起征田赋）、"理算"（追征各地历年积欠的钱粮）、变更钞法等，使国家的收入显著增加。但由于吏治腐败，专注搜刮，流于横征暴敛，成为阻碍社会经济发展的重要原因之一。同时，为了对外战争，打造东征海船，沿海和江南地区徭役征发日益加重。人民不堪沉重的封建剥削与压迫，纷纷起义。至元二十年，江南各族人民起义凡200余起，二十六年更增至400余起。在这前后，爆发了广州欧南喜、黎德和福建黄华、钟明亮等人领导的几次规模较大的起义。

与北方诸王之战

至元初年，忽必烈巩固对中原汉地的统治后，立即着手恢复大汗对西道诸王的政治控制。他诏令窝阔台后王海都入觐，把察合台系诸王八剌从朝廷派回察合台兀鲁思，控制当地局势。海都拒不入朝，至元五年，在按台山挑起兵端。返回中亚夺得察合台兀鲁思汗位的八剌也为争夺斡端（今新疆和田）与元朝开战。六年，海都、八剌和术赤后王忙哥帖木儿在答剌速河谷举行忽里台，划分各自在中亚草原的势力范围及河中农耕区的财赋收入，联合反对大汗和伊利汗阿八哈。至元八年，忽必烈命皇子北平王那木罕出镇阿力麻里。此后，元政府采取置驿、遣使安抚、设畏兀儿断事官等措施，不断加强对天山南北的统治，企图相机西进。十三年，那木罕所部宗王昔里吉（蒙哥子）等叛，械系那木罕与安童，逾按台山占领吉利吉思，并于次年分道东进。八月，伯颜率元军破昔里吉于鄂尔浑河。战事延续5年之久，元军虽收复岭北，海都在畏兀儿之西的势力却迅速发展起来。二十二年，海都拥立的察合台兀鲁思汗笃哇（八剌子）围畏兀儿都城火州，大掠后退兵，以后又连续进犯畏兀儿地区。二十四年，东道诸王以斡赤斤后王乃颜为首，又在辽东叛乱。忽必烈亲征，败叛军主力，擒乃颜。次年，诸王合丹等复叛，被元军击溃东逃，数年后败亡。二十五年，海都、笃哇举兵东犯，二十六年春，掠称海，至杭海山，击败镇边宗王那木罕以及甘麻剌（忽必烈孙），进据和林。忽必烈最后一次率军亲征，复和林，留伯颜镇守。至元之末，元政府已明显地收缩了天山南部的防线，而在岭北却顺利地将海都逐过按台山，牢固地掌握了祖宗"肇基之地"。

至元三十一年正月，忽必烈在大都去世，庙号世祖。皇太子真金先死，其子铁穆耳受皇太子宝，抚军于漠北，闻报赶回上都，大会诸王宗亲，四月即位，是为成宗。元贞二年（1296）秋，西北诸王药木忽儿（阿里不哥子）、兀鲁思不花（蒙哥孙）粮匮厌乱，归投元廷。成宗得讯，遣土土哈载粮西迎。从大德元年（1297年）至四年，元军与海都、笃哇在北边屡次交锋。五年，海都、笃哇东逾按台山，下营于铁坚古山。皇侄海山与大将床兀儿、晋王甘麻剌、太师月赤察儿合力苦战。海都先胜后败，受伤后与笃哇退出岭北，在这年秋冬之间病死。

成宗"守成"

元成宗铁穆耳称帝前长年在北边带兵，即位5年多，对六部官员尚"未知其人为谁"。但他委政于世祖旧臣完泽、不忽木、哈剌哈孙等人，罢征日本、安南之役，内政以奉行忽必烈成规为务，国家相对安定，因而被称为守成之君。这时对诸王宗亲的赐予为数日巨，一年修佛事500余次，加上战争开支，国用匮乏，岁入不足，一再借支钞本，财政方面始终未摆脱慢性危机。大德五年，元廷派刘深出侵西南八百媳妇（今泰国北部等地）。元军沿途骚扰，道出顺元（今贵州贵阳），向当地少数民族征发丁役、勒索金钱和马匹。土官宋隆济和女土官蛇节举兵围刘深于穷谷，云南行省东部人民皆起而响应。十一月，诏刘国杰往镇。七年春，蛇节、宋隆济先后被俘杀，南征之师亦罢。

大德七年，笃哇和海都之子、窝阔台兀鲁思汗察八儿遣使请息兵，"通一家之好"。八年，元廷与笃哇、察八儿约和，各遣使臣偕往伊利汗朝宣谕和平。大汗虽完整地保有岭北行省，但被迫承认了察合台兀鲁思控制哈密力（哈密）以西地区的事实。此后除延祐年间曾与察合台兀鲁思发生一次战争外，终元之世，西北边地大体上安定无事。

"武仁授受"与南坡之变

成宗晚年连年患病，皇后卜鲁罕掌权。大德十一年初成宗卒，因皇太子早死无后，卜鲁罕与左丞相阿忽台等人相结，图谋立镇守河西、拥兵15万的安西王阿难答为帝，定于三月三日举事。右丞相哈剌哈孙则秘密遣使北迎出镇朔漠的怀宁王海山，南迎被卜鲁罕排挤出京的海山母弟爱育黎拔力八达。爱育黎拔力八达母子先至大都，立即派李孟与哈剌哈孙秘密定议。三月二日，爱育黎拔力八达率卫士入宫，诱执阿难答，诛阿忽台等，奉御玺北迎海山。五月，海山至上都，大会诸王，处死卜鲁罕、阿难答，即帝位，是为武宗。次月，下诏立爱育黎拔力八达为皇太子。海山长年抚军北方，昧于政事，即位后斥去世祖旧臣哈剌哈孙，对中书省进行大改组，几乎全部改任自己的亲信，政令失当，朝政紊乱。国家的用人制度和财政制度都被破坏。即位仅3个月，近臣获得高官厚禄的约达900人。为广示恩宠，"遥授"职衔，名爵冒滥，冗员充斥。世祖时枢密大臣6员，这时增至32员。滥赏泛赐和建寺修佛事比前代更加没有节制。残酷的剥削加上连年天灾，农民破产流亡，仅江浙一省流民已达130多万。为弥补国家财政亏空，至大二年（1309年），诏乞台普济、乐实、三宝奴等立尚书省敛财，变更钞法；税课以大德末旧额为率，增收三成以上。

至大四年正月，武宗卒。爱育黎拔力八达由东宫入总大政，罢尚书省，杀乐实、三宝奴。五月，即位于大都，是为仁宗。他受教于名士李孟10余年，受汉文化影响较深，积极采取措施。力图改革朝政和吏治，如：严处近侍擅传圣旨；由朝廷派官任投下份地之达鲁花赤，降诸王投下所任命者为副达鲁花赤；规定吏员入官只能升至从七品，并于皇庆二年（1313年）下诏，恢复自宋亡以后中断了几十年的科举取士制度；延祐初，元廷还派人检括河南、江西、江浙等地漏隐田土，核实税入。但由于官吏奉行过当，延祐经理变成对百姓的巧取豪夺，江西受害尤甚。延祐二年（1315年）四月，宁都蔡五九举众起义。元廷调两省兵力镇压，九月，蔡五九兵溃被杀。仁宗对母后答己奉命惟谨，答己得肆意干预朝政，擢升贪奸不法的私党铁木迭儿为中书省右丞相，势倾朝野。仁宗对宗戚勋旧过于软弱，在诸王压力下不断让步。他还背毁传位给武宗子嗣的誓约，诱逼武宗长子和世㻋出京就藩，在答己和铁木迭儿的参与下立己子硕德八剌为皇太子，从而引起海山旧部和一部分反对政治改革的蒙古贵族的不满，也导致仁宗本人对答己及其党羽的妥协。由于这些原因，仁宗后期，改革实际上中止了。

延祐七年正月，仁宗卒。铁木迭儿先已罢职，答己下旨复任为中书右丞相，大肆更换省官，将私党调进中书省，矫命杀害仁宗时参劾过他的前中书平章萧拜住等人。三月，硕德八剌继帝位，即英宗。英宗刚毅而思有作为，答己当初以为他柔懦易制，所以立为皇太子，此时深为后悔。五月，答己幸臣失列门等谋废立事泄，英宗将他们尽加诛杀，以木华黎后裔拜住为中书左丞相。至治二年（1322年）秋，铁木迭儿和答己相继病死。英宗摆脱掣肘，专任拜住，锐意于改革。朝廷召集有治国经验的退职老臣，优其禄秩，使议事中书；行助役法，民田百亩抽三，以岁入助役；正式颁行《大元通制》，督责各级官吏遵循国家的政制法规，改变政令不一、罪同罚异的混乱现象；裁罢冗职，节省浮费，减免赋役，以舒农力。这时，拜住揭发了铁木迭儿生前贪赃巨万的旧案，追夺其官爵封赠，籍其家，时铁木迭儿党羽御史大夫铁失兼典左、右阿速卫亲军，遂与心怀不满的蒙古宗戚密谋，欲刺杀英宗，并与抚军漠北的晋王也孙铁木儿（某麻剌子）联络，相约事成后推他为帝。至治三年八月，英宗自上都南归，驻跸南坡（今内蒙古正蓝旗东北）。铁失等以阿速卫为外应，入皇帝行帐，杀拜住，弑英宗，并于当夜驰回大都，收封省部印信，遣使奉玉玺至漠北晋王镇所。九月，也孙铁木儿在漠北即位，次年改元泰定，史称泰定帝。

两都之战和燕铁木儿专权

泰定帝在位5年。在他统治时期，元廷对贵族赐予益奢，兴役造作益多，国家财源已呈枯竭，吏治更加腐败。致和元年（1328年）七月，他病死于上都。八月，留守大都的武宗亲信燕铁木儿（床兀儿子）凭借所掌怯薛发动兵变，控制大都，遣使迎武宗次子图帖睦尔入京。同月，梁王王禅（泰定帝侄）、丞相倒剌沙奉泰定帝年幼的皇太子阿速吉八即位于上都，改元天顺，分诸道进攻大都。这时，图帖睦尔已从藩所江陵北上，武宗藩邸旧臣、河南平章政事蔑里乞氏伯颜邀截经河南北解的国赋以为军资，亲自带兵护送图帖睦尔至大都。九月，图帖睦尔即位于大都，改元天历，并宣布待长兄和世琜归自北边将立即让位。而辽东、关陕、川蜀等地先后起兵响应上都。两都之战发展成为大规模内战。大都政权控制了作为财赋来源的南方各省，实力占据优势。十月，大都所部军乘上都守备空虚，从辽东出兵，袭围之。倒剌沙以城降，被诛。阿速吉八不知去向。王禅兵败被俘后赐死。图帖睦尔遣使迎异母兄和世琜于北边。天历二年（1329年）正月，和世琜受朔漠诸王奉戴，在和林北即帝位，是为明宗，随即启程南返。三月，燕铁木儿奉玺北迎明宗。明宗虽宣布凡图帖睦尔所用百官并仍其旧，却擢拔不少亲信入省、院、台供职；他的从官中有些人对燕铁木儿"不为之礼"。这就使一心想专任独署的燕铁木儿深怀怨惧。八月，明宗和自大都出迎的图帖睦尔会于旺忽察都之地（今河北张北）。仅数日，明宗中毒暴死。燕铁木儿立即带着帝玺偕图帖睦尔急驰上都。八月中，图帖睦尔再次即皇帝位于上都，是为文宗。

元文宗图帖睦尔复位后，遍赏天历之初为其效命的阿速军士，以燕铁木儿独任丞相，总裁天下事，甚至亲祭燕铁木儿生祠。元廷严厉地镇压了企图以明宗太子为名发动政变的蒙古贵族，又动用数省兵力，历时一年，平定了驻在云南的蒙古诸王叛乱。这时燕铁木儿的威焰权势远远超出了在他之前的任何一个元朝权相，以致他的儿子唐其势扬言"天下本我家之天下"。文宗受制于燕铁木儿之时，元朝国势日趋衰微，处于迅速腐化之中的统治阶级在政治上已难以振作。尽管文宗本人对中原封建文化比较熟悉和了解，但所能做的不过是用"文治"来粉饰危机日益加深的统治。文宗初即位，就建立奎章阁，集儒臣于阁中备顾问，又置艺文监，以蒙古语翻译儒书，刊刻经籍。至顺二年（1331 年），敕编《经世大典》书成。该书由赵世延、虞集先后主持修纂，是记录元朝一代制度故事的珍贵文献。

至顺三年八月，文宗卒，临危遗诏立明宗之子为帝。燕铁木儿利于立幼，于同年十月拥明宗次子懿璘质班为帝，是为宁宗。宁宗逾月而卒，时年 7 岁。燕铁木儿在文宗后的坚持下，被迫把被文宗放逐于静江（治今广西桂林）的明宗长子妥懽帖睦尔迎入京都，但迁延数月不肯立君。直到他因纵欲过度而死，妥懽帖睦尔才得在至顺四年六月即位于上都，史称顺帝。

社会诸矛盾的激化

元朝末年，吏治腐败，财政破产，军备废弛。燕铁木儿死后，伯颜独秉国政，政治势力迅速扩大。中书省、枢密院官员大都出其门下，每罢朝，一拥而退，朝廷为之一空。他一次所受赐田多达 5000 顷。大批蒙古贵族、官僚通过受赐、占夺等方式转化为大土地所有者，汉族地主也不肆兼并土地。广大农民在沉重的封建负担下丧失土地，破产流亡。伯颜当权时，中原连年灾荒，人口存亡相半，朝廷竟不加救济。官吏勒索，贿赂公行，民间将他们与"贼"一样看待。后至元（1335—1340 年）间，广东朱光卿、河南棒胡、四川韩法师、福建李志甫、江西彭莹玉及周子旺等相继举众起义；东北、西北、湖广各族人民也起兵反元。以伯颜为代表的一部分蒙古贵族，企图用加剧民族压迫的政策来镇压以汉族人民为主体的反元斗争。忽必烈在位时，就将全国居民按种族、地域分为四等，对汉人，尤其是南人中的平民加以各种防范压抑。这时，伯颜继废止科举之后进一步下令禁止汉人、南人学蒙古、色目文字，以阻塞他们的仕途；并扬言要杀张、王、刘、李、赵五姓汉人。伯颜还企图废顺帝另立。他的所作所为使当时的社会危机更加深刻。至元六年（1640），伯颜侄脱脱得到顺帝支持，乘伯颜出外行猎，将他贬黜。顺帝起用脱脱当政，次年，改元至正，宣布"更化"，恢复科举取士，开马禁，减盐额，修辽、金、宋三史，政治一度较为清明。至脱脱第二次出任中书右丞相时，国库空虚，灾荒频仍，为解救危机，他变更钞法，勒黄河回故道以整治河患，在京畿附近营田，募人佃种以救北方粮荒。但这些都未能缓和已全面激化的社会矛盾，而开河、变钞直接催发了轰轰烈烈的元末农民大起义。

元征安南

元蒙哥汗三年（1253年）十二月，忽必烈攻占大理，留大将兀良合台镇守。兀良合台平定云南各部之后，于蒙哥汗七年（1257年）秋派使节招降安南陈朝（今越南北部）。安南国王陈日煚扣留使节，拒绝投降。同年十一月，兀良合台率大军沿红河进攻安南。十二月，蒙军大破安南军，进入安南国都升龙（亦名大罗城，今河内），实行屠城。陈日煚逃到海岛。蒙军不服水土，只在升龙停留了9天便班师回国，退兵时再派使节招降陈日煚。次年二月，陈日煚传位于其子光昺。夏，陈光昺派使者晋见兀良合台，表示臣服。

元中统元年十二月（1260年），元世祖忽必烈派礼部郎中孟甲等出使安南，允许安南保持衣冠典礼风俗等本国旧制。作为回报，陈光昺派族人通侍大夫陈奉公等觐见忽必烈，请求3年一贡。忽必烈同意其要求，封陈光昺为安南国王。此后，两国使节往还不绝。至元四年（1267年），忽必烈应陈光昺请求，任命讷剌丁为安南达鲁花赤。不久，又下诏要安南君长亲自来朝，贵族子弟入质，编制户口，出军役，交纳赋税，设置各级达鲁花赤。陈光昺虚与委蛇，不接受这些要求，也不向元使跪拜，反而提出了取消达鲁花赤的要求。这时，元朝忙于灭南宋，无力南顾。

至元十四年（1277年），陈光昺去世，世子日烜即位。陈日烜坚持光昺的对元方针。至元十六年（1279年），元朝消灭了南宋残余势力之后，议论对安南用兵，但因南方各地人民不断起义而作罢。至元十八年（1281年），元朝成立安南宣慰司，以卜颜铁木儿为参知政事、行宣慰使都元帅，进行战争准备。同时，以陈日烜拒不请命而自立、称病不朝为理由，改立陈日烜叔父陈遗爱为安南国王，遭到安南拒绝。至元二十年（1283年），忽必烈以进攻占城为名，派其子镇南王脱欢率大军南征，要求安南提供军粮，仍遭拒绝。至元二十一年（1284年）十二月，元军分6路侵入安南。安南兴道王陈峻率兵凭险节节抵抗，陈日烜布防于升龙以北的富良江一线。经过激战，陈日烜等于至元二十二年（1285年）正月十三日撤离升龙，退往天长府，集结兵力，坚持抵抗。脱欢占领升龙，焚毁王宫，挥师南下。同时命令驻扎在占城（今越南南方）的元将唆都北上，合击安南主力。元军会合后，分水陆两路追击陈日烜。陈日烜屡战屡败，逃往安邦海口，藏匿于山林，后又逃往清化。其弟陈益稷投降。元军虽获胜，但帅老兵疲，不服水土，尤其是骑兵无法在丛林、水网地区发挥特长。再加上安南援兵逐渐集结，不断袭击元军。脱欢被迫于同年夏撤兵。元军撤退途中，在如月江、册江（乾满江）等地一再遭到安南军民的截击，损失惨重，唆都、李恒等元帅战死。安南收复了全部失地。

至元二十三年（1286年）正月，忽必烈罢征日本，调集军队、粮草，准备大举进攻安南。同时另立陈益稷为安南王。至元二十四年（1287年）正月，他调集8万大军，成立征交趾行省。以奥鲁赤为平章政事；乌马儿、樊楫为参知政事，仍受镇南王脱欢节制。十一月，元军分3路侵入安南境内。程鹏飞、孛罗合答儿由西道攻永平，大小17战，连破老鼠、陷沙、茨竹三关，直抵万劫。脱欢、奥鲁赤从东道攻女儿关。乌马儿、樊楫从海道攻安邦口。各路元军会合后，矛头直指升龙。十二月，脱欢率诸军渡过富良江，击败守军，进占升龙。陈日烜等逃往敢喃堡。次年正月，脱欢挥师追击至天长海口，不见陈日烜踪迹，只得回师升龙。元军四出侵扰，掠夺粮草，终因军粮匮乏，天气逐渐炎热，不得不于二月初下令班师回朝。元军撤退途中，安南集结了30余万大军在女儿关、丘急岭一带布防百余里，准备截击元军。脱欢闻讯下令诸军避开敌军，分道撤回国内。元军水师在白藤江遭安南军阻击，主将樊楫受伤被俘。三月，陈日烜遣使进贡金人以代谢罪。忽必烈虽十分恼怒，仍不得不恢复和好关系。

至元二十七年（1290年），陈日烜去世，世子日燇即位，仍然对元朝采取不卑不亢的态度。至元三十年（1293年），元朝第三次调集大军出征安南。次年年初，忽必烈去世，成宗铁穆耳即位，下诏罢征安南，宽宥其抗命之罪。此后，两国边境上虽发生过小规模冲突，但始终维持着安南对元朝的朝贡关系。

元征占城

元世祖至元十五年（1278年），元朝福建行省参政唆都派使节到达越南南部占城国。使节回报该国国王失里咱牙信合八刺麻哈迭瓦有归顺之意，元世祖忽必烈封其为占城郡王。至元十六年（1279年）十二月，派兵部侍郎教化的、唆都等出使占城，要求占城国王入朝。占城国王保宝旦拏啰耶邛南诙占把地啰耶遣使进贡，奉表归降。至元十八年（1281年）十月，元朝设占城行省，以唆都为右丞，刘深为左丞。调集海船百艘、士卒水手万人，准备次年正月出征海外，要求占城郡王供给军食。不久，占城王子补的专权，扣押元朝出使暹国、马八儿国的使节。于是，忽必烈决心兴兵讨伐。

至元十九年（1282年）六月，忽必烈调集淮、浙、福建、湖广驻军5000

人、海船 100 艘、战船 250 艘，由唆都统率进攻占城。当年十一月，唆都率军从广州出发，航海至占城港（今越南平定省归仁）登陆。占城国王孛由补刺者吾亲率重兵 10 万，筑木城 20 里，设"回回三梢炮"百余座，严阵以待，拒绝了元朝的招降。至元二十年（1283 年）正月十五日半夜，元军分 3 路从北、东、南 3 面乘船攻击木城。次日早晨两军交战，占城军出动万余人，战象数十只迎击南路元军。中午，元军击溃占城军，攻入木城。占城国王放弃行宫，焚烧仓库，率部逃入山中。接着，元军进兵大州，占城国王闻讯求降。元军开到大州东南，准许占城王投降，赦免其罪。但要求占城国王亲来营中纳降。占城国王一面派国舅宝脱秃花为使节应付唆都，一面在大州西北雅侯山立寨，集结两万余人，并遣使向安南、真腊、阇婆等国借兵。二月十九日，元军进攻雅侯山，占城军拼死抵抗，并利用地形切断元军退路。元军苦战，才得以突围。唆都在舒眉莲港建立木城，固定待援。并以此为据点，攻击占城的郡县。至元二十一年（1284 年）三月六日，唆都奉命北上进攻安南，率军撤出占城。等万户忽都虎率援军到达占城舒眉莲港后，才知道唆都已撤兵。二十七日，占城国王遣使求降。当年，元朝再度策划派兵讨伐占城，因与安南爆发战争，未能成行。元成宗时，与占城恢复了和好关系。

元征缅甸

13 世纪中叶，缅甸蒲甘王朝日益衰落，成为强大元朝的觊觎目标。

元至元八年（1271 年），元大理、鄯阐等路宣慰司都元帅府派遣乞觪脱因等出使缅甸，招抚缅王，希望他归顺元朝。缅王那罗提诃波帝派遣价博为使节到达大都。元世祖忽必烈派遣使节回访缅甸。两国建立了初步的联系。至元十年（1273 年），忽必烈派勘马剌失里、乞觪脱因等出使缅甸，要求缅王派遣王室子弟或显贵大臣来京朝贡。不料，元使一去不归。据缅甸史籍记载，元使是因为晋见缅王不肯脱靴子而被处死的。过了两年，云南行省见使臣久久不归，缅王毫无表示，便向朝廷建议对缅用兵。忽必烈未予批准。

正当元朝在是否出兵问题上犹豫不决之际，缅甸先发动了战争。至元十四年（1277 年），缅甸出动士卒四五万、战象 800 头进攻云南镇西路金齿千额总管阿禾的部落，企图在腾越、永昌之间建立营寨。阿禾向上司告急。驻扎在南甸的大理路蒙古千户忽都率 700 人驰援千额。元军与缅军在行进中遭遇，激战两日。元军大破缅军象阵，追击 30 余里，连破 17 座缅军营寨，将其驱逐出国境。同年十月，云南诸路宣慰使都元帅纳速剌丁统兵 3848 人出征缅甸。元军进占江头城（今缅甸蛮莫县江新），招降附近的掸族部落 35200 户。后因天热，未敢深入缅境。纳速剌丁回国后，向朝廷上奏说："缅甸国内的地形虚实，完全在我掌握之中，可以大举进攻了。"忽必烈听了十分高兴，于是下决心征伐缅甸。

至元十七年（1280 年）二月，纳速剌丁等再次请求征伐缅甸。忽必烈予以批准，下诏调兵遣将，积极筹备，并正式任命诸王相吾答儿为征缅大军的统帅。不久，元军已经攻占了江头城、太公城（今缅甸拉因公县境内）等地，并分兵驻守。过后，缅王的臣属建都王乌蒙、金齿西南夷等 12 个部落归顺元朝。但缅王一直坚持到至元二十二年（1285 年）十一月才向元朝求降。忽必烈准其悔过自新，但重申要缅甸权贵亲自来京朝贡的要求，并为此派兵护送怯烈出使缅甸。然而，当怯烈尚未到达缅甸首都蒲甘，缅甸就发生了内乱。缅王被其庶子不速速古里所杀，贵族内部斗争激烈。

不久，不速速古里在与诸兄弟争位的斗争中被杀。蒲甘王朝实际上已经解体。各地纷纷拥兵自立的贵族和掸族部落首领为寻求政治上的支持，大多向元朝投降，接受了元朝任命的宣慰司等各种官职名号。大约在至元二十六年（1289 年），缅王立普哇拿阿迪提牙也向元朝纳贡称臣，并派自己的儿子信合八到大都朝见元朝皇帝。次年，成宗封立普哇拿阿迪提牙为缅国国王，信合八为缅国世子。

但是，到大德年间，由于缅甸内乱，元朝再一次出兵缅甸。缅甸权臣、木连城（今缅甸叫栖县）长官阿散哥杀害缅王，另立其子邹聂为王。朝中大权尽操于阿散哥之手，缅王实成傀儡。元成宗闻讯，决心派兵惩罚阿散哥。大德四年（1300 年）十二月，诸王阔阔率兵进入缅甸，围攻木连城，遭到守军的顽强抵抗。次年二月，由于阿散哥以重金贿赂阔阔以下将校，元军将领以暑热难耐为借口撤兵回国。元军撤退后，阿散哥派弟弟者弟到上都请求宽恕。成宗赦免了他的弑君之罪，下诏停止征缅，默认了缅甸国内的现状。此后，直至元末，缅甸一直保持着对元朝的臣属关系。

元征爪哇

13 世纪下半叶，爪哇杜马班（新柯沙里）王朝国王哈只葛达那加剌称雄南洋，与中国有密切的贸易往来，遂成为元朝觊觎的首要目标。

至元十五年（1278 年）三月，元世祖忽必烈下诏设立福建行省，该行省的主要任务之一就是招抚海外各国。次年，福建行省左丞唆都派赵玉出使爪哇。十二月，忽必烈下令招谕海内海外各国。至元十七年（1280 年）十月，元朝再派使节出使爪哇，爪哇也回派使节通好。但当忽必烈要求爪哇国王亲自来华朝觐，遭到拒绝。虽后又两次遣使爪哇，仍未达到目的。至元二十六年（1289 年），爪哇国王将使臣孟琪黥面，送还元朝。忽必烈以此为借口发动了战争。

至元二十九年（1292年）二月，忽必烈任命史弼、高兴、亦黑迷失为福建行省平章政事，率兵2万人出征爪哇。出征军携带一年的粮食，乘坐海船1000艘。十二月，史弼等率军从泉州出发，经七洲洋、万里石塘、安南、占城，于次年二月到达爪哇杜并足（厨闽）。然后分水陆两路进攻八节涧（泗水）。这时，爪哇正在内乱之中，曾被杜马班王朝征服的葛朗国（谏义里）王室后裔哈里葛当（查耶卡班）起兵反抗，杀死爪哇王哈里葛达那加剌。葛达那加剌的女婿土罕必阇耶（拉登·韦查耶）逃到麻喏八歇，积聚力量，伺机反攻。三月一日，元军会师并攻占了八节涧。土罕必阇耶向元军表示归顺，请求援助。史弼等接受了这一请求，派兵增援麻喏八歇。三月七日，葛朗军兵分3路进攻麻喏八歇。次日，高兴等率兵与之激战一天，击退敌军。十五日，元军分3路进攻葛朗。元军与哈里葛当率领的葛朗军10余万激战于答哈，三战三捷，歼灭其主力，迫使哈里葛当退入内城。当天晚上，哈里葛当投降。四月二日，土罕必阇耶请求离开元军大营，回麻喏八歇取正式的归降表和朝贡礼品。史弼等派200名元军护送。行至中途，土罕必阇耶杀死护送的元兵，集结军队，夹攻元军。元军在葛朗之战后尚未休整补充，疲惫不堪，只得且战且退，于四月二十四日登舟回国。

元成宗元贞元年（1295年），爪哇麻诺八歇王朝派使节来华，主动恢复了友好关系。此后，两国的使臣、僧侣、商人来往不绝，保持了密切的经济、文化交流。

灭亡南宋

忽必烈自鄂州撤围北上夺位后，贾似道以"再造之功"班师回朝。为了掩盖那个见不得人的密约，他把忽必烈的使臣郝经长期拘留在真州（今江苏仪征）。昏庸透顶的宋理宗赵昀竟下诏褒扬贾似道，加封少师、卫国公。贾似道更加飞扬跋扈，将左丞相吴潜逐出朝外，贬到循州（今广东龙川西南），曾在潭州、鄂州等地与蒙古军浴血奋战过的向士璧、曹世雄则以"侵盗官钱"的罪名死于狱中，曾出兵收复三京的赵葵等人也被罢官。守四川的骁将刘整因与主帅俞兴不和，以泸州等15郡、户30万投降蒙古。南宋政权在贾似道等人的把持下，覆亡的命运已经注定了。

至元四年（1267年），忽必烈在平定了阿里不哥和李璮的叛乱后，以南宋扣留郝经为理由，再次大规模发兵进攻南宋。忽必烈用阿术为主帅，采用南宋降将刘整"先事襄阳，浮汉入江"的建议，把攻击目标直指南宋防御蒙古最重要的据点——襄阳。

襄阳地处汉水中游南岸，与北岸的樊城相对，是扼守长江的屏障。金亡后，宋蒙多次争夺襄阳，但自 1239 年孟珙收复襄阳以来，蒙古军一直未能攻下。襄、樊两城城防坚固，兵储足够支持 10 年，特别是广大守城军民有着决心与来犯之敌决一死战的大无畏英雄气概。这次阿术、刘整等率蒙古军再次来攻后，虽然用了筑堡、封锁、强攻等方法，使襄樊处于孤立无援的境地，但一直未能攻陷。

至元八年（1271年）五月，蒙古又调四川等地军队，水陆并进，加紧包围襄、樊。在形势十分危急的情况下，襄、樊城内的广大军民依然斗志高昂。这时，由于两城已被围 5 年，城里特别缺少盐、柴、布匹等物。至元九年（1272年），南宋援军李庭芝驻郢州（今湖北钟祥），招募民兵 3000，由张顺、张贵率领，沿清泥河乘船运送物资，强行突破元军封锁去襄阳。张顺号称"竹园张"，张贵号称"矮张"，都是智勇双全的勇将。这 3000 民兵明知此去九死一生，但人人感奋，决不动摇。元军为封锁襄、樊，用铁链、木筏填塞江口，简直无隙可通。张顺、张贵率轻舟百艘，顺流而下。元军见张顺、张贵突如其来，夜中不敢交锋，张顺、张贵转战 120 里，黎明抵达襄阳。城中宋军久不见援军，此时欢欣鼓舞，勇气百倍。但这时独不见张顺，数日后张顺尸体在江中浮起，身中四创六箭，手执弓矢，怒气勃勃如生，南宋军民惊叹不已。几天后，张贵又带领能伏水中数日的水手二人，泅水去郢州，约宋将范文虎发兵夹击元军。不幸途中负伤被俘。阿术劝降不成，张贵被害牺牲。张顺、张贵可歌可泣的事迹激励着南宋军民的抗元斗志。

至元十年（1273年）正月，元军采用张弘范计，断襄、樊之间水上联络，又用西域"回回炮"攻樊城，樊城陷落。宋将范天顺力战不屈，城破自缢死。宋将牛富率百余人巷战，重伤投火死。二月，襄阳守将吕文焕投降元朝。至此襄阳保卫战结束。

襄、樊失守后，等于打开了南宋的大门。至元十一年（1274年）忽必烈命左丞相伯颜率师南下。伯颜分军两道：一路以合答为主帅，刘整为先锋，进犯淮西、淮东，直下扬州；一路由伯颜、阿术率领，吕文焕为先锋，沿汉水入长江，沿江而下，直趋南宋都城临安（今浙江杭州）。

伯颜所率领的这支元军，顺汉水南下，包围郢州，南宋守将在汉水中设防坚守，元军被迫绕道，进攻沙洋。沙洋守将王虎臣、王大用坚决抵抗，元军用金汁炮焚毁民舍，突破城防，占领沙洋。再围新城，新城守将居谊拒战，城破后牺牲。元军进入长江，攻下要塞阳逻堡，南宋汉鄂舟师统帅夏贵逃跑，汉阳、鄂州相继降元。伯颜派阿里海牙守鄂，并由鄂进兵湖南，自率大军沿江东下。长江两岸的宋军毫无斗志，纷纷不战而降，黄州（今湖北黄冈）、蕲州、江州（今江西九江）被元军轻取，范文虎亦以安庆降元。

1274年七月，南宋度宗赵禥死，幼子赵显即位，是为恭帝，朝政仍由贾似道控制。十二月，在朝野压力下，贾似道被迫出兵应战。次年二月，贾似道率各路精兵7万驻芜湖，准备迎战元军。同时又派使臣去元兵军营，要求议和，遭伯颜拒绝。元军发起进攻，双方激战于池州下游的丁家洲，元军在长江两岸立炮轰击宋舰，并以划船数千艘乘风冲击宋舟船，宋军大败，杀溺死者不可胜数，军资器械尽为元军所夺。贾似道败逃，朝野对贾似道祸国殃民的罪行怒不可遏，朝廷不得已贬贾似道于循州，押送途中被看管人员杀死。

元军在丁家洲大胜后，沿江太平、和州、无为诸城纷纷降元。1275年三月，元军占领建康（今江苏南京），接着又攻占镇江、常州、无锡等地。元军占领常州后不久，张世杰即遣刘师勇等克复，十一月，元军再破常州，守将姚訔、刘师勇等坚持巷战，全城惨遭屠杀，只刘师道等8人逃出。

元军进逼临安，谢太后（理宗后）下诏勤王。可是，各地官员响应的很少，只有赣州（今江西赣州）知州文天祥和郢州守将张世杰率兵入卫临安。文天祥是庐陵（今江西吉安）人，他以状元当上了赣州知州，勤王诏下后，他招募了3万士兵星夜赶来，却遭到宰相陈宜中的拒绝，派他到平江（今江苏苏州）作知府。元军进攻临安，形势十分危急，文天祥又奉命守余杭附近的独松关，这时元军已先破独松关，而平江亦已失守，文天祥只好去临安。张世杰是北方大地主军阀张柔的部下，张柔投降蒙古，张世杰南下投宋，在抗击蒙元战斗中英勇善战，但陈宜中对他很不信任。临安危急时，文天祥、张世杰都到了临安，他们主张让谢太后、全太后（度宗后）、恭帝入海，留下自己背城一战。但陈宜中不许，他多次与伯颜洽谈投降事宜，但没有成功，竟撒手不管逃到温州去了。谢、全太后只好任命文天祥为右丞相兼枢密使，派他去元营谈判。文天祥到元营后，不顾伯颜的威胁利诱，始终坚持先撤军后谈判的立场，伯颜无可奈何，把他强行扣留在军营中。1276年（元至元十三年，南宋德祐二年）元军进入临安，谢太后率赵显投降，谢、全太后、赵显等被俘送大都。南宋灭亡。

临安失陷后，江浙、江西、湖南等地大部分被元军占领，但各地的抗元斗争仍在继续进行，特别是扬州、潭州、合州等地的抗元斗争更是英勇壮烈。

守卫扬州的是抗元英雄李庭芝。他早年在孟珙部下任职，孟珙死后便一直驻守扬州，襄阳失陷前，蒙古军队在合答、刘整率领下多次进攻扬州，李庭芝坚壁固堡，英勇抗击，打退了敌人的进攻。襄阳危急时，李庭芝奉命率军支援，却遭到范文虎的排挤，但仍为襄樊保卫战做出了很大的贡献。襄阳失陷后，元军攻扬州，他继续坚守。临安被元军占领后，投降元朝的谢太后曾两次命令他投降，谢太后派使臣到扬州城下，送书给李庭芝说："我和皇帝已经臣服了元朝，你还能为谁守城呢？"李庭芝怒不可遏，以射杀来使作为对谢太后无耻投降的回答。德祐二年（1276年）七月，益王赵昰诏李庭芝南下会合，李庭芝命部将朱焕守扬州，自率7000人经泰州入海。不料朱焕以城降元，李庭芝被困于泰州，被俘牺牲。

德祐元年（1275年）三月，元军阿里海牙攻占岳州（今湖南岳阳）。翌年正月，阿里海牙攻潭州，守将李芾坚守了3个月，城破，李芾命部将沈忠杀李芾全家，沈忠忍痛杀李芾全家，然后又杀了自己一家，最后自刎身死。

阿里海牙入广西，邕州（今广西南宁）知州马塈率所部及少数民族兵坚守静江（今广西桂林）3个月，前后百余战，宁死不屈。阿里海牙、忽必烈多次诱降，均遭拒绝。外城破，马塈率战士坚守内城，再破，巷战牺牲。其部将娄钤辖又死守月城10余天，最后自焚而死。

四川军民从1234年蒙古入境到1278年合州失守，进行了40多年的艰苦斗争。1267年，蒙古军数万进攻合州，为宋军击退，有力地支援了襄樊保卫战。1275年，元军在击败了南宋主力后再次大举进攻四川，包围重庆，合州守将张珏率兵支援，重创敌军。但因双方力量悬殊，四川大部州郡失陷。1278年，元军攻陷重庆，张珏率军巷战，不敌，以小舟走涪州（今四川涪陵），不幸被俘，在解送大都途中自缢而亡。

下面再讲南宋最后两个小皇帝被消灭的情况。

临安失守前夕，益王赵昰和他的弟弟广王赵昺（他们都是度宗妃杨氏所生）逃到永嘉。德祐二年（1276年）五月，赵昰在福州（今福建福州）被张世杰、陆秀夫拥戴为帝，是为端宗。这时文天祥已从元营逃出，抵达永嘉，又到福州，被赵昰任命为右丞相。他们重新组织残余部队继续抗元。1276年，文天祥到江西，收复宁都（今江西宁都）、雩都（今江西于都）等地，一时军心大振。但是福建方面却节节败退。十一月，赵昰逃到泉州（今福建泉州），又逃到潮州（今广东潮州）。大商人蒲寿庚以泉州降元。至元十四年（1277年），文天祥、张世杰在江西、广东继续抗击元军，各地纷纷响应，特别是福建农民起义领袖陈吊眼、许夫人等，率汉、畲各族人民投入了反元斗争，使南宋兵势稍有振作。年底，赵昰逃到香山（今广东中山）。

1278年初，赵昰逃到广州（今广东广州），又逃至砜州（今广东砜州岛）。四月，赵昰病死，弟赵昺即位。六月，逃至广东新会海中的厓山，元将张弘范以水陆师2万来攻。十二月，文天祥被俘于五岭坡（今广东海丰境内），张弘范要文天祥投降，文天祥严词拒绝。他面对珠江口外的零丁洋，抱定必死的决心，写下了悲壮的《过零丁洋》这首著名的诗篇。其中"人生自古谁无死，留取丹心照汗青"之句，表达了他为反对蒙古贵族反动的战争而决心献身的高尚品质，成了几百年来激励人们为正义而献身的名言。后来张弘范不得不把他送到大都，至元二十年（1283年），正月十七日，文天祥在大都菜市口就义，当时他只有四十七岁。

元至元十六年，即南宋祥兴二年（1279年）二月，元朝水军在厓山海面发起总攻势，南宋水军大败，陆秀夫抱赵昺投海死，张世杰突围后遇到大风，船覆没被水淹死。南宋的残余力量至此全部被消灭。

元末农民起义

元末阶级矛盾和民族矛盾的极端尖锐化，终于导致了元末农民起义。这次起义规模大、时间久，以红巾军为主力的农民起义军沉重打击了元朝在全国各地的统治，为朱元璋最后推翻元朝创造了条件。

起义的爆发

至正四年（1344）五月，黄河暴溢，北决白茅堤、金堤（今河南兰考东北）。沿河州郡先遇水灾，又遭旱灾、瘟疫，灾区人民死者过半。黄河决堤后，冲坏山东盐场，严重影响元朝政府的国库收入。十一年四月，顺帝命贾鲁为工部尚书、总治河防使，发汴梁（今河南开封）、大名等13路15万民工及庐州（今安徽合肥）等十八翼两万军队，开凿280里新河道，使黄河东去，合淮河入海，时紧工迫，官吏乘机舞弊，人民痛苦更深。十年底，顺帝又决定变更钞法，滥发纸币，造成物价飞腾。"开河"和"变钞"促使元末社会矛盾进一步激化。

贾鲁开河后，北方白莲教首领韩山童及其教友刘福通等决定抓住这一时机，发动武装起义。他们一面加紧宣传"弥勒下生""明王出世"，一面又散布民谣"石人一只眼，挑动黄河天下反"，并暗地里凿了一个独眼石人，埋在即将挖掘的黄陵岗附近河道上。独眼石人挖出后，河工们惊诧不已，消息传出，大河南北，人心浮动。

至正十一年五月初，韩山童、刘福通、杜遵道、罗文素、盛文襄、韩咬儿等，聚众3000人于颍州颍上（今安徽颍上），杀黑牛白马，誓告天地，准备起义。刘福通等宣称韩山童为宋徽宗八世孙，当为中国主，福通自称南宋名将刘光世后代，当辅之。韩山童发布文告，称："蕴玉玺于海东，取精兵于日本；贫极江南，富称塞北。"又打出"虎贲三千，直抵幽燕之地；龙飞九五，重开大宋之天"的战旗，表示推翻元朝，恢复大宋的决心。不幸谋泄，遭到地方官镇压，韩山童被捕牺牲，其妻杨氏、子韩林儿逃到武安（今河北武安）。刘福通等仓促起兵，于五月初三一举攻克颍州（今安徽阜阳）。起义军头裹红巾为标志，故称红巾军；起义军多为白莲教徒，烧香拜佛，故又称香军。红巾军占领颍州后，元廷遣枢密院同知赫厮、秃赤率阿速军及各路汉军前往镇压，被击败，接着，红巾军占领亳州（今安徽亳县）、项城（今河南项城南）、朱皋（今河南固始北）。九月，克汝宁府，又克息州（今河南息县）、光州（今河南潢川），众至10万。江淮各地纷纷起兵响应。

元廷把刘福通领导的主力红巾军，视为"心腹大患"。至正十一年九月，顺帝令知枢密院事也先帖木儿、卫王宽彻哥率诸卫兵10余万人前往镇压。十月，又派军增援。十二月，元军攻陷上蔡，韩咬儿被俘遇害。十二年三月，元军屯兵汝宁沙河岸，被刘福通击溃。但畏吾儿人察罕帖木儿、罗山人李思齐纠集地主武装，号称"义兵"，与红巾军为敌，对刘福通起义军威胁很大。

刘福通在颍州发动起义成功后，对在江淮一带从事秘密活动的南方白莲教僧人彭莹玉及其门徒鼓舞很大。至正十一年夏，彭莹玉（又名彭翼）及其徒赵普胜等起兵巢湖，八月，麻城（今湖北麻城）铁工邹普胜、罗田布贩徐寿辉等在蕲水（今湖北浠水）发动起义，他们宣传"弥勒佛下生，当为世主"，攻克蕲水、蕲州（今湖北蕲春南）。十月，以蕲水为都，建立政权，国号天完，改元治平，徐寿辉称帝，邹普胜为太师，设中书省（称莲台省）及六部。天完政权建立后，分兵四出，从至正十二年正月开始，先后攻占湖广、江西、福建的许多地区，其中由彭莹玉、项普略（又名项甲、项奴儿）率领的一支东去江州（今江西九江），到安徽，抵浙江，又折回浙西、安徽、江西，转战数千里，影响很大。南方红巾军提出"摧富益贫"的口号，具有很大号召力。至正十三年十二月，元廷集中兵力攻陷天完的都城蕲水，徐寿辉等被迫遁入黄梅山及沔阳湖中。曾转战江浙一带、拥有百万之众的巢湖水师也被迫退守巢湖。江淮的起义军处于不利境地，起义进入低潮。

其他非红巾军系统的起义军，以方国珍、张士诚两支最强大，活动范围最广。盐贩方国珍，早在至正八年春即起义于台州黄岩（今浙江黄岩），聚集数千人，劫夺漕运粮，扣留元海运官员。元廷招降，国珍屡降屡反。盐贩张士诚于至正十三年正月，与其弟士义、士德、士信及李伯升等18人，聚集盐丁，起兵反元，乘胜攻下泰州，连克兴化、高邮。十四年正月，自称诚王，国号大周，改元天祐。九月，脱脱总制诸王各军马、诸省各翼军马，出征高邮，号称百万。高邮正危在旦夕时，脱脱受到中书平章哈麻等弹劾，被免职流放，元廷另以河南行省左丞相太不花等代领其兵。由于临阵易将，元军不战自溃，张士诚则乘机出击，元军解体。从此元军丧失了优势。

起义的发展和失败

高邮之战对整个战局发生了有利于农民起义军的变化。北方红巾军从至正十五年（1355年）开始主动出击。二月，刘福通将韩林儿从砀山夹河迎至亳州，建立北方红巾军的政权——宋，建元龙凤。韩林儿为帝，又号"小明王"。中央设有中书省、枢密院、御史台和六部，地方设行省。以杜遵道、盛文郁为丞相，罗文素、刘福通为平章，福通弟刘六为知枢密院事。杜遵道擅权，为刘福通所杀，福通为丞相，封太保。从十六年起，福通分兵出击，三路北伐。

至正十六年九月，李武、崔德率领的西路军猛攻潼关。次年初，李武、崔德占领商州（今陕西商县），二月，进逼陕西行省首府奉元（今陕西西安）。元廷令察罕帖木儿、李思齐等解围，红巾军战败。闰九月，白不信、大刀敖、李喜喜等入陕，夺取兴元路（今陕西汉中），又克秦（今甘肃天水）、陇（今陕西陇县），进据巩昌（今甘肃陇西）。十月，红巾军攻凤翔（今陕西凤翔），察罕帖木儿往援，红巾军失利。十八年，一部分西路红巾军在李喜喜等率领下进入四川，称"青巾"，后投奔陈友谅。李武、崔德等向李思齐投降。

东路军由毛贵率领。毛贵原是赵君用的部将，至正十七年二月，从海宁州（今江苏连云港市西南）由海道入山东，连克胶州（今山东胶县）、莱州（今山东莱州市）、益都路（今山东益都）、滨州（今山东滨县西北）、莒州（今山东莒县）等地。七月，元镇守黄河义兵万户田丰响应毛贵起义。十八年二月，毛贵攻克济南。至此，山东各地大部分已为毛贵、田丰所占领。宋政权在山东设益都等处行中书省，以毛贵为平章。毛贵设"宾兴院"，选用以前的元官，并派姬宗周等为地方官，又于莱州屯田，以储备粮食。官民田十收二分。在攻克济南后，毛贵进军河北，三月，克蓟州（今天津蓟县），至漷州枣林、柳林（均在今北京通县境内），进逼大都。但因孤军深入，败于柳林，遂退师济南。十九年四月，淮安赵君用奔山东，杀毛贵。七月，转战至辽阳的毛贵部将续继祖折回益都，杀赵君用。山东红巾军各部由于自相仇杀，从此一蹶不振。二十一年夏，察罕帖木儿进攻山东，田丰、王士诚等投降。十月，察罕帖木儿进围益都，毛贵原部将陈猱头等坚守。次年六月，田丰、王士诚杀察罕帖木儿。察罕帖木儿养子扩廓帖木儿袭父职，继续围攻益都。十一月，益都陷。田丰、王士诚被杀，陈猱头被俘送大都。山东红巾军被镇压下去。

中路军由关先生（即关铎）、破头潘（即潘诚）、冯长舅、沙刘二等率领。至正十七年九月，越太行山，进入山西。至正十八年二月，毛贵遣其部将王士诚、续继祖等与中路军汇合。由于元军在山西、河北的兵力很强，中路军的主力转向晋北，原拟由山西入河北，与毛贵军会合的计划未能实现。九月，关先生等克完州（今河北顺平县），十月，占领大同、兴和（今河北张北）等路。十二月，克上都，破全宁路（今内蒙古翁牛特旗乌丹城）、辽阳路（今辽宁辽阳）。十九年十一月，红巾军进入高丽。二十二年正月，关先生、沙刘二等在高丽战死，余众在破头潘率领下败退辽阳。四月，破头潘在辽阳被俘。

在三路北代的同时，刘福通也开始出击。至正十八年五月，刘福通攻占汴梁，定为宋政权都城。这时，北方红巾军出现了鼎盛局面。但由于三路北伐相继失利，形势逆转。察罕帖木儿和孛罗帖木儿率领的两支元军，对宋政权的包围进一步紧缩。十九年八月，汴梁城破，刘福通保护韩林儿冲出重围，逃奔安丰。

至正二十三年二月，早已占领了濠州的张士诚，趁安丰空虚之机，遣其将吕珍进攻安丰。刘福通等顽强抵抗，小明王遣人向朱元璋求救，朱元璋率军救出小明王等，安置在滁州。二十六年十二月，朱元璋部将廖永忠迎归小明王至应天，途经瓜步，将其沉死。宋亡。

南方红巾军在元军高邮大败后，乘机吸收了一部分元军，壮大了自己的队伍。至正十五年正月，天完将倪文俊率领红巾军占领沔阳。十六年正月，天完政权据汉阳为都，以倪文俊为丞相，改元太平。十七年九月，倪文俊谋杀徐寿辉篡夺帝位没有成功，自汉阳逃奔黄州，被部将陈友谅杀死。陈友谅夺得军权后，把进攻重点放在东南，十八年正月，与巢湖水师赵普胜攻克安庆，乘胜连克江西、福建许多地区。陈友谅为篡夺天完帝位，于十九年九月先杀赵普胜，同年底，又逼徐寿辉徙都江州，伏杀其部属，自称汉王。二十年五月，陈友谅攻占太平，杀害徐寿辉，自称皇帝，国号大汉，改元大义。闰五月，陈友谅出兵集庆，企图一举消灭朱元璋，却在龙湾中伏大败而归。

陈友谅杀徐寿辉后，天完陇蜀省右丞明玉珍在重庆称陇蜀王，脱离陈友谅独立。至正二十二年三月建国大夏，改元天统，自称皇帝，占据全蜀，进兵云、贵，但在进攻盘踞于云南的元梁王时，不利而退。

张士诚在高邮转危为安后，至正十六年二月，攻克平江路（今江苏苏州），改平江路为隆平府。分兵克常州、松江、湖州、杭州。这时朱元璋的军队已克集庆，势力向东伸张，两军发生交战。十七年，朱元璋连克长兴、常州、泰兴、江阴、常熟等地，张士德也在常熟为朱元璋军擒获。张士诚投降元朝，被封为太尉。他在军事上继续与红巾军为敌，在政治经济上支持元朝统治，生活上腐朽堕落。趁宋政权三路北伐的时机，势力扩张到济宁、濠州一带。二十三年春出兵安丰，逐走小明王。九月自称吴王。

方国珍自至正八年至十四年6年间，曾三降元朝。十六年三月，又降元，官至江浙行省参知政事。十八年底，朱元璋的军队已经东下衢州、婺州，逼近方国珍割据的温、台、庆元诸路。次年，方国珍献温、台、庆元三郡之地于朱元璋，被授为福建行省平章政事。不久，又接受元江浙行省平章政事职，并于至正二十年至二十三年，每年派大批海船，运送张士诚的10余万石粮到元大都去。顺帝封他为江浙行省左丞相，赐爵衢国公。

垂死挣扎的元末统治集团

脱脱在高邮前线被贬后，元朝统治集团更加腐朽不堪，内部倾轧，军阀混战，终于到了不可收拾的地步。哈麻因阴荐西番僧"演揲儿"（意为"大喜乐"）法，深受元顺帝妥欢贴睦尔宠爱，继任中书左丞相，弟雪雪拜御史大夫，妹婿秃鲁帖木儿亦受宠。顺帝终日过着荒淫无耻的生活，"怠于政事，荒于游宴"，国家大权尽归哈麻兄弟。哈麻、雪雪阴谋废顺帝，立皇太子爱猷识理达腊，并杀秃鲁帖木儿等。事泄，反被顺帝、秃鲁帖木儿定计杀掉。顺帝命搠思监为右丞相、太平为左丞相。皇太子生母奇皇后与爱猷识理达腊仍谋废立，令宦官朴不花与左丞相太平商议，太平不肯，于是宫廷内分为支持皇太子的搠思监、朴不花一派和支持顺帝的老的沙、秃鲁帖木儿一派。

元末农民起义爆发后，元军在起义军打击下土崩瓦解。但依靠地主武装起家的察罕帖木儿、答失八都鲁、李思齐、张良弼等逐渐崛起，形成了新的军阀集团。答失八都鲁在北方红巾军的打击下兵败病死，其子孛罗帖木儿继之；察罕帖木儿死后，其养子扩廓帖木儿继之。这四家军阀出于争权夺利，长期以来互相攻伐不已，皇太子为了控制朝政，以扩廓帖木儿为外援，老的沙等则依靠孛罗帖木儿对抗。

至正二十四年，右丞相搠思监、朴不花指责孛罗帖木儿图谋不轨，于是就下诏削其官爵，解其兵权。孛罗帖木儿拒不从命，遣秃坚帖木儿出兵大都，顺帝不得已将搠思监、朴不花缚送给他，并复其官爵。皇太子很不甘心，命扩廓帖木儿出兵攻打孛罗帖木儿，孛罗帖木儿又出兵攻大都，皇太子战败，逃奔冀宁。孛罗帖木儿入大都，顺帝命孛罗为中书右丞相，节制天下军马，老的沙为平章政事，秃坚帖木儿为御史大夫。二十五年，皇太子下令扩廓帖木儿讨孛罗帖木儿，孛罗战败。七月，孛罗帖木儿被刺死于宫中，余党被杀。九月，皇太子和扩廓帖木儿入京，命扩廓帖木儿为中书左丞相。奇皇后要扩廓逼顺帝让位，扩廓不从，请求带兵外山。闰十月，顺帝封扩廓为河南王，代皇太子总制关、陕、晋、鲁诸道兵马，出征南方。但李思齐不服。二十七年，李思奇、张良弼、孔兴、脱列伯等结成联盟，与扩廓交战。十月，顺帝罢扩廓兵权，其原统军兵由白琐住、虎林赤、貊高等分别统率。另立抚军院，由皇太子总制天下兵马，专防扩廓。这时朱元璋即将北伐，元朝行将灭亡。

龙凤政权

至正十五年（1355年）二月，刘福通从砀山清河将原起义军领袖韩山童之子韩林儿迎至亳州（今安徽亳县），立为皇帝，又号"小明王"，国号"宋"，改元龙凤，建都亳州。中央设中书省、枢密院、御史台和六部。地方设行省和府、县。任杜遵道、盛文郁为丞相，罗文素、刘福通为平章，刘福通弟刘六为知枢密院事。不久，丞相杜遵道因擅权，被刘福通所杀。刘福通遂为丞相，后又为太保，掌握了龙凤政权的实权，小明王成了徒有其名的傀儡。

元朝统治者视龙凤政权为"心腹大患"。至正十五年（1355年）六月，答失八都被提升为河南省平章政事，授予"便宜行事"的特权，命他率原属太不花的部队前往镇压龙凤政权，但出师不利，被刘福通击败于许州长葛（今河南长葛东北），其子孛罗帖木儿也被红巾军俘获。刘福通派出的赵明达部连连攻取了嵩（今河南嵩县）、汝（今河南临汝）以及洛阳，北渡孟津至怀庆路（今河南沁阳），河北为之震动。元朝统治者大为恐慌，一面命官员加强曹州（今山东菏泽）、兴元（今陕西汉中）及沂州（山东临沂）、莒州（今山东莒县）等处防务；一面命答失八都鲁迅速调兵攻打龙凤政权的首都亳州。十一月，刘福通败于太康（河南太康），元兵遂围困亳州，韩林儿迁往安丰（今安徽寿县）。至正十六年（1356 年）三月，元朝统治者又派脱欢来亳州督战。答失八都鲁与刘福通交战于亳州，结果大败而逃。亳州转危为安。为了进一步扩大战果，摆脱被动局面，刘福通决定分兵西、东、中 3 路进行北伐。

这年九月最先出兵北伐的是以李武、崔德率领的西路军。他们连克潼关、陕州、虢州（今河南灵宝），势不可挡。答失八都鲁急调察罕帖木儿、李思齐对西路军进行追剿。李武、崔德折往晋南，在攻取了平陆（今山西平陆东南）、安邑（今山西运城东北）后与追兵遭遇，战败后队伍溃散。次年年初，溃散的队伍在李武、崔德的组织下，重整旗鼓，攻占商州（今陕西商县），拿下武关。二月，又夺取七盘，进据蓝田县，直逼陕西行省首府奉元路（今陕西西安）。元朝统治者对此大为震惊和恐慌，于是又急调察罕帖木儿、李思齐、刘哈喇不花等前往援助，红巾军被迫放弃进攻奉元的计划。闰九月，刘福通又派白不信、大刀敖、李喜喜等入陕增援，夺取了兴元路（陕西汉中），遂入凤翔（陕西凤翔）。察罕帖木儿增援，红巾军失利。至正十八年（1358年）李喜喜率部分红巾军入四川，称"青巾"。后被徐寿辉部将明玉珍追奸，不得不投奔武昌的陈友谅。李武、崔德等在至正二十年（1360 年）五月，向李思齐投降。

东路军由著名将领毛贵率领。毛贵原是淮安平章赵君用的部将，至正十七年（1357年）二月，率军由海道入山东，接连攻下胶州（今山东胶州市）、莱州（今山东莱州市）、益都路（今山东青州市）、滨州（今山东滨县北）、莒州（今山东莒县）等地。七月，镇守黄河义兵万户田丰响应毛贵起义，攻陷宁路（今山东巨野）。次年正月，攻克南北漕运的枢纽——东平路，使南北漕运中断。二月，毛贵又攻克济南。至此，山东大部地区为毛贵、田丰所占领。龙凤政权在山东设益都等处行中书省，毛贵为平章。为把山东建成北伐的基地，毛贵设立了"宾兴院"，选用以前的元官，并派姬宗周等为地方官，还颁发了铜印。毛贵还十分重视发展生产，在莱州屯田，储备粮食。不久，毛贵开始挥师北伐，亲率红巾军进入河北。三月，攻克蓟州（今天津蓟州区），至漷州枣林、柳林（今北京通州区境内），进逼元大都。一时京师震惊，人心惶惶，元廷内部甚有人主张迁都关陕。可惜毛贵因孤军深入，很快就被赶来的元军打败于柳林，不得不退回济南。至正十九年（1359年）四月，淮安赵君用来山东投奔毛贵，竟将毛贵杀害。七月，转战至辽阳的毛贵部将续继祖回到益都，再杀赵君用。从此义军内部开始自相残杀，东路北伐军一蹶不振。至正二十一年（1361年）夏，察罕帖木儿进攻山东，田丰、王士诚等投降，济南失陷。十月，元军又进围益都，毛贵原部将陈猱头坚守。次年六月，田丰、王士诚杀察罕帖木儿，重入益都城。察罕帖木儿养子扩廓帖木儿袭父职，继续围攻益都。十一月，益都被攻破，田丰、王士诚被杀，陈猱头被俘送往大都，山东的红巾军被镇压下去。

由关先生、破头潘（潘诚）等率领的中路军，于至正十七年（1357年）九月，越过太行山，进入山西。但是由于元军的兵力强大，最终未能实现与毛贵会合于河北的计划。次年九月，关先生攻克定州。十月，占领大同、兴合等路。十二月，攻克上都，占领全宁路、辽阳路。至正十九年（1359年）十一月，红巾军进攻高丽。至正二十年（1360年）正月，战败于西京（今朝鲜平壤），退走。三月，又从海路进攻高丽西北的沿海诸州，不久又退去。至正二十一年（1361年）九月，关先生、沙刘二、破头潘率10余万红巾军渡过鸭绿江，进攻朔州。十一月，攻占抚州、安州，并占领了高丽的京城开京（今朝鲜开城）。但不久，高丽军围攻开京，红巾军为其所败。关先生、沙刘二等阵亡，破头潘率余部败退辽阳，不久在辽阳被俘。

北伐的同时，刘福通在至正十九年（1359年）五月，攻占了汴梁，并定为都城，韩林儿也从安丰迁来，实现了北方红巾军多年的愿望。就在这时，北方红巾军呈现出一片鼎盛局面。但是，随着三路北伐军的相继失利，以察罕帖木儿、孛罗帖木儿为首的元兵分兵两路，进一步加紧对汴梁的围攻下，这种繁荣没有持续多久，八月，汴梁城被攻破，刘福通保护韩林儿冲出重围，逃奔安丰。

至正二十三年（1363年）二月，驻守在濠州的张士诚趁安丰空虚之机，派遣其将领吕珍进攻安丰。孤立无援的刘福通进行了顽强的抵抗最终失败。小明王韩林儿不得不向朱元璋求救，朱元璋率军救出韩林儿，把他们安置在徐州。至正二十六年（1366年）十二月，朱元璋部将廖永忠迎韩林儿、至应天，途经瓜步，将韩林儿人沉入水中溺死，龙凤政权灭亡。

郭子兴和韩林儿

郭子兴的祖先是曹州（今山东曹县）人。其父郭公，年轻时依靠占卦卜筮的法术流荡在定远县（今安徽定远），预言祸福之事很灵验。县城里一个富翁家有一位瞎眼的女儿嫁不出去，郭公就娶了她，家中一天比一天富裕起来。郭公生了3个儿子，郭子兴是老二。子兴刚出生，郭公占卜，大吉。等到长大之后，以抑强扶弱为己任，喜好结交朋友。当时正遇上元朝末年政治混乱，郭子兴分散家财，宰牛滤酒，结交壮士。元末至正十二年（1352年）春天，郭子兴聚集青年数千人，袭击并占领了濠州。明太祖朱元璋前去投靠郭子兴。守门人怀疑他是间谍，逮捕了他并告知郭子兴。郭子兴认为太祖的长相奇特，为他松绑并同他讲话，收他为部下，任十夫长，屡次跟随作战立下功劳。郭子兴很喜欢，他的次妻小张夫人也用手指指着太祖说："这是个不寻常的人。"就把她所抚养的马公的女儿嫁给太祖为妻，这就是后来的孝慈高皇后。

起初，跟郭子兴一同起事的孙德崖等4人，和郭子兴共5家，各自称元帅，地位不相上下。这四个人粗鲁而愚直，天天抢劫掠夺，郭子兴有轻视他们的意思。这4个人不高兴，合谋倾轧郭子兴。郭子兴因此经常在家里待着不管事。朱元璋乘机劝说郭子兴道："他们一天比一天抱得紧，我们愈来愈被疏远，时间长了一定要被他们控制。"郭子兴不听从太祖的劝说。

元军攻破徐州，徐州的主将彭大、赵均用率领残余的部众逃奔到濠州。孙德崖等人因为他们原来是有名的强盗首领，就一起推崇他们，让他们的地位在自己之上。彭大有智谋权术，郭子兴和他交好而冷淡了赵均用。于是孙德崖等人在赵均用面前进谗言，说："郭子兴只知道有彭将军，不知道有你这个将军啊！"赵均用大怒，找了个机会逮捕了郭子兴，关押在孙德崖的家里。朱元璋从别处部队回来，大吃一惊，急忙带领郭子兴的两个儿子上诉到彭大那儿。彭大说："有我在，哪个敢残害你们的父亲！"并且和朱元璋一起前往孙德崖家，打开枷锁救出了郭子兴，护送他回来。元军围攻濠州，他们之间就消除旧怨，一起在城中坚守5个多月。解围后，彭大、赵均用都各自称王，郭子兴和孙德崖等人还同原来一样称元帅。没有多久，彭大死了，其子接管了彭大的部众。赵均用愈来愈专横狠毒，挟持郭子兴攻打盱眙、泗州，并要杀害他。朱元璋已攻下滁州，就派人劝赵均用，说："大王走投无路时，郭（子兴）公开门接纳你们，恩德是非常深厚的。大王没有报答，反而听信小人的话要谋害他，自己除掉辅佐的人，会失去豪杰之心，我以为大王不该如此。况且他的部队还很多，杀了他能不后悔吗？"赵均用闻知朱元璋的兵力很强，心里害怕他，朱元璋又派人贿赂赵均用身边的亲信，郭子兴因此才能免于一死，于是率领自己所统辖的一万多人前往滁州依靠朱元璋。

郭子兴为人勇猛善战，但是性情固执，罕能容人。遇到危急之事，就跟朱元璋策划商量，亲近信任，如同左膀右臂。事情缓解之后，就听信谗言疏远朱元璋；朱元璋身边管事的人都被调走，逐渐削除朱元璋的兵权。但朱元璋服侍郭子兴更加谨慎小心。将士们进献给朱元璋的物品，孝慈皇后（朱元璋妻马氏）就赠送给郭子兴的妻子。郭子兴到了滁州，想占据此地自己称王。朱元璋说："滁州四面都是山，水路船只商人旅客都不好通行，不是短时间内能安生的地方。"郭子兴于是打消了称王的念头。等到攻取了和州，郭子兴命令朱元璋率领诸将领守卫这个地方。孙德崖没粮草了，移军和州境内寻找吃的，要求把部队驻扎在城里，朱元璋收容了他。有人在郭子兴面前说朱元璋的坏话。郭子兴在夜里到达和州，朱元璋来拜见，郭子兴非常生气，不和朱元璋说话。朱元璋说："孙德崖曾使您处于困境，应该有所防备。"郭子兴沉默不语。孙德崖听说郭子兴来了，图谋领兵离开。前队已出发了，孙德崖正留下视察后面的队伍，他的队伍和郭子兴的军队打起来了，死的人很多。郭子兴抓获孙德崖，朱元璋也被孙德崖的部队抓获。郭子兴闻知朱元璋被俘，大惊，马上派徐达前去替换朱元璋，把孙德崖也放回去了。郭子兴非常恨孙德崖，本来打算杀掉他才称心，因为朱元璋的缘故勉强地释放了他，心里忧闷不高兴；没有多久，就生病死了，尸体运回滁州埋葬。

郭子兴有 3 个儿子。长子先前就战死了，次为郭天叙、郭天爵。郭子兴死后韩林儿下文任命郭天叙为都元帅，张天祐和朱元璋为副元帅。张天祐是郭子兴的妻弟。朱元璋渡过长江，郭天叙和张天祐领兵攻打集庆。由于陈野先叛变，天叙、天祐都被杀害。韩林儿又任命郭天爵为中书右丞。不久朱元璋任平章政事。郭天爵没能得到要职心怀不满，很久以来图谋危害朱元璋，被处死，郭子兴于是绝了后代。郭子兴有一个女儿，是小张夫人所生，嫁给朱元璋封为惠妃，生了蜀、谷、代三位亲王。

明太祖洪武三年（1370 年）追封郭子兴为滁阳王，下诏书命令有关部门建立他的祠庙，用猪羊各一来祭祀，免除他原来邻居宥氏的徭役，世世代代看守滁阳王的陵墓。洪武十六年（1383 年），朱元璋亲手书写郭子兴的事迹，命令太常丞张来仪撰成祠庙碑文。滁州有一个叫郭老舍的人，明宣德（1426—1435 年）年间以滁阳王亲属的身份，至京城朝见。明弘治（1488—1505 年）年间，有一个叫郭琥的人自称四世祖先老舍是滁阳王的第四个儿子，朝廷赐予他冠带礼服命他负责敬奉祭祀滁阳王。不久，受到宥氏的揭发。掌管礼仪的官员说："滁阳王祭祀的制度，是太祖定下的，滁阳王没有后代，祠庙的碑文上说得很清楚，郭老舍不是滁阳王的儿子。"不再允许郭琥负责祭祀滁阳王。

韩林儿，栾城（今河北栾城）人，有人说他是李氏的儿子。他的先辈用白莲会烧香活动欺骗群众，被流放到永年。元朝末年，韩林儿的父亲韩山童宣扬妖言，说："天下一定要大乱，弥勒佛要下界了。"黄河以南、长江、淮河之间的愚民大都相信他的话。颍州人刘福通和他的同伙杜遵道、罗文素、盛文郁等人又说："韩山童是宋徽宗的八代孙，该为中原之主。"于是杀白黑牛，对天地宣誓，图谋起兵造反，以红巾为标记。元至正十一年（1351年）五月，事情败露，刘福通等人慌忙进入颍州造反，韩山童被官府差役捕获诛杀。韩林儿和母亲杨氏逃入武安的山中。刘福通占领朱皋，攻破罗山、上蔡、真阳、确山，进犯叶县、舞阳，攻陷汝宁、光州、息州，聚众达10多万人，元军抵挡不了。其时，徐寿辉等人在蕲州、黄州起事；布王三、孟海马等人在湘水、汉水起事；芝麻李在丰县、沛县起事，而且郭子兴又占据了濠州响应刘福通。当时都称他们"红军"，又叫"香军"。

至正十五年（1355年）二月，刘福通访求韩林儿，在砀山的夹河找到了他，接到亳州，称皇帝，又称"小明王"，建国号叫"宋"，建年号"龙凤"。拆下鹿邑太清宫的木材，在亳州建造宫殿。遵奉杨氏为皇太后；任命杜遵道、盛文郁为丞相，刘福通、罗文素为平章政事，刘六为枢密院知事。刘六是刘福通的弟弟。杜遵道得宠当权。刘福通嫉妒他，暗地里命武士击杀杜遵道，自己当了丞相，加太保衔，权力完全归于刘福通。不久元军在太康大败刘福通，进攻、包围亳州，刘福通挟持韩林儿逃往安丰。没过多久，兵力又强大了，派遣他的部下分道夺取地盘。

至正十七年（1357年），李武、崔德攻陷商州，于是攻破武关以谋取关中；毛贵攻陷胶州、莱州、益都、滨州，山东的州县大多攻下。这年六月，刘福通率领部众攻打汴梁，并且分兵3路：关先生、破头潘、冯长舅、沙刘二、王士诚奔赴晋、冀；白不信、大刀敖、李喜喜奔赴关中；毛贵出山东向北方进犯。他们的气势非常凶猛。田丰是元朝镇守黄河的乡兵万户，叛变投降了刘福通，攻陷济宁，不久战败逃跑。这年秋天，刘福通攻陷大名（今河北大名），于是从曹州、濮州攻陷卫辉（今在河南）。白不信、大刀敖、李喜喜攻陷兴元（今陕西汉中），随即进入凤翔，多次被察罕帖木儿、李思齐击败，逃往蜀地。

至正十八年（1358年），田丰又攻陷东平、济宁、东昌、益都、广平、顺德。毛贵也数次打败元军，攻陷青州、沧州，占据长芦镇，不久攻陷济南；又逐步领兵向北，在南皮杀死宣慰使董搏霄，攻陷蓟州，进犯漷州，夺取柳林以逼近大都。元顺帝征召各地军队来守卫大都，商量要迁移首都避开毛贵的锋芒，经大臣们进谏才作罢。毛贵很快就被元军击败，退守济南。刘福通在黄河南北活动，五月攻占汴梁，元守将竹贞逃走，于是奉迎韩林儿到汴梁，以此地为首都。关先生、破头潘等人又把他们的部队分为两路：一路出绛州，一路出汾州。出绛州的一路越过太行山，攻破辽州、潞州，随即攻陷冀宁；出汾州的一路攻打保定不成功，攻陷完州，骚扰大同、兴和等塞外各州，直到攻陷上都，毁坏那里的宫殿，又转而骚扰辽阳，到达高丽。至正十九年（1359）攻陷辽阳，杀死懿州路总管吕震。元顺帝因上都的宫殿完全毁坏，从此不再北巡。李喜喜的余党又攻陷宁夏，占领灵武等边境地方。

当时太平无事的时间长了，地方上都没有设防。地方长官听说起义军来了，总是弃城逃跑，因此起义军所到之处无不一攻即破。可是，韩林儿本是盗贼出身，胸无大志，又听命于刘福通，徒有皇帝的虚名。在外面的将领们全都不听从管束，所过之处烧杀抢掠，甚至把老弱之人当粮食来吃，而且他们过去都是和刘福通地位相等的人，刘福通也管不了他们。兵士虽然很多，但军令不能执行。屡次下城池，元军也屡次在其后又收复它们，不能守住。只有毛贵稍微有些智谋策略。他攻取济南后，建立宾兴院，选用元朝的旧官吏姬宗周等人分守各路。又在莱州设立屯田 360 处，每屯之间相距 30 里，造拉运货物的大车 100 辆，所有官田民田收取产量的十分之二作为赋税。毛贵多所策划，因此能占据山东 3 年。等到察罕帖木儿好几次击败起义军，完全收复关、陇地区后，他就在这年的五月调遣大批秦、晋地区的军队会合于汴梁城下，驻扎在杏花营，各军围绕汴梁城筑起营垒。韩林儿的军队一出战就打败仗，据城自守 100 多天，吃的东西都快完了。刘福通想不出什么计策，挟持韩林儿带领百余骑兵打开汴梁东门逃回安丰，后宫的姬姜官员的眷属子女和符玺印章、珍宝财物全部被察罕帖木儿吞没。当时毛贵已被他的同伙赵均用杀害，有一个叫续继祖的，又杀了赵均用，各部队自相攻击。只有田丰据守东平，势力略微强些。

至正二十年（1360 年），关先生等人攻陷大宁，又进攻上都。田丰攻陷保定，元朝派遣使者招降他，使者被杀害。王士诚又蹂躏晋、冀地区。元将孛罗在台州击败他，士诚就进入东平和田丰会合。刘福通曾经责备李武、崔德绕道避开敌军、观望不前，准备治他们的罪。至正二十一年（1361 年）夏天，他们两人叛变逃走，投降了李思齐。当时李喜喜、关先生等人，东西转战，大都逃的逃死的死，余众从高丽回来进攻上都，孛罗帖杌又击败并招降了他们。察罕帖木儿攻取汴梁之后，就派遣儿子扩廓帖杌征讨东平，胁迫田丰、王士诚投降，乘胜平定了山东。只有一个叫陈猱头的，独自据守益都，和刘福通遥相声援。

至正二十二年（1362 年）六月，田丰、王士诚趁机会刺死察罕帖木儿，进入益都（今山东青州市）。元朝廷把军权交给扩廓，扩廓包围益都城好多层，陈猱头等人告急，刘福通从安丰领兵赶去救援，在火星埠与元军相遇，大败逃回。元军加紧攻打益都，挖掘地道进入益都城，杀死田丰、王士诚，把陈猱头押解到京城。韩林儿的情势非常困迫。次年，张士诚的部将吕珍围困安丰，韩林儿向朱元璋告急。朱元璋说："安丰被攻破，张士诚的势力就会更加强大。"于是亲自率领军队前去救援，可是吕珍已攻进城里杀死了刘福通，朱元璋击退吕珍，带韩林儿回来，让他住在滁州。次年，朱元璋称吴王。又过了两年，韩林儿去世。有人说，朱元璋命令廖永忠迎接韩林儿回应天，到达瓜步时，把船弄翻了，林儿淹死在长江中。

先前，朱元璋驻守和阳，郭子兴死后，韩林儿下公文命郭子兴的儿子郭天叙为都元帅，张天祐为右副元帅，朱元璋为左副元帅。当时朱元璋以孤军守住一城。韩林儿建国号"宋"以后，四方响应，朱元璋于是用韩林儿的年号在军队中发布命令。韩林儿死后，才从第二年起定为吴元年（1367年）。这一年，朱元璋派遣大将军平定中原地区，元顺帝逃往北方，距韩林儿死去只有一年多。韩林儿称帝共12年。

陈友谅和张士诚

陈友谅是沔阳的一个渔夫的儿子，他本来姓谢，祖父招赘在陈家，因而随着姓陈。年少时念过书，稍微懂些文理。有一个会看风水的人观察他家祖先的坟地，说"据风水的模式定当大贵"，陈友谅心里暗自高兴。曾经在县里当小吏，他不喜欢干。徐寿辉的军队起事，陈友谅去投奔他，在他的部将倪文俊那里当掌簿书的佐吏。

徐寿辉，罗田人，又名真一。以贩卖布匹为业。元朝末年盗贼蜂起，袁州的和尚彭莹玉用妖术和麻城的邹普胜聚众起事，以红巾为标记。他们因徐寿辉长相奇特，就推举他为首领。至正十一年（1351年）九月攻陷蕲水和黄州路，打败元朝的威顺王宽彻不花。于是就以蕲水为都城，立徐寿辉为皇帝，国号"天完"，建年号"治平"，以邹普胜为太师。没有多久，攻陷饶州、信州。次年（1352年）分兵四处出击，接连攻陷湖广、江西的诸多州县。接着又攻破昱岭关，攻下杭州。别将赵普胜等人攻破太平各路，声势大振。但是，徐寿辉没有远大的抱负，所得之地不能守住，第二年（1353）被元军击败，徐寿辉逃脱。不久又兴盛起来，把都城迁到汉阳，但被其丞相倪文俊所控制。

至正十七年（1357年）九月，倪文俊图谋杀害徐寿辉，没成功，逃往黄州。当时陈友谅隶属于倪文俊，多次立下战功，当上了领兵元帅，就找了个机会杀死倪文俊，吞并了他的部队，自封宣慰使，不久称平章政事。次年（1358年），攻陷安庆，又攻破龙兴、瑞州，分兵攻取邵武、吉安。陈友谅本人率军攻入抚州。不久，又攻破建昌、赣州、汀州、信州、衢州。其时，长江以南只有陈友谅的兵力最强大。朱元璋攻下了太平，和陈友谅相比邻。陈友谅攻陷元朝的池州，朱元璋派遣常遇春攻取了池州，从此多次相互攻击。

有个赵普胜，本是一员猛将，绰号"双刀赵"。当初，他和俞通海等人驻扎在巢湖，一起归顺朱元璋，后又叛离归降徐寿辉。在这时为陈友谅防守安庆，多次领兵争夺池州、太平，在疆界处来回骚扰。朱元璋为此忧虑，以利引诱赵普胜的门客，让他潜入陈友谅的军中离间赵普胜。赵普胜没有发觉，见到陈友谅派来的人就夸耀自己的功劳，恼怒地表露出对陈友谅有恩德的神色。陈友谅怀恨在心，怀疑他对自己有二心，便以会师为名，从江州突然来到赵普胜处。赵普胜用烧羊在雁汊迎接陈友谅，刚登上船，陈友谅马上杀死赵普胜，吞并了他的部队。接着以轻装快速的部队袭击池州，但被徐达等人击败，军队全部覆没。

当初，陈友谅攻破龙兴，徐寿辉想把都城迁移到这里，陈友谅不同意。没有多久，徐寿辉突然从汉阳出发，停留在江州。江州是陈友谅驻扎的地方，他在城外埋伏下军队，迎接徐寿辉进城，随即紧闭城门，把徐寿辉带来的部队全部杀害。随即以江州为都城，事奉徐寿辉驻守在此地，而自称"汉王"，设置王府属下的官吏。于是陈友谅挟持徐寿辉东下，攻打太平，太平城坚固，攻打不下来，就率领大船停泊在太平城的西南。士兵们沿着船尾攀缘城上的矮墙登上了城，于是攻下太平。陈友谅心气更加骄纵。他进驻采石矶后，派遣部下将领表面上到徐寿辉面前禀告事情，暗中命令壮士带着铁锤击碎徐寿辉的脑袋。徐寿辉死了以后，陈友谅以采石的五通庙为行宫，即皇帝位，国号"汉"，改年号"大义"，太师邹普胜以下都继续担任原来的官职。登基时正好遇上刮大风下大雨，百官依次排列在沙岸上祝贺，未能完成规定的礼仪。

陈友谅性强劲而好猜疑，爱用权术驾驭部下。他称帝后，完全占有江西、湖广的地方，依仗自己兵力强盛，想向东取得应天。朱元璋担心陈友谅和张士诚联合，就设计叫陈友谅的老朋友康茂才写信引诱他，让他快来。陈友谅果然带领水军东下，到达江东桥，呼唤康茂才，无人答应，才知道被欺骗了。在龙湾与朱元璋的军队交战，大败。潮水下落，船只搁浅，死的人不计其数，丧失战船几百艘，陈友谅等人乘小船逃走。张德胜追击到慈湖，又打败陈友谅，烧毁了他的船。冯国胜率五翼军迫近他，陈友谅出黑旗军迎战，又大败。于是陈友谅丢弃太平，逃往江州。朱元璋的军队乘胜攻取安庆，陈友谅的部下将领于光、欧普祥都投降。第二年（1361年），陈友谅派兵再次攻陷安庆。朱元璋亲自领兵征讨他，又收复了安庆，长驱直入到达江州。陈友谅战败，夜里带着妻子儿女逃往武昌。他的将领吴宏献出饶州投降，王溥献出建昌投降，胡廷瑞献出龙兴投降。

陈友谅愤恨疆土一天比一天缩小，就大规模营造楼船几百艘，都高数丈，涂上红漆，每艘船3层，设置走马棚。上下层人说话的声音相互间都听不见，船体都用铁皮包上。船上装载着家属百官。竭其精锐进攻南昌，攻城的长梯和冲击城墙的战车，从各条路上同时前进。朱元璋的侄儿朱文正和邓愈坚守南昌，3个月没能攻下来，朱元璋亲自领兵援救南昌。陈友谅听说朱元璋来了，撤下围城的兵力，向东出鄱阳湖，在康郎山与朱元璋相遇。陈友谅把大船聚集起来，连锁在一起形成战阵，朱元璋的军队不能由下向上进攻，接连交战3天，非常危险。不久，刮起东北风，于是放火烧陈友谅的船，他的弟弟陈友仁等人全被烧死。陈友仁称五王，瞎一眼，有勇有谋，死后，陈友谅的士气低落。这一仗，朱元璋的船虽小，但是行驶轻便，陈友谅部队都是大型的战船，进退不方便，因此战败。

朱元璋所乘坐的船桅杆是白色的，陈友谅与将士们约定明天合力攻打白桅杆船。朱元璋知道这一情况，下令所有船上的桅杆全弄成白色的。明天再战，自辰时打到午时，陈友谅的军队大败。陈友谅想退守鞋山，朱元璋已先把守住湖口，拦截他的归路。相持了好几天，陈友谅和部下商量对策，右金吾将军说："出湖困难，应当烧掉船登陆。直奔湖的南面图谋再起。"左金吾将军说："这是显示软弱，对方以步兵、骑兵追踪我们，进和退都失去依靠，大事就完了。"陈友谅拿不定主意。过了一会儿说："右金吾将军的话是对的。"左金吾将军因为自己的意见不被采纳，便率领他的部下投降了朱元璋。右金吾将军知道这一情况后，也投降了。陈友谅更加窘迫。朱元璋共两次发文书给陈友谅，大意说："我想和您相约联合，各自安抚一方，以等待上天的旨意。您失策了，对我任意加害。我以轻装的部队乘隙出击，据有您龙兴等11个州郡，您仍不自己追悔所造成的祸害，又挑起战争事端。先是在洪都受窘，又在康郎山被打得大败，骨肉兄弟和部下将士一再遭受巨大的灾难。您即使能侥幸活着回去，也应该撤销帝王称号，安分地等候真命天子出来，不然家破族灭，后悔可就来不及了！"陈友谅收到文书后又怒又恨，不给答复。时间长了，军队没有吃的，陈友谅从湖口突围出来。朱元璋的将领们从上游拦击他们，大战泾江口。汉军（陈友谅军）一边打一边逃跑，天黑了还没能摆脱追击。陈友谅从船中把头伸出来，要指挥作战，突然被流箭射中，穿透眼睛进入颅内死去。汉军大乱，太子陈善儿被俘获。太尉张定边夜里带着陈友谅的次子陈理，载着陈友谅的尸体逃回武昌。陈友谅豪华奢侈，曾经制造了一张非常精致的镂金床，宫中的器物用具都类似这样。他死后，江西行省把这张床进献给朱元璋。朱元璋感叹地说："这和孟昶的七宝便壶有什么两样！"下令有关官吏毁了这张床。陈友谅称帝共4年。

陈友谅的次子陈理回武昌后，继承帝位，改年号为"德寿"。这年冬天，朱元璋亲自征讨武昌。第二年（1364年）二月再次亲自出征。陈理的丞相张必先从岳州前来援救陈理，驻扎在洪山。常遇春击败并活捉了他，押他在武昌城下示众。张必先是一员猛将，在军中绰号"泼张"，陈理特别倚重他。等到他被擒，城里便非常恐慌，因此想投降的人非常多。朱元璋就派遣陈的旧臣罗复仁进城招降陈理。陈理于是投降。他进入营门，趴在地上不敢向上看。朱元璋见陈理年幼弱小，扶他起来，握着他的手说："我不加罪于你。"武昌官库里的财物听任陈理取用，朱元璋返回应天后，授给他归德侯的爵位。

陈友谅投奔徐寿辉时，他的父亲陈普才曾加以劝阻，陈友谅不听。等到陈友谅显达之后，去迎接陈普才，陈普才说："你不听我的话，我还不知道死在什么地方呢！"陈普才有 5 个儿子：长子友富，次子友直，三子友谅，四子友仁和五子友贵。陈友仁、陈友贵先前已死在鄱阳。朱元璋平定武昌，封陈普才为承恩侯、陈友富为归仁伯、陈友直为怀恩伯，追赠陈友仁为康山王，命令有关主管部门建庙祭祀他，让陈友贵随从受祭。陈理住在京城，忧闷不乐，说一些不满的话。皇帝（太祖）说："这是小孩子的过错，恐怕小人诱惑，不能保全朕给予的恩德，应当把他安置在远方。"洪武五年（1372 年），将陈理和归义侯明升一起迁移到高丽，派遣元朝投降的大臣枢密使延安答理护送。朱元璋赐给高丽王绫罗绸缎，让他好好照应他们。又把陈普才等人迁移到滁阳。

张士诚，小名九四，泰州白驹场的盐丁。有 3 个弟弟，都以撑船运盐为职业，通过贩卖私盐牟取非法盈利。他为人非常轻视钱财，乐于帮助他人，受到他们一伙人的拥护。他常常卖盐给许多有钱的人家，有钱人家大多欺侮他，有些人欠他的盐钱不还。有个弓手丘义，侮辱张士诚尤其厉害。张士诚愤恨不平，就率领几个弟弟和壮士李伯升等 18 个人杀死丘义，并且杀绝那些有钱的人家，放火烧掉他们的房屋。张士诚等人进入别的州郡的盐场，招募青年起兵造反。盐丁们正为沉重的劳役所苦，就一起推举张士诚为首领，攻陷泰州。高邮太守李齐指示招降了他，但后来又叛变，杀害行省参政赵琏，并且攻陷兴化，在德胜湖安营扎寨，有部众一万多人。元朝廷用"万户"军职委任状招降张士诚，他不接受。张士诚用欺骗的手法杀害了李齐，袭击并占据高邮（今在江苏），自称"诚王"，非法称国号"大周"，立年号"天祐"。这一年是元至正十三年（1353 年）。

第二年（1354 年），元朝右丞相脱脱统领大军出征，几次打败张士诚，围困高邮，毁坏了高邮的外城。城就要攻下了，元顺帝听信谗言，解除了脱脱的军权，削夺了他的官职爵位，用别的将领来替代他。张士诚乘机奋力出击，元军溃败逃走，从此张士诚又兴盛起来。过了一年（1355 年），淮东闹饥荒，张士诚就派自己的弟弟张士德从通州渡过长江侵入常熟。

元至正十六年（1356 年）二月，张士诚攻陷平江，并且攻陷湖州、松江和常州各路。改平江为隆平府，张士诚从高邮迁来，以此地为都城。就用承天寺作王府宅第，蹲坐在大殿中间，射三支箭在大梁上以为标志。这年，朱元璋也攻下集庆，派遣杨宪去交好张士诚。朱元璋的信中说："从前隗嚣在天水称雄，现在足下也在姑苏自己称王，情势相同，我很为足下高兴。比邻和睦相处，各守疆界，是古人所贵重的，我私下非常仰慕。从现在起我们信使往来，不要受谗言的迷惑，从而在边境上生出事端。"张士诚收到信，扣留下杨宪，不予答复。不久，他派遣水军攻打镇江，徐达在龙潭打败了他的军队。朱元璋派遣徐达和汤和攻打常州，张士诚的军队来救援，被打得大败，丧失张、汤二将，就写书信求和，请求每年献纳粮食 20 万石、黄金 500 两、白银 300 斤。朱元璋回信，责令他放回杨宪，每年献纳粮 50 万石，张士诚又不回复。

当初，张士诚攻取平江后，就派兵攻打嘉兴。元朝守将苗人统帅杨完者几次打败他的军队，张士诚于是派遣张士德从小路攻破杭州，杨完者回师救援，张士诚军又被打败回来。翌年（1357 年），耿炳文攻下长兴，徐达攻下常州，吴良等人攻下江阴，张士诚的军队四面受阻，不能出动，形势逐渐紧迫。没过多久，徐达的军队占据宜兴，攻打常熟。张士德迎战，战败，被前锋赵德胜活捉。张士德，小名九六，善战有谋略，得到将士们的爱戴。浙西地方都是他攻占平定的。他被活捉后，张士诚非常沮丧。朱元璋想留下张士德来招降张士诚。张士德派人从偏僻小道送给张士诚一封信，让他投降元朝。张士诚于是决定向元朝请求投降。元浙江右丞相达识帖睦儿替张士诚向朝廷报告，朝廷授给张士诚太尉，他手下的将领官吏也都被授予等级不同的官职。张士德在金陵终于绝食而死。张士诚虽然免去伪王称号，据有的武装部队和地盘还是和过去一样。达识帖睦儿在杭州与杨完者有矛盾，暗中招来张士诚的军队。张士诚派遣史文炳袭击并杀害了杨完者，于是据有杭州。元顺帝派遣使者征收粮食，赐给张士诚龙衣御酒。张士诚从海路运送粮食 11 万石到大都，每年如此，成为常规。不久，张士诚愈来愈骄纵，命令他的部下颂扬他的功业和德行，希求得到王爵，元朝廷没有应允。

元至正二十三年（1363 年）九月，张士诚又自立为吴王，尊奉他的母亲曹氏为王太妃，设置下属官吏，另外在城中营建王府宅第，以张士信为浙江行省左丞相，将达识帖睦儿囚禁在嘉兴。元朝廷征收粮食不再供给。有个参军俞思齐，字中孚，泰州人，规劝张士诚说："我们从前是贼寇，可以不进贡；现在是臣子，不进贡可以吗！"张士诚大怒，把长桌推倒在地，俞思齐便托病辞官离去。当时，张士诚所占据的地方，南到绍兴，北过徐州，达到济宁的金沟，西到汝州、颍州、濠州、泗州，东临近海，方圆 2000 余里，武装的士兵几十万人。他以张士信和女婿潘元绍为心腹，以左丞徐义、李伯升、吕珍为爪牙，参军黄敬夫、蔡彦文、叶德新主管出谋划策，元朝的学士陈基、右丞饶介执掌礼乐法度。他又喜好招揽接纳宾客，赠送给他们的车马、住宅、日用杂物都非常齐全。许多侨居他乡贫困没有户籍的人争着投奔他。

张士诚为人，表面上迟缓凝重，少言寡语，似乎很有器量，但实际上没有远大抱负。占有吴一带地方后，吴地太平安定的时间很长，户口众多，张士诚逐渐奢侈放纵，懒于处理政务。张士信、潘元绍尤其嗜好搜括财物，金玉珍宝和古代名家的书法、绘画，家中都充满了。他们日日夜夜的听歌观舞，只顾自己娱乐。将领们也都傲慢，不出力卖命，每逢要打仗了，就推说有病，求得官爵田地房产以后才出兵。刚到军中，车子装载着婢妾乐器便紧跟着连续不断地到来；有时同游说空谈的人士聚会，赌博踢球，都不把军务放在心上。等到丧师失地打了败仗回来，张士诚一概不问罪。不久，又用他们为领兵的将军。上上下下玩乐享受，以至于灭亡。

朱元璋和张士诚疆土相连接。张士诚多次派兵攻打常州、江阴、建德、长兴诸地，总是失利而返。朱元璋派遣邵荣攻打湖州，胡大海攻打绍兴，常遇春攻打杭州，也都不能攻克。廖永安被士诚俘获，谢再兴叛变投降张士诚，适逢朱元璋和陈友谅相持不下，没有工夫顾及。陈友谅也派使者约张士诚夹攻朱元璋，但张士诚想守住疆土以观变化，口头上答应使者，最终没有行动。朱元璋平定武昌后，大军转回，就命令徐达等人谋划夺取淮东，攻克了泰州、通州，围困高邮。张士诚派水军船只沿长江逆流而上前来救援，朱元璋亲自率军击退他们。徐达等人于是攻克高邮，夺取淮安，完全平定淮北地区。接着下讨伐文书到平江，历数张士诚8条罪状。徐达、常遇春统领军队从太湖直奔湖州，吴地人在毗山迎战，又在七里桥交战，都被打败，于是包围湖州。张士诚派遣朱暹、五太子等人率6万部众前来救援，驻扎在旧馆，修筑五座营寨自守。徐达、常遇春修筑10座营垒以拦阻他们，断绝了他们的运粮道路。张士诚知道事情紧迫，亲自督促军队来交战，在皂林被打败。他的部将徐志坚在东迁被打败，潘元绍在乌镇被打败，升山水上陆路的营寨全被攻破，旧馆的救援断绝，五太子、朱暹、吕珍都投降了。所谓五太子，是张士诚的养子，短小精悍，能在平地上跑起一丈多高，又擅长潜水。吕珍、朱暹都是善于作战的老将，到这时也全部投降。徐达等人送他们到湖州城下示众。湖州守将李伯升等人献城投降，嘉兴、松江也相继投降。潘原明也献杭州向李文忠投降。

元至正二十六年（1366年提）十一月，朱元璋大军进攻平江，修筑长长的围子包围平江城。张士诚拒守了几个月。朱元璋致信招降他，说："古代的豪杰，以畏惧天命顺从民意为贤，以保全自己保住家族为智，汉朝的窦融、宋朝的钱俶就是这样的。你应该三思，不要自取灭亡，为天下人耻笑。"张士诚不回复，几次突围决战，都不顺利。李伯升知道张士诚非常窘迫，派遣和张士诚亲善的门客越过城游说张士诚，说："当初您所依靠的就是湖州、嘉兴、杭州啊！现在都丧失了。孤零零地守着这座城，恐怕变故要从内部发生，那时您即使想死，也不能够啊！不如顺应天命，派遣使者去金陵，表达您能够归从大义拯救百姓的心意，打开城门，脱掉帽子，用绢一幅束发，等候命令，就还不会失去万户侯的爵位。何况您的地盘，就譬如赌博的人，赢得人家的东西而又失去了它，对您有什么损害？"张士诚仰头观看很久，说："我要思考思考。"就辞去门客，但终究没有投降。张士诚本来有勇胜军称作"十条龙"的，都勇猛善战，常穿银铠甲绸缎衣出入于战阵之中，到这时也都战败，淹死在万里桥下。最后，丞相张士信被火炮击中而死，城里喧扰不安，不再有坚守的意志。元至正二十七年（1367年）九月，城被攻破，张士诚收聚残余的部众，在万寿寺东街作战，部众四散逃走。士诚慌慌张张地回到王府宅第，闭门上吊自杀。他原来的部将赵世雄解救了他。大将军徐达几次派遣李伯升、潘元绍等人向他传达朱元璋的旨意，张士诚都闭眼不回答。用轿子把他抬出葑门，上了船，他从此不再吃东西。到达金陵，终于上吊自杀身亡，这时他47岁。朱元璋下令准备棺材埋葬他。

当张士诚被围困的时候，对他的妻子刘氏说："我失败了将要死了，你们怎么办？"刘氏回答说："你不要担心，我一定不辜负你。"把柴火堆积在齐云楼下。城被攻破后，刘氏驱赶群妾登上齐云楼，叫养子张辰保放火烧楼，自己也上吊自杀了。有两个年幼的儿子隐藏在民间，不知道下落。先前，黄敬夫等3人掌权，吴地人知道张士诚一定会失败，有"黄菜叶"17个字的民谣，以后终于应验了。

有个莫天祐，元朝末年聚众保卫无锡，张士诚招降他，不听从。张士诚派兵攻打无锡，也不能攻克。张士诚接受元朝的官爵后，莫天祐才投降。张士诚屡次上奏章推荐他任同金枢密院事。到了平江被围困后，其他城池都被攻下，唯有莫天祐坚守无锡。张士诚被消灭，胡廷瑞加紧攻打无锡，莫天祐才投降。朱元璋认为他杀伤将士太多，便杀了他。

李伯升在张士诚处当官，一直当到了司徒，投降后，命他继续任原官，又晋封为中书平章同知詹事府事。他曾经领兵讨伐平定湖广慈利蛮人，又任征南右副将军，和吴良一起讨伐靖州蛮人。后来因为牵入胡（惟庸）党案获罪而死。潘元（原）明是以平章的官衔守杭州时候投降的，降后仍旧任行省平章，与李伯升都每年享受俸禄750石，不管事。云南平定，朝廷任潘元（原）明代理布政司事，死在任上。

张士诚从起事到灭亡，共14年。

方国珍起事

至正八年（1348年）十一月，出生在台州黄岩（今浙江黄岩），以贩运浮海为业的方国珍，被仇家诬告与起义反元的蔡乱头私通，遭到官府追捕。方国珍杀了仇家带其兄弟及邻里逃到海上，聚众数千人，劫夺元朝的漕运粮，扣留海运官员，起事海上。元朝命江浙行省参知事朵儿只班率兵围剿，方国珍率军打败官军，俘获朵儿只班。以此向元统治者要官，元顺帝恐海运受阻，下诏授方国珍庆元定海尉。

至正十年（1350年）十二月，方国珍又入海，烧掠沿海州郡。次年二月，元廷命魏王孛罗帖木儿、浙东道宣慰使都元帅泰不华分兵夹击方国珍。六月，方国珍打败孛罗帖木儿的军队并将其俘获。七月，元廷又命大司农达识帖睦儿等招谕方国珍。方国珍兄弟又接受了招抚。

至正十二年（1352年）三月，元廷命江浙省臣募舟师守大江，方国珍心怀疑虑，复入海反叛，杀泰不华。八月，方国珍率军攻占台州城。十一月，元廷命江浙省左丞相帖里帖木儿率兵讨伐方国珍。次年正月，方国珍又投降元朝，他还派人潜入大都贿赂权贵。于是元廷允许招安，并授方国珍徽州路治中，国璋广德路治中、国瑛信州路治中。但方国珍兄弟仍在海上活动。

至正十六年（1356年）三月，方国珍又投降元朝，被封为海道运粮漕运万户，兼防御海道运粮万户，其兄方国璋为衢州路总管，兼防御海道事。第二年八月，方国珍又被提升为江浙行省参知政事。并奉命征讨张士诚，两军会战于昆山，张士诚战败投降元。方国珍占据庆元（浙江宁波）温、台等地。拥有水军千艘，控制着丰富的渔盐资源。

至正十八年（1358年）朱元璋攻下婺州后，与方国珍邻境相望。此时北有张士诚，南有陈友定，方国珍的军队正处在包围之中。十二月，朱元璋派蔡元刚到庆元招降方国珍。第二年初，方国珍派使臣向朱元璋献黄金50斤、白银百斤及其他礼品；三月，又说愿献出三郡之地给朱元璋。九月，朱元璋授方国珍为福建等处行中书省平章政事，方国璋为行省右丞，方国瑛为行省参政，方国珉为江南行枢密院佥院，并"令奉龙凤正朔"。方国珍接受龙凤官诰，却不肯奉龙凤年号。他说"当初献三郡，为保百姓，请上位多发军马来守，交还城池。若遽奉正朔，张士诚、陈友定来攻打，援兵万一及时赶不到情况就危险了。不如暂且以至正为名，他们也就找不出罪名来攻。若真要我奉龙凤年号，必须多发军马，军马一到，我便以三郡交还。情愿领弟侄到应天听命，只求一身不做官，以报元之恩德。"但事隔一个月他又接受了元朝封的江浙行省平章政事的官职。此后，方国珍一面向朱元璋进贡，一面又替元朝政府运粮。从至正二十年（1360年）至至正二十三年（1363年），他每年都派大批海船运送10余万石粮到元大都，并得到了元顺帝的赞赏，被加封为江浙行省左丞相，赐爵衢国公。至正二十七年（1367年）四月，朱元璋军队攻克湖州、杭州，并围攻平江。方国珍自知难保，一面拥兵坐视，一面北道扩廓帖木儿，南交陈友定。朱元璋写信指责他有12条罪状。七月，朱元璋又责令方国珍贡粮23万石，同时又写信威胁。方国珍惊恐万状，日夜运珍宝，修治海船，准备随时下海逃跑。九月，朱元璋遣军分两路进攻方国珍。参政朱亮祖一路攻台州，方国珍败逃黄岩。十月，朱亮祖又攻温州，方国珍侄方明善逃遁。十一月，朱亮祖率舟师袭败方明善于乐清之盘屿，追至楚门海口。征南将军汤和一路克庆元，方国珍逃到海上，汤和乘势又下定海、慈溪等县。同时，朱元璋又命廖永忠率舟师从海上进攻。方国珍走投无路，只好归降。这股割据浙东的地方势力终于被平定。明洪武二年（1369年）朱元璋以方国珍既降，不念旧恶，授广西行省左丞之职，留居京师。洪武七年（1374年），方国珍病死。

朱元璋起兵

朱元璋幼时名为重八，又一名为兴宗，字国瑞，出身濠州钟离县一个贫农家里，自幼丧父母，因此入皇觉寺为僧。郭子兴领导的农民起义军打败了在濠州的元军，元军撤离濠州时，将皇觉寺焚掠一空。至正十二年（1352年）闰三月，25岁的朱元璋走投无路，无以为生，于是来到濠州城，投奔到郭子兴领导的红巾军中。因他在战场上打仗机智勇敢，很快被提拔为亲兵十夫长，留在郭子兴身边。郭子兴为人"枭悍善斗，而性悍直少容"。每在关键时刻，都让朱元璋出谋划策，故与郭子兴"亲信如左右手"。郭子兴见他年轻，有胆略，又有见地，也受到下边战士的拥护，屡立战功，是一个有前途的人才，因此决定将养女马氏嫁给他。

在进军滁州（今安徽滁县）途中，李善长来到军中谒见。朱元璋问李善长："如今四方战乱，什么时候才能太平呢？"李善长答："秦末大乱时，汉高祖以布衣起兵，他为人豁达大度，知人善任，不乱杀人，5年而成帝业。"又说："你是濠州人，离刘邦的家乡沛县不远，只要你认真学习这位老乡的长处，天下是可以平定的。"朱元璋听后，十分高兴，决定把李善长留在自己身边，为他出谋划策。李善长的这一席话，对朱元璋的影响十分深远，一直到明朝建国以后的政治、经济政策，大多数是学习汉高祖刘邦而运用于明代的。

朱元璋在至正十四年（1354年）攻占滁州，势力逐渐壮大，并发展成了一支独立的武装力量。当郭子兴等五帅失和之时，郭子兴乘机从濠州发动进攻。至正十五年（1355年）正月，郭子兴用朱元璋之计，派张天祐等进攻和州。当郭子兴命朱元璋统领其军时，朱元璋考虑到诸将的势力与自己不相上下，为避免别人不服他，他就将檄文隐藏起来，约好第二天早上在厅中议事。当时入席以右为贵，诸将先入，皆踞右，朱元璋故意后至而就左，"朱比实事，剖决如流，众人皆愕得说不出话来，不能由此稍微有些收敛。讨论分工修城，（限）期三日。"朱元璋负责的工段3天就完成了，诸将都落后。这时他才拿出檄，南面坐曰："奉命总诸公兵，今甓城皆后期，如军法何？"诸将此刻都非常惊慌，唯恐被辞退。三月，郭子兴病死。刘福通占据安丰和颍州之后，派人把逃匿在砀山夹河的韩林儿及其母杨氏迎回到亳州（今安徽亳县），拥立韩林儿为皇帝，号小明王，建国号为宋，年号龙凤，都亳州。立韩林儿之母杨氏为皇太后。杜遵道、盛文郁为丞相,刘福通、罗文素为平章。宋建立后,韩林儿任命郭子兴之子郭天叙为都元帅,部将张天祐、朱元璋为右、左副元帅。不久,张天祐、郭天叙都战死,朱元璋就成为大元帅,郭子兴的旧部全归他指挥。

同年,朱元璋又兼并了巢湖红巾军的水师。早在刘福通、彭莹玉等在颍州发动起义时,巢湖地区彭莹玉的教徒金花小姐和李国胜、赵胜普就联络廖永安兄弟、俞廷玉父子等起来响应颍州起义。金花小姐(在起义斗争中)战死,李国胜、赵胜普退居巢湖,拥有水师万余人,船只千余艘,称为彭祖水寨。这年年初,廖永安、俞廷玉等投降了朱元璋。李国胜谋杀朱元璋未遂后,反被朱元璋处死,至此巢湖水师全归朱元璋指挥。同年六月,就用巢湖水师乘水涨入江,从牛渚矶强渡长江,攻占采石镇。此时,朱元璋激励自己的将士,只能前进,不许后退,他们乘胜一举攻下了集庆上游的太平,活抓了元朝万户纳哈出。在同元军作战中,朱元璋令幕僚李善长预为告诫军士的榜文,"禁剽掠,有卒违令,斩以徇",由此纪律严明,军中肃然。

朱元璋按照能力大小任官职,注重招贤纳士。早在江北初起时,就陆续召集了一些随从起义的地主儒士,如上文提到的李善长,还有冯国用、冯国胜,作为参谋。冯国胜劝朱元璋:"金陵龙蟠虎踞,愿定鼎金陵,倡仁义以一天下。"朱元璋对此大加赞赏,对这种劝告铭刻在心。攻下太平后,又召用老儒李习为知太平府,陶安参谋幕府事。为了稳固太平的根基或基础,他利用乡兵修城浚濠,加强防固。当陈埜先水军帅康茂才以数万众(之兵)攻城时,朱元璋派徐达等迎战,并派遣将领出其后,以夹击之。接着,朱元璋攻取了溧阳、溧水、句容、芜湖等处。

至正十六年(1356年)春二月,朱元璋率领大军,在采石大破蛮子海牙舟师。当时,蛮子海牙投奔了张士诚。至此,起义军打破了元军对长江的封锁,农民起义军重新振作起来。同年三月,朱元璋乘胜水陆并进,大举进攻集庆,在江宁镇攻破陈兆先军,生抓陈兆先,招抚其众36000人。继而又在蒋山大败元兵,于是朱元璋的诸军齐头并进,拔栅攻城。集庆城破,元朝御史大夫福寿被杀,水寨元帅康茂才投降。朱元璋进城后,城中召官吏父老,告诉官吏父老曰:"元政渎扰,干戈蜂起,我来为民除乱耳,其各安诸如故。贤士吾礼用之,旧政不便者除之,吏毋贪暴殃吾民。"集庆人民喜不胜收。此时朱元璋又得到了夏煜、孙炎、杨宪等10余位儒士,他们为朱元璋献计献策。

朱元璋攻下集庆后,以它为中心,向四周发展,在此后的一年多时间里,派诸将先后攻克镇江、广德、长兴、常州、宁国、江阴、常熟、徽州、池州、扬州等应天周围的据点。至正十六年(1356年)七月,诸将尊奉朱元璋为吴国公。并设置了江南行中书省,自己总管此省所有事务,设僚佐,但名义上仍用韩林儿的大宋旗号。朱元璋以集庆为中心后，根据地日益巩固，地盘也更加扩大了，并且有足够的兵力向更远的地方扩展。接着，朱元璋派兵攻取浙西、浙东，消灭了盘踞在这里的元军。至正十八年（1358年）三月，命邓愈进攻建德路。十二月，命胡大海攻婺州，但久攻不下，朱元璋亲自前往攻取，城立即攻破。入城之后，立即发粟赈济贫民，并改州为宁越府。朱元璋连续占领江左、江右诸郡，并与陈友谅占据的地区相邻。早在至正十七年（1357年），朱元璋部将常遇春夺取陈友谅占据的池州之后，朱陈两军就开始不断地互相攻伐。

当朱元璋攻下安徽徽州（今安徽歙县）后，他召见名儒朱升，问："今后我该怎么办？"朱升说："高筑墙，广积粮，缓称王。"意思是说，首先要巩固后方基地；其次要在后方发展生产，屯田积谷，增强经济实力；最后，不要急于称王，免得树大招风。朱元璋十分赞同朱升的建议，觉得他既有才华，又有战略远见，于是把他留在自己军中当参谋。后来，朱元璋势力壮大后，就改吴国公为吴王。从投军到称王，仅仅10余年的时间，朱元璋就由一名小卒之辈，发展成为了称雄一方的一代霸主，随后他削平群雄，统一中国，改朝建国，成为中国历史上一位著名的皇帝。

鄱阳湖之战

在大宋农民军分3路北上作战之时，元军主力被吸引到了北方战场，徐寿辉的天完农民军和朱元璋领导的农民军，在江淮地区不断扩大，获得了很大的发展。由于相互争夺地盘，农民军各部之间也展开了争夺土地的战争，随着这种矛盾的日益激化和加深，导致了互相厮杀的混战局面。元至正十六年（1356年），天完农民军在汉阳重新建都。丞相倪文俊自恃功高，表面上迎徐寿辉称帝，实际上想图谋杀徐，妄图自当皇帝。至正十七年（1357年）十月，倪文俊谋杀徐寿辉未成之后，率部逃奔黄州。他的部下领兵元帅陈友谅乘机杀死了倪文俊，并控制部众，自称平章政事。陈友谅生于沔阳渔家，父亲陈普才是普普通通的渔民。至正十八年（1358年），陈友谅率自己的军队攻下安庆，接着又破龙兴、瑞州，派另一支军队攻取邵武，自己亲自率军进入抚州。随后攻下建昌、赣州、汀州、信州、衢州，整个江西几乎都在他的控制之下。

陈友谅攻破龙兴后，徐寿辉打算迁都于龙兴，陈友谅不答应，徐寿辉也不管，亲自从汉阳引兵下了江州。至正十九年（1359年）十二月，陈友谅施计谋，只迎徐寿辉入江州城，在暗地里却埋伏兵将，杀死了徐在城外的所有部众。次年闰五月，陈友谅、徐寿辉领兵攻打太平，当时太平为朱元璋的军队控制。在驻军采石矶时，陈友谅乘机杀了徐寿辉，自称皇帝，建号汉国，改元大义。徐寿辉创建的天完政权,最终因内部的相互厮杀而化为乌有。陈友谅建立汉国之后,占据了整个江西,并且开始向湖广推进,随即又向朱元璋的统治中心集庆地区发动进攻,因此汉政权成了朱元璋统一中国的首要障碍。

至正二十年(1360年)三月,浙东儒士刘基向朱元璋献能成帝王业绩之策:"(张)士诚自守虏,不足虑。(陈)友谅劫主胁下,名号不正,地据上流,其心无日忘我,宜先图之。陈氏灭,张氏势孤,一举可定。然后北向中原,王业可成也。"五月,陈友谅进攻应天,企图与张士诚联合攻打朱元璋。朱元璋施计,引诱陈友谅领兵东来,并到达龙湾。朱元璋却在暗地里设伏兵夹击,陈友谅大败。朱元璋乘机夺回太平。六月,朱部将胡大海攻下信州,改信州为广信府,由大海之子胡德济任同金,守之。

七月,徐寿辉旧将于光、左丞余椿攻取饶州,以城投降朱军。九月,徐寿辉旧将欧普祥以袁州投降朱元璋。

至正二十一年(1361年)八月,朱元璋决心集中力量攻打陈友谅。朱元璋驾着龙骧巨舰,率舟师乘风逆流而上去攻打安庆,又在半路上攻下江州,陈友谅刚刚知道朱军来到了江州,还以为神兵从天而降,仓促之余来不及抵御,连夜挈妻子逃往武昌。朱军乘胜攻下蕲州、黄州、兴国、黄梅、广济等处。陈部将丁普郎、傅友德自动投降。陈友谅部将又以龙兴路投降朱元璋,朱元璋将龙兴改为洪都府。

第二年正月,朱元璋驻南昌。南昌由江西行中书省参知政事邓愈镇守。二月,祝宗、康泰叛乱,叛兵围攻南昌,知府叶琛被杀,邓愈慌忙逃往建康,朱元璋急命徐达率兵前往援救,才将南昌平定。此时,金华投降之人蒋英杀朱元璋大将胡大海,并附张士诚。洪都降人也叛变了朱元璋,杀死朱部守将。四月,朱部将李文忠、徐达再次出兵,收复处州和洪都府。

至正二十三年(1363年)三月,朱元璋领兵北上解救安丰之危,击退张士诚将吕珍对安丰的围困。四月,陈友谅鉴于在战场上连连失利,决定大举围攻南昌,下定决心要与朱元璋决一雌雄。于是大造舟舰,高数丈,饰以丹漆,上下三级,级置走马棚,下设板房为蔽,舻数十置于其中,载其家属、百官。"倾国"而来,号称60万大军,大举进攻南昌,直抵城下。时朱元璋诸将分门拒守,邓愈守抚州门,赵德胜守宫步、士步、桥步三门,薛显守章江、新城二门,年海龙守琉璃、澹台二门,朱文正居中总领,亲自控制2000精兵的往来策应。四月二十七日,陈友谅督兵进攻抚州门,邓愈以火铳将其击退。陈兵极力猛攻,城坏20余丈,朱文正督诸将拼死作战,一边作战,一边筑城,朱军损兵折将多人。五月,陈兵又攻新城门,薛显开门以锐卒突袭,敌兵被打败,六月,陈友谅增修攻具,想破栅从水关入城,朱文正下令煅铁戟铁钩,不久双方又展开激战。但久攻不下,陈友谅为了吸引朱文正部的注意力,分别派遣饶鼎臣等攻陷吉安、临江，朱文正仍不为所动，坚守南昌城。陈友谅又进攻宫步、士步二门。南昌被围已久，内外阻隔断绝了关系，朱文正遣千户张子明前往建康告急，又诈遣卒请求降陈友谅，以缓和其攻势，等待援兵的到来。朱元璋知道南昌危急情况后，一边命徐达围庐州，一边自己回到建康。后来朱元璋认为仅仅为了庐州而失掉南昌，此非计也，因此在七月七日，亲自领兵20万，急救南昌。并命令徐达等自庐州参战。七月十六日，20万大军驻扎于湖口，先一支军队一军屯于泾江口，一军屯于南湖咀以阻挡陈友谅军的归路，同时又调信州兵守武阳渡口防其逃跑。七月十九日，陈友谅围困南昌85天，一听到朱元璋前来解围，立即东出鄱阳湖迎战。朱元璋率诸将由松门入鄱阳湖，陈友谅联结大船为阵，朱军分20队，用小舟轻驶进行了抵抗。七月二十一日，徐达、常遇春、廖永忠等进兵迎战，徐达身先士卒，击败其前锋，杀了150多人，得一巨舟而返，两军军威大振。激战3日之后仍相持不下。朱元璋采纳郭兴之策，便以火攻陈军之巨船，此时正值东北风起，朱军放火由湖口而出，直扑陈军，乘风放火，风急火烈，陈船数百艘须臾间烈焰涨天，湖水尽赤，死者大半。陈友谅弟友仁、友贵及平章陈普略等皆被烧死。陈友谅历尽艰难突围出湖口，而朱元璋却在泾江口邀击，陈友谅中流矢而死。余部挟其子陈理逃回武昌。九月六日，朱元璋班师回城，对诸将论功行赏。朱元璋自己留住建康，徐达守备吴。九月十六日，朱又率诸将亲征陈理。十月至武昌，分兵立栅，围其四门。湖北诸郡皆来投降朱军。十二月，朱元璋回建康，命常遇春等诸将继续围攻武昌。

至正二十三年（1363年）是元末农民战争中最关键的一年，春季，张士诚部杀刘福通，大宋红巾军灭亡。秋季，朱元璋部杀陈友谅，天完及汉国败亡。

至正二十四年（1364年）正月元旦，朱元璋在应天称吴王，设置百官，以李善长、徐达为右、左丞相。

二月一日，朱元璋鉴于武昌久围不下，亲往视师。二月十七日，到武昌亲自督兵攻城，久攻未下，乃派人劝降陈理，陈理到军门磕头投降。明师围困武昌6个月，士卒没有敢擅自入城，军纪严明，百姓大悦，于是沔、汉、荆、岳诸郡相继投降朱元璋。设立湖广行中书省，以枢密院判官杨璟为参政守之。八月一日，命常遇春、邓愈围赣州。

九月，命徐达、杨璟等率师进攻江陵，改江陵为荆州府。徐达分别派遣唐胜宗攻取长沙、下沅陵、醴陵。傅友德攻取夷陵。十二月，徐达攻下辰州和衡州。

至正二十，五年（1365年）正月，围困赣州多日，熊天瑞力不能支，只好出城投降，其所统领的南安、雄州、韶州诸郡也都投降。至此，朱元璋消灭了汉国陈友谅，地盘更加扩大，势力也更加强大。但是，张士诚在助元灭宋后，本想要挟元朝封王爵，但未能如愿。于是，又叛元自立，在平江自称吴王。张士诚吴国（东吴）据地东至海，西至汝、颍、濠、泗诸州，南至绍兴，北越徐州，至于济宁之金沟。这样，江南地区形成了张士诚东吴与朱元璋吴国两吴并立的局面。张士诚成为朱元璋统一中国新的障碍。

元朝农业

元朝初年，北方农民成立了一种"锄社"。"先锄一家之田，本家供其饮食，其余次之，旬日之间，各家田皆锄治。""间有病患之家，共力助之"，往往"苗无荒岁，岁皆丰熟"。至元七年（1270年），元朝政府也下令在汉地立社。规定50家为一社，以"年高通晓农事有兼丁者"为社长。社长组织本社居民垦荒耕作，修治河渠，经营副业。元朝政府也通过村社组织，监视农民，禁止农民集会结社，向农民宣传要服从蒙古的统治。这种"村社"制度，以后遍行南北各地，与里甲制度并行，成为元朝统治和剥削农民的农村基层组织，但在鼓励农业生产方面也起了一些作用。

元初推行重农政策，促进了农业的发展。元初北方由于长期战争，使农业生产遭到严重的破坏。蒙古贵族又占农田为牧地，强制推行牧区的生产方式，使中原农户大量流向江南，至1283年已达15万户之多，成为当时社会的严重问题。元朝统一前后，蒙古统治者在中原和江南地区的高度发展的农业经济影响下，不得不放弃落后的游牧经济，开始重视农业，进行一些恢复农业生产的措施，同时蒙古的封建领主也逐渐转化为封建地主。

忽必烈即位后，依靠汉族地主的帮助，顺应社会发展的趋势，实行了"以农桑为急务"的政策。他设立劝农司、司农司和营田司等机构，推行屯田及其他鼓励农桑生产的措施，因而使北方农业生产逐步恢复。中原地区"民间垦辟种艺之业，增前数倍"。南方地区战争破坏较北方轻，农业生产在原有的基础上缓慢发展，北调的粮食逐年增加，最多时达到350多万石。边疆地区的开发尤为显著。不少汉人被迫戍边，或发配边远地区屯田积谷。岭北、西北、东北、西南地区因而得到垦辟。

此外，棉花的种植也得到了进一步推广，北道棉已由新疆发展到关中地区；南道棉从海南岛经闽广扩展到江、淮和川蜀，后来耕地的犁更加灵活，镰刀的种类增多，水转连磨等水力机械更趋完备，耘锄、耘荡、镫锄等耕地农具在生产中使用，又创造了开荒用的锄刀、下粪楼耩用的耧车，非常有利于发展农业生产。但由于生产者的贫困和蒙古贵族不关心生产，这些比较先进的工具得不到推广。

元世祖曾多次颁布诸王贵族不得因田猎践踏田亩和不得改田亩为牧场的禁令。他在给南宋降将高达的诏书中指出要"使百姓安业力农"。为了巩固统治，恢复农业生产，元世祖在中统二年（1261年）设立劝农司，至元七年

（1270年）设立司农司，至元二十六年（1289年）又于江南设行大司农司及营田司，大力提倡垦殖。至元二十三年（1286年），元朝政府向所属各州县颁行《农桑辑要》一书，在这部书中，"蚕桑之术，畜孳之方，天时地利之所宜，莫不毕具"。《农桑辑要》颁行后，号称为"利布四方，灼有明效"。元初一度出现"户口增，田野辟"的现象。

至大元年（1308年），中书省派人清查全国屯田。

蒙古国时期，为解决军粮供应问题和安抚已被征服的民众，曾在西北地区与蒙、宋交界地区开垦屯田。枢密院所辖各卫和各地万户府的屯田为军屯或军民屯，司农司、宣徽院等所辖屯田为民屯。屯田土地主要是官田，尤以荒田旷土为多，江淮之间因多年战乱而出现的荒废土地和中书省所管腹里地区的屯田最为集中。海南、岭北、云南乃至吐蕃地区，都有屯田的设置。

屯田的大规模铺开，对农业的恢复和发展起了重要的作用，但是管理屯田的官员苛剥屯田军民，玩忽职守，贪污屯田经费，对屯田的破坏极大，再加上自然灾害的侵害，自成宗起，屯田废弛的情况十分严重。十一月，中书省派人赴各地巡视120余所屯田的情况，合并了一些屯田，但是没有起到发展屯田的作用。到了元朝后朝，大多数的屯田已经名存实亡。

元朝政府又设都水监和河渠司掌管水利。世祖至元九年（1272年）、二十五年（1288年）、成宗大德三年（1299年）先后修治了黄河，至元二十六年（1289年）凿山东会通河，至元二十九年（1292年）凿北京通惠河，又治淀"以兴三吴之利"，修经渠"以溉关中之田"，在兴修水利上也取得一定的成绩。

金元时代，在农业技术全面发展的同时，果木栽培技术也获得了长足的进步。

关于截果树主根法，宋代《桔录》已有记载，元代《农桑衣食撮要·骟诸色果木树》对此进行了更为详细的阐述，说树芽还没生发的时候，就在根旁边挖开土，必须挖得既宽又深，找出主根并把它截断，保护周围的乱根，用土小心地覆盖好，捶打结实，这样，果树就会结出肥大的果实。

在蒙古贵族的征服战争中，受到严重破坏的是北方的农业，江南的农业一直没有遭受大的破坏。元世祖时，北方的农业也日益恢复，"民间垦辟种艺之业，增前数倍"，其他如岭北、云南等地的屯田也有显著的推广。据《元史·食货志》所载垦田数，江浙省官、民田995081顷，河南省官、民田已达1180769顷。全国户口除边远和"山泽溪洞之民"外，共有民户11633281户，53654337人。这都说明当时的社会比较安定，农业生产比以前也有了相对的恢复和发展。

但是，在元代，土地集中的现象非常突出。蒙古贵族都广占田土，"诸赐田者"往往在各地"驰驿征租"。在北方，占地4顷以上的地主有很大数量，"其军、站户富者，至有田亩连阡陌，家资累巨万，丁队列什伍"。在江南，"富户每有田地，其余的百姓每无田地"，富户之中，"一年有收三二十万租子的，占着三二千户佃户"。《元史·武宗纪》也记载："富室有蔽占王民役使之者，动至百千家，有多至万家者"，而江浙寺院所占佃户竟达50万家。元朝灭宋时，许多汉族的官僚地主乘势侵占农民的土地，范文虎在湖州、南浔一带强占了大量膏腴的田土，以海运起家的张瑄、朱清更是"田园宅馆遍天下，库藏仓痹相望"，一般在职的官吏也纷纷夺占百姓的田产。

自耕农民的生活很痛苦。元朝政府把所属人户分为民户、站户、军户、冶金户、打捕户、丝线颜色户等等，他们都各自负担特殊的差役。很多人一被签发为军户或站户，在繁重的差役之下，往往破家流亡，成为佃户或流民。

广大的佃户在地主的奴役下长期过着贫困的生活。苛重的地租使得元朝政府也不得不屡次下诏嘱地主减免。在某些地区，南宋以来曾经发生过的地主干预佃户婚姻、任意奴役佃户子女，甚至把佃户随田转卖的现象仍然严重存在。

元朝手工业

元代的民间手工业由于封建官府的控制和压制，始终未能充分发展。经营范围主要是纺织、陶瓷、酿酒等。产品从规格、定额到销售，也多受官府限制、控制，甚至因和买、强征遭到摧残。民间手工业多数是自给自足的家庭手工业，一些城镇和纺织等行业中出现了手工作坊，产生了作坊主和雇工。民间手工业设备和生产条件差。但工人生产积极性较高，因而效率高、成本低，有些产品质量和生产技术超过了官手工业。

官办手工业分属工部、将作院、武备寺、大都留守司、地方政府。诸王贵族名下也有手工业局院。官手工业有充足的人力、物力，有战争中俘掠来的无数工匠供其驱使，有以雇和买的名义搜刮来的廉价原料，虽然生产效率不高，但规模大，产品多，远远超过宋金时的官手工业。

棉织业。随着植棉的推广，棉纺业开始成为一项新兴手工业。元贞年间，黄道婆自海南岛返回家乡松江乌泥泾后，推广和改进黎族纺织技术。据王祯《农书》记载，元中期已有搅车、弹弓、卷筵、纺车、拨车、轩床、线架、织机等工具。黄道婆又传授错纱、配色、综线、挈花等方法，产品有棉布织成的被、褥、带、帨（手巾），上面有折枝、团凤、棋局、字样等。印染技术也大有发展，元末时松江能染青花布，有人物花草，颜色不退。

江南地区的丝织业主要是农民的家庭副业，也有专门以机织为生的机户。史载湖州有绢庄10座，濮院镇有四大牙行，绢庄和牙行都由大商人出资开设，在其附近乡镇，"收积机产"。杭州城内，已经出现了拥有四五架织机、雇工10余人的丝织业手工作坊。作坊内的雇工除领取工资外还要"衣食于主人"。

窝阔台统治时，在弘州（今原阳）、荨麻林（今万全西北）两地有 3300 余户西域的工匠，他们带来了织造"纳失失"的技术。纳失失是一种金绮，由金线织成，上贴大小明珠。这些工匠在传播新的丝织技术方面做出了贡献。

丝织业。从事丝织生产的织染局遍布全国，主要产地在建康（天历二年改集庆，今江苏南京）、平江（今江苏苏州）、杭州、庆元（今浙江宁波）、泉州等地，产品供宫殿王府装饰和皇室、贵族、官僚穿着之用。产量很高，如镇江府岁造缎 5901 匹，建康路仅东织造局一处，岁造缎 4527 匹。花色品种繁多，如镇江府岁造丝织品中有绫丝、暗花、丝绸、胸背花、斜纹等品种，有枯竹褐、秆草褐、明绿、鸦青、驼褐等颜色。在宋缂丝的基础上发展而成的织金贮丝，其繁华细密超过缂丝；集庆官纱，质轻柔软，诸处所无。丝织业也是民间最普遍的手工业，多为家庭手工业，杭州等地还出现了手工作坊。产品中织金贮丝很普遍，品种很多。如嘉兴路所产丝绸品种有：绡、绫、罗、纱、水棉、缂丝、绸、绨、绮、绣、裕等。

毡罽业。蒙古等北方少数民族入居中原后，将他们织造毡罽的技术传播到内地。宫廷、贵族对毡罽的需要量很大。诸凡铺设、屏障、庐帐、毡车、装饰品等均有需求，因而官府、贵族控制的诸司、寺、监都生产毡罽，产量很高。如泰定元年（1324 年），随路诸色民匠打捕鹰房都总管府所属茶迭儿（Catir~Cadir，蒙语意为"庐帐"）局，一次送纳入库的就有白厚毡 2772 尺，青毡 8112 尺，四六尺青毡 179 斤。品种很多，仅随路诸色人匠总管府所造地毯，就有剪绒花毡、脱罗毡、入药白毡、半入白矾毡、无矾白毡、雀白毡、半青红芽毡、红毡、染青毡、白袜毡、白毡胎等 13 种。

麻织业。主要集中在北方。织麻工具较前代有很大提高。如中原地区用水转大纺车纺织，一昼夜可纺织百斤；山西使用的布机有立机子、罗机子、小布卧机子等；织布方法有毛绌布法、铁勒布法、麻铁黎布法。河南陈州、蔡州一带的麻布柔韧洁白。山西的品种有大布、卷布、板布等。

制盐业。元代设盐运司（转运司、提举司）管理盐业，全国有两淮、两浙、山东、福建、河间、河东、四川、广东、广海 9wh 盐运司。两淮、两浙、山东等处盐运司下设若干分司。各盐运司（或分司）下共辖 137 所盐场，场下有团，团下有灶，每灶由若干盐户组成。产盐之地遍于全国，有海盐、池盐、井盐之分。天历年间，总产量达 266.4 万余引，每引重 400 斤，约合 10 亿多斤。

兵器业。元初中央由统军司，以后由武备寺制兵器；地方由杂造局制造兵器。除常用的刀枪弓箭外，火器发展尤为显著。金末火炮以纸为筒，可能为燃烧性火器。元代所制铜火铳，系利用火药在金属管内爆炸产生气体压力以发射弹丸，为管状发射火器，使中国火炮技术有了重大进步。现存至顺三年（1332 年）、至正十年（1350 年）两尊铜火铳，制作精细。

制瓷业。景德镇是元代新兴的制瓷中心。元政府设浮梁瓷局加以监督，令民窑承担御器制作，产品极精。新产品有青花瓷和釉里红，都是釉下彩瓷器。青花瓷色白花青，色彩清新，造型优美；釉里红用铜的氧化物作彩绘原料，花纹红色。元代龙泉窑范围扩大，产品全为青釉。钧窑多花釉、变色釉，窑址数量多、规模小。磁州窑产品多白釉黑花，品种多样，区域扩大，德化窑多白釉，象牙黄釉。元代的青白瓷生产沿袭宋代，产品造型端重雅致，胚体厚实，便于远途销运。

景德镇是元代制瓷业的中心，也是最大的官窑。这里有窑场 300 余座，除生产青、白瓷之外，又发明了青花、釉里红、卵白釉、纯红釉等新产品，为明清彩绘瓷器打下良好的基础。现存的卵白釉印文独龙戏珠八宝太禧盘，有泰定三年（1326 年）款，是瓷器的珍品。元代的民窑也很多，龙泉窑最为著名，能造大型器物，有蓖纹、划花、刻花、贴花、填花等纹饰。产品精致，行销国内外，近年在韩国打捞的一艘沉船，其中载有元朝运往朝鲜的数万件瓷器，说明龙泉窑的产品已超过两宋。

元朝商业

由于农业、手工业和交通运输业的发展，统一的货币在全国流通，元代的商业也很活跃。但国内外贸易主要控制在政府和贵族、官僚、色目商人手里。

元时在全国范围内使用了纸币——钞。全国货币实现统一，促进了经济交流和商业的发展，但元朝统治者通过滥发纸币弥补财政赤字，对社会经济的发展又起着阻碍作用。

政府对国内许多商品采取专利垄断政策，其形式各不相同，部分金、银、铜、铁、铁器、盐等，由政府直接经营；茶、铝、锡和部分盐等，由政府卖给商人经销；部分金、银、铁等矿业，以及酒、醋、农具、竹木等，由商人、手工业主经营，政府抽分。天历年间，盐课钞年收入达 766100 余锭，约为全国财政收入之半。民间贸易收商税，大体三十取一。

至元十四年（1277 年）元开始在各口岸设立市舶司经营海外贸易。市舶司初建时，仍遵南宋旧制治事，其间奸弊丛生。市舶官吏贪赃枉法，直接影响了国家的市舶收入。至元二十八年（1291 年），元朝政府着手制定市舶法则，1293 年颁布"整治市舶勾当"。延祐元年（1314 年），又颁布了新的市舶法则 22 条。市舶法则对市舶司的职责做了明确规定，包括办理船舶出入港的手续、舶货的检验收存、舶货的抽分和纳税等等。市舶司由行省管辖，每司设提举两人。征收舶税和市舶抽分时，往往有行省高级官员前往督察。元朝政府原定市舶抽份额为舶货精品十中取一，一般舶货十五取一，后在抽分之外又规定了三十取一的舶税。

延祐元年（1314年），元朝政府提高抽份额，精品十中取二，一般舶货十五取二。市舶抽分和征收舶税，成为元朝政府的重要财源之一。因市舶法则较严密，抽分征税苛刻，所以舶商"漏舶"（不按规定交纳抽分和舶税）之弊十分严重，元朝政府曾一度禁止民间市舶，改为官府出资造船，以期垄断海外贸易，所得利润官府取7成，经办人取3成。但这种方法未能奏效，只好取消市舶之禁。当时与中国建立海道贸易关系的国家和地区数以百计，进口的舶货种类繁多。经市舶司允许出口的商品则主要是纺织品、陶瓷器等日常生活用品。

贵族、官吏和寺院依靠他们的特权也从事经商活动。色目商人资金雄厚，善于经营，因而出现了许多大商贾。他们发放的高利贷叫"斡脱钱"。一般民间商人多为小商小贩，他们处境艰难；少数汉族大商人，也有获得巨额利润的。盐商致富者尤多，时人有"人生不愿万户侯，但愿盐利淮西头；人生不愿万金宅，但愿盐商千料舶"之说。

与中国有贸易关系的国家和地区很多，据汪大渊《岛夷志略》记载，中国商人到过的东南亚、南亚、西亚、东非各沿海国家和地区达97个之多。自庆元到高丽、日本的航线畅通，贸易规模很大。陆上与国外贸易也很发达，主要通过钦察汗国与克里米亚和欧洲各国建立联系，通过伊利汗国与阿拉伯国家建立联系。

中国出口的物资有生丝、花绢、缎绢、金锦、麻布、棉花等纺织品，青白花碗、花瓶、瓦盘、瓦罐等陶瓷器，金、银、铁器、漆盘、席、伞等日用品，水银、硫黄等矿产品，白芷、麝香等药材。从亚非各国进口的商品，以珍宝、珍珠、象牙、犀角、玳瑁、钻石、铜器、豆蔻、檀香、木材、漆器等为主。

国内外贸易的发展，促进了城市经济的繁荣。原有的一些大城市有所发展。内地出现了一批新兴工商业城市。边疆地区也有新兴的城镇。京师大都号称"人烟百万"，是全国的政治、经济、文化中心。马可·波罗说："应知汗八里（即大都）城内外人户繁多。……郭中所居者，有各地来往之外国人，或来贡方物，或来售货宫中。……外国巨价异物及百物之输入此城者，世界诸城无能与比。……百物输入之众，有如川流之不息，仅丝一项，每日入城者计有千车……此城为商业繁盛之城也。"大都城内有米市、铁市、皮毛市、马牛市、骆驼市、珠子市、沙剌（珊瑚）市等，商品丰富。

元朝钞法和斡脱钱

我国是世界上使用纸币最早的国家，如汉代白鹿皮币，唐代飞钱，宋代交子、会子、金之交钞、宝钞等。但只限局部地区流通，而真正在全国范围使用纸币，应始于元中统元年（1260年）。这一年发行统一钞票，代替其他旧币。元代纸币可以分两类：一类为交钞，又称丝钞，以丝为本位，以两为单位，丝钞二两值银一两；一类为中统元宝钞，简称中统宝钞或中统钞，以银为本位，中统钞通行最广，使用最久。至元二十四年（1287年）又发行至元宝钞，与中统钞并行流通。各路设交钞库为兑换机关，因政府有贮银作本金，准许民间用纸币兑换金银，初期印数有限，元政府对物价的管理又很严格，故纸币信誉很高，甚至一直流通到今越南、泰国和南洋一带，波斯、印度、高丽、日本还竞相仿效，影响遍于世界。钞法的推行促进了商品交换的发展，稳定了经济，加强了政治统一的局面。武宗初年，至元钞的准备金已动用殆尽，国库空虚。1309年海山乃让尚书省议决变换钞法。九月，正式下诏颁行至大银钞。至大银钞与至元钞并行，同时废中统钞。至大银钞钞面以银两为文，自2两至2厘分为13等。废中统钞后限持中统钞者100日内到银库换取至大银钞。一两准金一钱、银一两至元钞五贯。后尚书省又铸大元通宝和至大元通宝两种。文曰至大通宝者，一文准银钞一厘；文曰大元通宝者，一准至大通宝十。变换钞法，以铜钱、纸钱并行，造成轻重失宜，物价飞涨，金涨15倍左右。仁宗即位后不久，即废止至大银钞和铜钱，重行至元钞与中统钞。但在顺帝至正年间，由于滥发纸币而引起纸币贬值，物价腾贵，由物重钞轻演变到以物易物，到1356年以后，公私所积之钞都不能使用，人们视钞为废纸。钞法的败坏给人民带来了巨大的灾难。

钞法的推行使货币流通遍及全社会，也使借贷现象日前严重。于是，元统治者利用斡脱从事商业垄断和高利贷剥削。斡脱就是经营高利贷商业的官商。从成吉思汗起，大汗、诸王、公主、后妃都各自设置斡脱，提供本银，委托他们经营商业，发放高利贷，坐收巨利。斡脱放的高利贷称斡脱钱。斡脱钱的年利息为百分之百，第二年则本生息，息转本，年年倍增，10年本利达1024倍，称"羊羔儿利"。忽必烈统一全国后，政府对斡脱势力既保护又限制，他设立斡脱所保护高利贷，甚至政府公开拨给钞本，让某些政府机构经营取利，作为行政经费，促使高利贷资本不断扩大。高利贷的盛行，加速了元代城乡经济的崩溃。

元朝交通运输

沟通南北大运河的开凿、海运航线的开辟、遍布全国驿站的设置，使元代交通运输业有了新的发展。

元灭南宋后，全国实现统一，南北经济交流进一步扩大。北方（主要是大都）所需之粮食及其他物资，多由江南供应，江南物资主要依靠运河北运。

由于旧运河曲折绕道，水陆并用，劳民伤财，极其不便，故忽必烈时有重开运河，另辟海运之议。

元代大运河是逐步开凿完成的。其中镇江至杭州的江南运河，淮安经扬州至长江的扬州运河，大抵为隋代旧道；徐州至淮安段系借用黄河下游；自山东东平境内的汶水南下与黄河相连接的济州河，至元十八年（1281年）开凿；自山东临清经东昌（今山东聊城）到东平路须城县西南安山的会通河，二十年开凿；通州至临清段为御河（今卫河），大都至通州为通惠河，二十八年由郭守敬主持开凿。通惠河自昌平白浮村穿过大都，东至通州，与白河相连，全长160余公里。开工时，忽必烈命令丞相以下的官吏，都要到现场去"亲操畚锸为之倡"。第二年完成。至此，从北京到杭州3000多里的航道完全打通，这对于沟通南北经济，起了积极的作用。

早在春秋战国时，沿海邻近港口之间就已经开始了海上运粮，元代为了控制东南和解决漕运问题，又继续开辟利用海运航道。从至元十九年（1282年）开始元政府将大批的南粮北运，这年试运计46000石，以后逐年增加，一般为四五十万石到百万石，最高为350余万石。为了保证安全，曾改过3次航线，最后确定由平江刘家港（今江苏太仓浏河镇）入海，经崇明三沙、江苏北边的黑水洋，在深水中越过东海（今黄海）、山东半岛的成山角，然后航入直沽（今天津），再经河道运达大都。又在途中危崖险滩上，白天竖旗缨；夜间挂大灯，这是我国航标信号运用的早期记录。因海运量大，又省费用，使许多商品亦兼靠海运运输，由此南北货运量大为增加，许多外国海船常到北方贸易。元代经常有庞大的船队航行于东海、黄海、渤海，这是海运史上的壮举。

运河的开凿和海运的开辟，对商业的发展，大都的供给和繁荣，南北交通的畅通，官民造船业的扩大，航海技术的提高，都起了重大作用。运河通航后，岁运米至大都500万石以上，来自江淮、湖广、四川及海外的各种物资、旅客源源不断地运至大都；海运粮到元代中期时达二三百万石，天历二年（1329年）达3522163石。据估计，河漕比陆运的费用省十之三四，海运比陆运的费用省十之七八。

陆路交通也很发达。全国各地设有驿站1500多处，其中包括少数水站。在驿站服役的叫站户。与驿站相辅而行的有急递铺，每10里、15里或20里设一急递铺，其任务主要是传送朝廷、郡县的文书。驿道北至吉利吉思，东北至奴儿干，西南至乌思藏、大理，西通钦察、伊利两汗国，所谓"星罗棋布，脉络相通"。站、铺的设立，有利于国内交通的发展和国内各民族、各地区之间的经济、文化联系。

元朝宗教

佛教

元代最盛行的宗教是佛教，尤其是喇嘛教，忽必烈即位前，受戒于吐蕃喇嘛高僧八思巴，即位后即尊八思巴为国师（授以王印，任中原法主，统天下教门），喇嘛教高于其他佛教派别的地位由此确定。至元六年（1269年），八思巴制成蒙古新字，忽必烈升其号为帝师、大宝法王。此后遂成定制，元朝皇帝即位，必先受佛戒9次方正大宝。同时，帝师也成为元朝诸帝供奉的最高神职，被尊为皇天下之下，万人之上的神圣职位。元朝帝师共12人，都来自吐蕃乌思藏萨斯迦派的高僧。其中多半出自八思巴一家，有的年仅12岁便成为帝师。

帝师不仅在元廷享有极高的地位，而且作为全国佛教的最高领袖备受尊崇。忽必烈曾把乌思藏13万户封给第一任帝师八思巴作为供养地，使之成为吐蕃地区的最高统治者。帝师往来于京城吐蕃，百官均隆重迎送。其在世时接受大量的布施、赠赏，死后赐金亦十分优厚。帝师的子弟、门徒也大多受封官号，享有极大的特权。元朝做佛事之频繁、规模之大、用度之巨都是十分罕见的。

至顺二年（1331年）二月，元廷在全国设广教总管府16所，统一管理佛事。总管府总管由僧人担任，其他官员由宣政院任命世俗官员担任。

这一时期寺院势力增大，出现了强占民田、私隐纳税户和巧夺民财等不法行为，为此，设此机构以对寺院进行限制。但由于该机构并未起到这些作用，所以到1334年又废除了，恢复了旧制。

全真教

全真教在金时成立，教主是王重阳。在金国时受到金统治者重视。

成吉思汗十四年（1219年），成吉思汗派使节邀请丘处机西行。丘处机率18名弟子登程，经历10余国，行程万余里，于成吉思汗十六年（1221年）到雪山朝见了成吉思汗。成吉思汗问他长生之术，他对以"清心寡欲为要"，并劝告说："欲一天下者，必在乎不嗜杀人。"希望成吉思汗以敬天爱民为本。这些劝告对减少蒙古军的杀戮多少起了作用。成吉思汗称他为"丘神仙"，下诏由他管领天下道众，赐以虎符、玺书，免除全真道派的赋役。成吉思汗十八年（1223年）丘处机在成吉思汗派出的千骑护送下从漠北回到燕京。丘处机在燕京住于大天长观（太极宫，后改名长春宫）。四方招揽徒众，人数大增。全真教达到极盛，成为北方最大的道教教派。

成吉思汗二十二年（1227年），丘处机去世。弟子尹志平、李志常、宋德方等嗣其教业。窝阔台汗九年（1237年），宋德方秉丘处机遗命整理《道藏》，至乃马真皇后称制三年（1244年）完成，凡7800余卷，名之曰《玄都宝藏》。元世祖忽必烈在位期间，崇信佛教，全真道地位下降。蒙哥汗八年（1258年）、元世祖忽必烈至元十八年（1281年），道教徒两次在大都与佛教徒辩论失败，被迫焚毁部分经书。但总的来说，元朝统治者对全真道还是保护的。元世祖曾封丘处长为长春演道主教真人，刘处玄为长生辅化明德真人，谭处端为长真云水蕴德真人，马钰为彤阳抱一天为真人，郝大通为广宁通玄太古真人，王处一为玉阳体玄广慈普度真君，孙不二为清静渊真玄虚顺化元君。元武宗时（1308—1311年），又加封丘处机为长春全道神化明应真君，刘处玄为长生辅化宗玄明德真人，马钰为丹阳抱一无为普化真君，郝大通为广宁通玄太古真君，王处一为玉阳体玄广慈普度真君。直到明清时期，全真道仍然是北方势力强大的道教教派。

佛道之争

至元二十四年（1287年）佛道之争越演越烈。

佛道之争，由来已久，曾有北魏太武帝实行灭佛政策及唐会昌法难。从蒙古国到元朝，先崇道而后佛教擅宠，其间经历了两次大辩论。

元太祖十七年（1222年）五月，应成吉思汗诏请，道教全真派七真人之一丘处机在大雪山（阿富汗兴都库什山）晋见成吉思汗，极得赏识。成吉思汗命丘处机掌管天下道门，并免除全真道士的差役、赋税，全真道获得了较佛教更为优越的地位，道佛之间由此发生了剧烈的冲突。道教势力发展十分迅速，也引起蒙古统治者的疑忌。蒙哥五年（1255年）和七年（1257年），分别在蒙哥大汗和忽必烈的主持下，进行了两次释道辩论，全真道士两次俱败，蒙哥汗诏令焚毁道藏伪经，并将一些全真道士削发为僧，道教的地位大大下降。

1286年，在大都发生了僧道双方聚众斗殴事件，当时正在上都的忽必烈下令杀了两个为头的道士，还有10名道士被割了耳鼻。五月，忽必烈又命释门诸僧与道教数门掌教及翰林文臣，会集长春宫，考证道藏经真伪，结果除《道德经》外，其余道家经典悉数被判为伪经，忽必烈遂下令将其焚毁。虽然此令并未得到完全执行，但道家势力受到了严重打击。

基督教

泰定元年（1324年）二月，元廷宣谕"也里可温"各如教具戒。基督教齐思脱里派，传入中国以后称景教。9世纪中叶以后，由于唐朝政府的取缔，在内地趋于灭绝。但在西北的克烈、汪古等部中仍有大量教徒。元代早期文献沿用在中亚流行的波斯语，称齐思脱里教徒为"迭屑"，以后则常用"也里可温"指齐思脱里教及其教士、信徒等身份。元代汪古和唐兀人中，仍有大量的齐思脱里教徒，在内地也散居着一些教徒。

也里可温和佛教僧侣、道士一样，享有免除差役的优惠，可以建立其寺院和进行宗教活动。世祖至元二十六年（1289 年）建立崇福司，掌也里可温教事务。分布在全国各地的也里可温掌教司，一度达到 72 所。

也里可温在正常条件下受到朝廷保护，但其在元代的地位，还不如佛教、道教显赫，在皇室成员中信徒很少。

至正二年（1342 年）七月，教皇特使马黎诺里一行至上都。马黎诺里，意大利佛罗伦萨人，圣方齐各会教士。

至元二年（1336 年），妥懽帖睦尔遣法兰克人安德烈一行 16 人出使欧洲。使团带了元帝及元天主教徒给教皇的信，报告原大都主教孟特·戈维诺已死 8 年，请求教皇派新主教来主持教务。教皇伯涅的克十二世钦侍元朝使者，并且派出马黎诺里等 32 人组成使团回访。使团历经钦察汗国、察合台汗国，抵达上郡，向妥懽帖睦尔呈上教皇信件，同时献骏马一匹。在朝文人赋诗作画，周明作《天马图》，揭傒斯作《天马赋》，誉之为天马，轰动一时。

马黎诺里一行在大都留居约 3 年。然后由海道回国。至正十三年（1353 年）抵阿维尼翁。后来，马黎诺里奉德皇卡尔四世之命令改修波希米亚编年史，将奉使元朝见闻编入此书中。

元　曲

元杂剧

元曲包括散曲和杂剧，散曲是由诗词发展而来的新诗体；杂剧是一种包括歌唱、音乐、舞蹈和完整故事情节的歌剧。通常所说的元曲，主要是指杂剧。

我国唐朝时已经有了戏剧的雏形。到了宋、金时期又有了进一步发展，宋代的一些城市里已经有许多民间艺人在戏院里进行说唱表演。宋金时期盛行一种"诸宫调"，就是有说有唱而以唱为主的演出形式，唱的部分是把多种宫调连缀在一起。元杂剧就是在这一基础上发展起来的。

元杂剧是一种综合的戏剧艺术，它把歌曲、宾白、舞蹈动作结合在一起，歌曲按一定的宫调和曲牌歌唱，是按规定韵律、富有抒情性的新诗体。宾白包括人物的对白、独白，一般都用当时通俗的口语；动作叫"科"，是角色的动作表情。曲词一般由一个演员（男的称"正末"，女的称"正旦"）演唱，通过它抒发主人公的心情，表现主人公的思想性格，描绘环境，渲染气氛。

反面人物和次要人物靠简短的宾白来勾画面目。元杂剧大部分有四折（或加一楔子）演完一个完整的故事。元杂剧的作者大部分是下层知识分子，元朝前期没有科举制度，他们失去了通过科举当官的希望，就从事话本、诸宫调、杂剧的创作和演出。因为他们组织创作的专业团体叫"书会"，这些剧作家也就被称为"书会才人"。他们的社会地位较低，生活在城市市民中，作品中充满了生活气息，很受广大市民欢迎。

元杂剧分前后两期。前期从 13 世纪 50 年代到 14 世纪初，这是元杂剧的鼎盛时期。关汉卿、王实甫、白朴、马致远、康进之、高文秀等，都是这一时期的剧作家。当时杂剧的中心在大都，这些作家都是北方人，主要是大都人。14 世纪初以后，戏剧中心南移到杭州，后期的杂剧作家有郑光祖、乔吉、宫天挺、秦简夫等，他们大部分是南方或寄居于南方的作家。元代后期的杂剧不像前期那样富有现实主义，比较追求曲辞的典雅工巧。据记载，元代一共创作了杂剧 500 多本，现在保存下来的有 136 本。见于记载的剧作家有 200 多人，最著名的有关汉卿、马致远、王实甫、白朴、郑光祖等。关、马、郑、白被誉为"元曲四大家"。

白朴是陕州（今山西河曲附近）人。他的作品以爱情喜剧《墙头马上》最著名。它和《西厢记》相似，也是歌颂男女自由恋爱、反对封建礼教的。戏中的主人公李千金敢于和她公公做斗争，最后终于和裴少俊重做夫妇。

王实甫是大都人。《西厢记》是王实甫的代表作。这是一部描写张生和崔莺莺恋爱故事的戏剧。作者歌颂了这一对青年男女为争取婚姻自主，冲破封建礼教束缚的斗争精神，无情地揭露和抨击了封建伦理道德的虚伪性。《西厢记》是一部对后世文学有很大影响的优秀作品。

郑光祖是元代后期的杂剧作家，平阳襄陵（今山西临汾西南）人。他的代表作是根据唐人传奇《离魂记》改编的《倩女离魂》。剧本通过张倩女灵魂出壳追随王文举进京的浪漫主义情节，突出地表现了在封建压抑下青年妇女追求爱情婚姻自由的强烈愿望。张倩女既有崔莺莺的温柔深情，又有李千金的勇敢坚定，是独具特色的。这个剧本和关汉卿的《拜月亭》、王实甫的《西厢记》、白朴的《墙头马上》一样，都是元代著名的爱情剧。

关汉卿（约 1234—1300 年）原籍山西解州（今山西运城西南），后流寓河北祁州（今河北安国）伍仁村。据传说曾任元太医院尹，还有传说他为金遗民。

他毕生致力于戏剧活动，常自编、自导，甚至亲自参加演出，具有丰富的舞台经检。他善于从民间汲取生活素材和语言词汇，因此，他的戏剧内容充实，艺术技巧运用娴熟。

创作杂剧 60 余种，占金、元杂剧现知剧目十分之一强，后人列为元曲四大家之首。其剧作通过现实主义的艺术手法，广泛而又深入地反映出元朝统治下的极端黑暗混乱的历史环境和不合理的社会制度，塑造了众多典型性格的人物形象，反映了人民特别是妇女的苦难生活和思想感情。现存杂剧 13 种，其中以《窦娥冤》影响最为广泛。

他的《窦娥冤》等剧作在 1838 年以前就被译为英文传诵。现存的套曲有 10 余套，小令 50 余首。其剧作对元杂剧和后来的戏曲的发展起了很大的作用。1958 年他被列为世界文化名人之一。他是大都创作剧本和唱本的团体——"玉京书会"里最优秀的元曲作家。由于长期与市民接触，对社会现状很了解，因而他的作品具有深刻的现实主义内容。他不仅是一位多才多艺的作家，而且会下棋、踢球、歌舞、演戏、吹弹、作诗，与艺人往来密切，常常与著名艺人朱帘秀一起粉墨登场。关汉卿共创作了 63 个杂剧，现在保存完整的只有 12 个剧本。悲剧《窦娥冤》是他最出色的代表作。

《窦娥冤》的大体故事情节如下：

窦娥 7 岁时，因父亲窦天章欠高利贷无法偿还，被卖给蔡婆婆家做童养媳。不料窦娥的丈夫早死，她就守了寡。一天，蔡婆婆出外讨账，遇赛卢医谋财害命，张驴儿和他的父亲救了她。张氏父子乘机要强娶她婆媳俩。张驴儿见窦娥不愿，就想药死蔡婆婆来威胁她，不料竟药死了自己贪嘴的父亲。张驴儿却倒打一耙，恶人先告状，贿赂官府，判了窦娥死罪，窦娥死前发了 3 个毒誓，结果一一应验。数年后，其父做官返乡，窦娥冤魂告状，终于沉冤得雪。

元杂剧有大量以水浒故事为题材的作品，至少有 33 部，流传下来的有 10 部，其思想内容大都是描写水浒英雄凌强扶弱、除暴安民的英勇事迹，歌颂他们主持正义，"替天行道"，为民除害的侠义行为。康进之的《李逵负荆》，以民间流传的故事为素材，描写了李逵主持正义、不怕官府和地痞流氓的英雄本质，又刻画了他粗中有细、知过必改的性格。故事情节曲折，有着自己显著的艺术特色。

元代的散曲包括小令和套数两种。小令主要是民间小曲，也有的脱胎于诗词；套数是合一个宫调中的几个曲子而联成的。散曲形式简单，坦率真挚，清新活泼，为一般市民所喜爱。

散曲

散曲又叫"清曲""乐府"，包括小令、套曲两种主要形式。它是在金代的俗谣俚曲的基础上又吸收了蒙古等少数民族的乐曲，而形成的一种新型的韵文形式，是不同于传统诗词的一种独特的诗歌样式。开始主要流传在北方，故也称北曲。小令又被称为"叶儿"，原是民间流行的小调，与来词相似。小令是散曲中最早产生的体制，它比套曲更为盛行，作品数量约 9 倍于套曲。一般地说，小令是单只曲子，句调长短不齐，有一定的腔格，而几乎每句都要押韵。在本调（正字）之外还可以加衬字。在语言的表达上更加活泼生动，小令短小精悍，使用方便，在散曲中居主要地位。套曲也叫套数，是由两者以上同一宫调的曲子连缀而成的组曲，一般都有尾声，并且全套通押一韵。套曲篇幅较长，适于表现比较复杂的内容，既可抒情，亦可叙事。散曲中还有介于小令和套数之间的"带过曲"，通常是三个以下单只曲子的联合，但必须是同一宫调，同押一韵。此外，还有"重头小令"，是由问题、同调，内容相连，首尾句法相同的若干只小令联合而成。每首小令可不同韵，每首可以单独成立。总之，散曲比起传统诗词来，更加灵活多变，对仗形式也比较自由。但它是有严格格律的倚声填词的诗歌形式，所以在某些方面比诗词还有更多的限制。

白朴也是这时期很有才华的作家。他的散曲主要内容是咏唱男欢女爱、感叹人生无常和描写自然景色。他的作品笔调明朗，色彩鲜明，他的那首《天净沙·秋思》，描写秋天景色，别开生面，独具一格。白朴是金代遗民，又终生不仕于元，所以在他的散曲中还充满着对故国衰亡的感叹。在发泄不满、怨愤和牢骚的同时，不免有些消极悲观的情调。

关汉卿的散曲大部分内容是写离愁别恨、男女恋情。他特别长于对女性心理的刻画，形象鲜明、细致入微。其写景作品也很成功。他的代表作是《南吕一枝花·不伏老》，可以看作是他自己思想性格的自我表白，曲辞自然，比喻生动，是他散曲中的优秀篇章。但他创作散曲的成就远不如他的杂剧。

马致远在前期散曲作家中占有重要地位，现存辑本《东篱乐府》一卷就收有散曲作品120多首，比关汉卿、白朴现有散曲的总和还要多。马致远是个政治上很不得意的文人，是"困煞中原一布衣"。他有"九天雕鹗之志"，但"恨无上天梯"，只落得退隐山林，寄情诗酒。他的《北双调夜行船·秋思》是一首充满愤激和厌世之情的套曲，最能反映他的思想感情和生活态度，是他"叹世"题材的代表作。他极端厌恶追名逐利的官场和市侩，骂他们如"蚁排兵""蜂酿蜜""蝇争血"，自己则满足于"竹篱茅舍""东篱醉了也"，充满人生如梦及时行乐的消极情绪。这篇套曲，显示了作者在造句用字、声调和谐等方面的功力，苦心锤炼的功夫见于字里行间。马致远描写景物的代表作是《天净沙·秋思》小令："枯藤老树昏鸦，小桥流水人家。古道西风瘦马，夕阳西下，断肠人在天涯"。以几种具有代表性的景物，写出秋天的萧瑟，形象地表现出天涯游子的凄凉情感。马致远的散曲具有独特的艺术风格，他的作品语言清新俊丽，写景抒情自然逼真，他的散曲艺术成就最高，是元代散曲大家。

散曲兴盛期是1300年时元代。大德四年后，散曲创作进入一个新的阶段。张可久、齐吉、贯云万、睢舜臣是主要作家。他们当中有些是专攻散曲的专业作家，写出了不少好的作品，在数量上多于前期。有的作品继承和发扬前期散曲通俗直白、生动活泼的特色，像睢舜臣的《高祖还乡》，张养浩的《潼关怀古》和刘时中的《上高监司》等都是些具有进步的思想内容和散发散曲独特艺术魅力的作品。但总的说来，这一时期的散曲作家，多事追求音律格调，撷取诗词名句，艺术上趋于雅正典丽，失去了散曲质朴的本色，也就逐渐丧失了它的生命力。到了元末，南戏音乐融入散曲，出现了南北合套的方式，为以南曲为主的明代散曲准备了条件。

元代书画

元代不设画院，画家逐渐摆脱了南宋画院的形式主义习气，而形成了挥洒淋漓、重视笔墨情趣、追求意境深远的写意派。且在画面上加题跋和篆刻印章，把书法、文学、治印和绘画艺术融为一体，开创了新境界。前期著名画家有赵孟頫、钱选和高克恭等。赵孟頫擅画山水、人马、花鸟，博采众长，自成一格，绘画、书法、篆刻兼施，书法用笔圆转流美，画面自然有神，开创了元代文人画的新风貌。钱选擅画山水、人物和花鸟蔬果，笔致柔劲，着色清丽，自成风格。高克恭是畏兀儿族人，晚年居钱塘，擅画林峦烟景和墨竹，笔墨苍润，造诣精绝。后期著名画家有黄公望、王蒙、倪瓒、吴镇等，他们经常深入山水之间，领略自然之胜，用水墨或浅绛描绘山水，凭意虚构，峰峦浑厚，气势雄秀，自然生动，形成了宋以后山水画的主流，称元画"四大家"。

"元季四大家"崛起于画坛。他们在赵孟頫的影响下，广泛吸收五代、北宋水墨山水画的成就，充分发挥笔墨于绘画中的效用，将笔墨趣味提到一个新的高度，突出了山水画的文学趣味，使诗、书、画有意识地融为一体，开创了一代新风，形成了以文人画为主流的绘画潮流。黄公望，江苏常熟人，过继于浙江永嘉黄氏。曾于做小吏时受累入狱，出后遂隐居不仕，皈依"全真教"，寄情山水之中。常携笔墨于虞山、三泖九峰、富春之间领略江南自然胜景，随时模记，代表作有《富春山居图》《溪山雨意图》《快雪时晴图》等，其作品有浅绛和水墨两种面貌，浅绛山水浑厚圆润，水墨山水则萧散苍秀，笔墨洒脱。王蒙，元末弃官归隐浙江杭县黄鹤山，善画山水，也工诗文书法，绘画主题多表现隐居生活，喜用枯笔、干皴，其山水画的突出特点是布局充实，结构复杂，层次繁密，笔法苍秀，而在笔墨工夫上又高出时辈。吴镇，浙江嘉兴人，为人"抗简孤洁"，隐居不仕，以卖卜卖画为生，一生贫困。绘画主题多为渔夫、古木、竹石之属，所作多幅《渔父图》，表现江南名山景色及离尘脱俗的意境。倪瓒，江苏无锡人，家为豪富，雄于资财，喜与名士往来，后遇元末动乱，便卖去田庐，散其家资，浪迹于五朔三泖之间。长于山水、竹石，多以水墨为之，又创"折带皴"。其画好作疏林坡岸、浅水遥岑之景，意境萧散简远，用笔似嫩实苍，给文人水墨山水画以新的发展，有传世名作《水竹居图》《梧竹秀石图》等，论画主张超于形似之外，重在抒发"胸中逸气"。

元代文人画创作无论就笔法还是境界上，都成就卓著，并最终奠定了文人画在中国画史上的重要地位，极大地影响了后代的绘画创作，使该派画风成为中国画的最典范样式。

元代壁画在绘画史上占有重要地位。现存的敦煌、安西榆林窟（今万佛峡）的元壁画，西藏日喀则德钦颇章宫的壁画，山西永济县永乐宫壁画，山西洪洞县广胜寺的壁画，都是极其珍贵的文物。著名壁画家有朱玉、李时等。

元代著名书法家有赵孟頫、鲜于枢、虞集、杨维桢等人，他们都善正、行、草书，笔力有劲健之气。而赵孟頫的书法则属一代大师，称雄一时，篆、隶、楷、行、草无不精湛，自成一家。他的书法落笔奔腾，运笔流美，骨力秀劲，笔势超绝，世称"赵体"。

元朝哲学

理学

理学，始创于北宋，经过程颢、程颐，到了南宋时得到进一步发展，成为我国封建社会中后期儒学的正宗。

理学在北方的广为传播始于赵复被俘到北方以后。赵复，字仁甫，德安（今湖北安陆）人，人称江汉先生，是朱熹门生谢梦先的学生。1235年窝阔台伐宋，攻破德安，赵复被俘，欲赴水自沉，被姚枢救出留在幕中，后随姚枢至燕京，受到忽必烈召见。忽必烈在燕京立太极书院，请赵复传授程朱理学，培养了一批理学家，姚枢、许衡、刘因等皆出其门。

许衡、刘因、吴澄是元代著名理学家。

许衡（1209年—1281年）河内（今河南泌阳）人。早年不满北方落第老儒所授的句读训解，转从姚枢、赵复处闻理学大义。金朝灭亡的前一年，许衡为元平军所得，渐获忽必烈的赏识和重用，与刘秉忠、郝经、郭守敬等人一起，为元朝行汉法、重儒学、定官制、立朝义。和刘因、吴澄一起并列为元代三大理学家。许衡认为天理在心中，直求本心即得天理，强调本心自悟，自识本心，这些都是后来王阳明之学的类型，成为王学的先声。因此，从理学史的角度看，许衡之学是宋陆九渊之学到王学的直接过渡。

许衡不是迂腐的理学家，他主张践履力行，他在蒙古族初主中原之时，主持国学，以儒教六艺教授蒙古弟子，对推动汉、蒙文化的融合交流及保存从当时来说比较先进的汉文化发挥了积极作用。

刘因在对理学的态度上，反对舍传注疏释而空论，强调反求六经，以六经为根本，在一定程度上看到了宋代理学凭空意断、自圆其说的疏漏与弊病。

吴澄一生从事教育，弟子众多，他虽授朱学，但却能调和朱、陆之学。他们的学说继承了朱熹"理在气先"的精华，并提出"以道事君"，即在理论上把推行道学与推行汉法相结合，并广加宣传。许衡曾向忽必烈讲授《资治通鉴》《贞观政要》，并阐发了孔子"为君难"的思想，指出为君必须做到修德、用贤、爱民。由于理学有利于巩固封建统治，元朝统治者便大加称颂，如武宗加封孔子"大成至圣文宣王"，仁宗还下诏让许衡从祀孔子庙廷，又于1313年诏令考试和教学以朱熹章句集注为准，把朱熹的《四书集注》称为"圣经章句"。

邓牧的异端

邓牧，字牧心，钱塘（今浙江杭州）人，生于宋理宗淳祐七年（1247年），死于元成宗大德十年（1306年）。这是一个激烈的、动荡不安的朝代更替的时代。他出生在一个破落的地主知识分子家庭中，年幼时读过许多古书，对诸子百家钻研很深。元军占领杭州时，他才20多岁。这时，他怀着南宋灭亡的悲愤心情，对民族压迫的强烈不满，决心放弃名利，拒不和元朝合作，周游名山大川，最后走上了隐居道观的消极道路。大德九年（1305年），元朝派当时的玄教大师吴全节到他隐居的余杭大涤山洞霄宫，请他出山做官，被他拒绝了。他自号"三教外人"，表示不崇儒，不信佛道，不做元朝的官吏，是一个有民族气节的思想家。

邓牧为我们留下的著作不多，只有一本薄薄的《伯牙琴》。他的诗文为什么定名为《伯牙琴》呢？这是因为他觉得这个时代趋炎附势的人太多，蒙古统治者严密的控制和残暴的压迫，逼得他只能用隐晦曲折的手法来发泄他的不满，而世上能理解他的心情的人太少了。他就借用春秋时伯牙善琴、钟子期知音的故事，取了《伯牙琴》作书名。他是非常希望也有一个"钟子期"懂得他的"琴声"的。

邓牧在《伯牙琴》里所写的《君道》《吏道》和《二戒——学柳河东》各篇，是他反对专制统治最杰出的篇章。

在《君道》篇中，邓牧对君主统治进行了无情的抨击。他说：古代立君，是为了人民。那时的皇帝生活极其俭朴，而且十分关心下民。帝位是没有人争着要做的。尧要让位于隐士许由，许由逃跑了；舜要让位给石户之农，而石户之农入海，一辈子也不回来。皇位并不是至高无上的。不幸，秦始皇统一了天下，君主地位尊贵极了，横征暴敛，搜括天下的财富都供他挥霍。这样，他就像怀中揣着黄金的匹夫一样，唯恐人家来夺走它，死死地霸占着皇位不放。唉！老天生长百姓而立君，并不是为了君主呀！怎能以四海之广来供一人专用呢？皇帝并不是四睛两嘴、鳞头羽臂的怪物，是和普通常人一样的人。夺取人们的财富、霸占百姓的劳动果实是不可能"长治久安"的！

在《吏道》篇中，邓牧对那些助纣为虐的官吏进行了控诉。他说：协助皇帝治天下的官吏，由于古代君民之间相安无事，所以人数不多，而且都是选择有才能的贤者来担任的，但是有才能的贤者很不愿意当，当官的都是不得已的。后来那些当官的是怎样统治老百姓的呢？他们怕老百姓作乱，所以防范十分严密，大大小小的官吏布满了天下，取民愈广，害民愈深，有才能的贤者再也不肯当官了。于是天下愈来愈治不好了。现在的情况更加严重了，大官僚的食邑（从地方税收中分得的财富）达数万，小官吏虽无俸禄，但他们搜括资财，几十个农夫辛勤劳动也抵不上。唉！带了虎狼去放牧猪羊，猪羊怎能繁殖呢？夺取了百姓的财产，用尽了百姓的力气，百姓怎能不怒不怨呢？人民造反，就是因为剥夺了他们的生计才造成的。盗贼害民，能够随起随扑，不至于严重到不可收拾的地步，因为盗贼是有顾忌的；官吏是毫无顾忌，大白天也照样横行不法，百姓对他们敢怨而不敢言，敢怒而不敢杀。这种情景难道是在老天爷怂恿之下，让他们像虎豹蛇虺一样都成为民害吗？

在另外两则寓言中，邓牧用讽刺的笔调对当时的统治者进行了揭露。在《越人与狗》中，他把元朝统治者影射为狗，刻画了"狗"的贪婪与凶残；在《楚佞鬼》中，推写了冒充"神"的"楚鬼"和依附于他的"市井亡赖"对"齐民"的欺压，后来"天神"闻知，灭了"楚鬼"，震死"亡赖"，使"齐民"得安。从以上几则短文中，我们可以清楚地看出，邓牧对人吃人的君主专制统治极其痛恨，对人民反抗表示同情。这些方面说明了他的思想具有一定的进步性和人民性，确实是与元朝统治者提倡的儒、佛、道三教格格不入的。

但是，在如何解决这种社会矛盾时，邓牧陷入了虚无缥缈、消极倒退的幻想之中。他竭力美化尧舜时代的那种原始社会，在《君道》《吏道》中他勾画了这样的社会情景：那里君民相安无事，都是有才能的贤者来治理天下。在邓牧看来，即使得不到那些有才能的贤者，也宁可废官府，去官吏，让天下听其自然。这种社会理想当然是一种不可实现的空想。

这样，邓牧在如何解决社会矛盾方面，陷入了虚无缥缈、消极倒退的幻想之中。当他找不到出路时，就消极、悲观，只好躲进深山老林中默默死去。

尽管如此，邓牧看到了人民的悲惨遭遇，并对他们表示同情，也看到了封建制度的不合理，并对此进行了揭露，他的反专制统治的思想，是极其可贵的，他的民主思想代表了当时思想界的一定高度。

元朝史学

胡三省《资治通鉴音注》

至元二十二年（1285 年）底，胡三省积 30 年之力完成史学著作《资治通鉴音注》。

胡三省从青年时代起就喜爱《资治通鉴》，游宦在外，书不离人，有异书异人必纠正之。自宋宝祐四年（1256 年）始，胡三省就致力于《资治通鉴音注》的撰著。其间，因临安陷落，所作《资治通鉴广注》97 卷、论 10 卷佚失，复购他本为注，隐居不仕，悉力为之。该书撰成共计 294 卷，凡纪事之本末、地名之同异、州县之建置离合、制度之沿革损益，悉疏其所以然。全书完稿后，又精心修改，直至临终前。胡三省作为宋元交际的史学大家，不仅治学态度十分严谨，而且在其注文中充满了民族气节和爱国热情。

《蒙古秘史》

至顺二年（1331 年）四月，奎章阁学士院以纂修《经世大典》需要，请求拿出翰林国史院所藏《脱卜赤颜》一书，翰林学士承旨押不花、塔失海牙以该书内容"事关秘禁，非可令外人传写"为由严词拒绝请阅。

"脱卜赤颜"蒙文音译，意为《蒙古秘史》，主要记述成吉思汗和窝阔台汗时期的历史。原文是畏兀儿体蒙古文，作者佚名。成书于"鼠儿年"。原文本早已散佚，在罗藏丹津的蒙文史书《黄金史》中还能找到三分之二左右的佚文，但已经过改写，并非原貌。明初翰林译员出于教学蒙语的需要，用汉字音写了该书蒙语原文，逐词旁注汉译，并分段作了节译，题名《元朝秘史》，有 12 卷、15 卷两种版本传世，使后人终于能够看到它的全部内容。

除了《脱卜赤颜》之外，元朝宫廷中还藏有其他珍贵的蒙文史书，这些书当然也被列为秘籍，元亡后均散佚。

大元通制

至治三年（1323 年）二月，《大元通制》于本月成书，英宗下诏颁行。

拜住掌权后，看到元廷内法制不一，各司无所适从，就请奏依照旧法制定通行的法律。英宗批准后，他命枢密院副使完颜纳坦、集贤学士侍御史曹伯根据历朝律书，取其可用之例。书成后，共 88 卷，2539 条，分制诏、条格、断例、别类 4 部分，定名为《大元通制》。

《大元通制》全书今已不传，仅存有明实本《通制条格》残卷，包括户令、学令、选举、军防、仪制、衣服、禄令、仓库、厩牧、田令、赋役、开市、捕亡、赏令、医药、假宁、杂令、僧道、营缮等 19 个篇目，22 卷。元代条格，相当于唐、金两代法律体系中的令，是民事、行政、财政等方面的重要法规，《通制条格》是研究元朝典章制度和社会经济的珍贵史料。《大元通制》的推行，有助于拜住的改革。

脱脱修三史

至正三年（1343 年）三月，元顺帝诏修辽、金、宋三史，总裁官由中书右丞相脱脱担任。纂修人员中有汉族、畏兀儿、蒙古等民族的学者，开创了各族史家合作修史的先例。次年三月，《辽史》编成。《辽史》是记载以契丹族为主体而建立的辽朝的纪传体史书。它包含本纪 30 卷，志 32 卷，表 8 卷，列传 45 卷，国语解 1 卷，共 116 卷。记事起于唐咸通十三年（872 年）耶律阿保机出生，迄于辽天祚帝保大五年（1125 年）辽亡，共 253 年史事。《辽史》的志和表最有特色。尤其是《营卫志》，是《辽史》的独创，它记述了辽朝以军事为主，以军事和游牧相结合的社会组织形式。但由于《辽史》成书仓促，因而史料未融通，重复缺谬之处甚多。同年（1344 年）十一月，《金史》也编成，共 135 卷。后附《金国语解》1 卷。《金史》史实较完备，再加上编写比较得体，是三史中修得最好的一部。《金史》在本纪前设世纪 1 卷，记述女真先祖被封帝号之事。本纪之后又设世纪补 1 卷。《金史》增交聘表，专记金与宋、西夏、高丽等国和战庆吊往来的情况。这些都是修正史的创新。至正五年（1345 年）十月，《宋史》编成，计 496 卷。因元代尚存了宋代历朝实录、国史及各种已成书的史料，还有许多典章制度、地理书籍、宋人笔记、文集等可资参考，使《宋史》保存的资料较为丰富，但也有粗疏芜杂之讥。书中有关北宋记载较详，南宋则较简略。

元朝科技

郭守敬的科学成就

郭守敬是元代最杰出的科学家。字若思，顺德邢台（今河北邢台）人，他以毕生精力从事天文学的研究和天文仪器的创制，为祖国古代天文学的发展做出了重大贡献，在其他学科上贡献也很大。

郭守敬（1231 年—1316 年），字若思，顺德邢台（今河北邢台）人，他以毕生精力从事天文学的研究和天文仪器的创制，为祖国古代天文科学的发展做出了重大贡献。他在其他学科上也有很多贡献。

郭守敬的祖父郭荣是一位精通数学和水利的学者，他的渊博知识对年轻的郭守敬影响很大。还在郭守敬年幼的时候，祖父就把他送到精通天文和地理的老朋友刘秉忠那里去学习了。刘秉忠和他的好友张文谦都是忽必烈非常赏识的学者。

由于郭守敬刻苦学习，十五六岁时就能弄通石刻的"莲花漏图"（古代的计时器）的原理。到 32 岁时，他的科学知识更加丰富扎实了，张文谦就把他推荐给忽必烈。忽必烈高兴地让他跟随张文谦到西北去视察水利设施，修复古渠。至元二年（1265 年），他被任命为都水少监，使他得以专心致志地从事水利建设事业。

早在元朝统一全国以前，刘秉忠就提出要修改历法，因为辽、金以来沿用的《大明历》使用已经很久了，误差越来越大。1276 年（至元十三年），忽必烈决定设局改订历法，派许衡、王恂和郭守敬主持这项工作。在这期间，郭守敬通过实测，获得了许多天文方面的科学知识，他深深地感到：要制定新历，必须创造精密的仪器。他说："历之本在于测验，而测验之器莫先于仪表。今司天浑仪，宋皇祐（1049—公元 1054 年）汴京所造，不与此处（指大都灵台，在今北京市建国门外泡子河北）天度相符。"于是决心自己动手创制和改造天文仪器。

针对浑仪的缺陷，郭守敬研制了新的仪器——简仪。元代以前所用的浑仪越来越复杂，用它测量天体的赤道坐标、黄道坐标和地平坐标的读数，每个系统都需要有专门的环圈，因此大大小小的互相圈套的环圈有八九个之多，不但转动不便，而且妨碍观测。郭守敬摒弃了把测量 3 种不同坐标的圈环集中在一起的做法，精简了黄道坐标，而把地平坐标和赤道坐标分为两个独立的装置——赤道装置和地平装置。这两个装置都很简单，使用方便，因此这种仪器叫"简仪"。简仪的设计很精密，刻度最小分格达到 1/36 度，观测结果也就准确多了。当时从尼泊尔来的工艺家阿尼哥，帮助郭守敬制造了简仪。可惜的是，郭守敬的这一重大发明创造，竟在清初被法国传教士纪理安（当时他在钦天监任职）当作废铜销毁了。明朝正德（1506—1521 年）年间仿制的一台简仪，也在八国联军侵略中国时被劫走。后来虽然归还了，但已残缺不全，现在保存在南京紫金山天文台。

郭守敬还研制了仰仪。仪器的外形很像一口朝天的大锅。在半球的大圆面上，刻着东、南、西、北和十二时辰；半球面上刻着与观测地纬度相应的横纵线网。大圆平面上用纵横相交的两根杆子架着一块小板，板上有小孔。太阳光线通过小孔，在球面上投下一个倒像，映在格网上，可以观测太阳的位置和日食。

郭守敬还改革了圭表，创制了景符等仪器。圭表是观测日中影长变化以决定春分、秋分、夏至、冬至时刻的天文仪器。古代的圭表一般高八尺，郭守敬把它加高到 36 尺，在表顶又添一根被抬起的横梁，横梁高出表顶 4 尺，这样表高就达到 40 尺，比原来的表高增加 5 倍，因而影长也增加了 5 倍，使观测的误差也下降到原来的五分之一。现在河南省登封市元代观星台还完整地保存着当时的高表。景符是定影像的仪器。一块铜片，中有小孔，用一小架子斜撑在圭面上。太阳光经过横梁，再通过小孔，在圭面上形成了一个米粒大小的太阳像，像中间有一根细如丝线的横梁影子，非常清晰。景符与圭表是结合在一起使用的，用来观测太阳、星星和月亮。

有了这些先进的仪器，郭守敬利用当时疆域辽阔的有利条件，在全国范围内开展了实测活动。他在全国各地设立了 27 个测景所，最北的北海测景所，设在大约北纬 64° 5′的地方，已在北极圈附近了。他亲临全国各地，收集科学资料。经过他们大规模的实测，他不仅测定了有关地方的纬度与夏至日昼夜长短，还测定了黄赤交角为 29° 90′(合今 23° 33′5.3″)，这个数字虽然与当时的实际交角尚有极小的误差，但这是科学上的一大进步，因为从汉朝以来，一直认为黄赤交角是 24°。我国古代把黄道附近的星分为——二十八宿，每一宿用一个星为代表，称为"距星"。两距星间的距离称为"距度"。古代是用距星来测定星辰的，因此测定二十八宿距是非常重要的。经过郭守敬的实测后，距度的误差减少了，精密度提高了一倍。郭守敬还进行了恒星位置的测定工作，对那些还没有定名的星，也作了观测，编制了星表。

至元十八年（1281 年），经过郭守敬等人多年辛勤的劳动编制出来的《授时历》正式颁行了。郭守敬根据自己多次精密测定的冬至时刻的结果，并利用历史上从祖冲之《大明历》以来的 6 次冬至时刻的观测资料，证实了一年为 365.2425 日，它比地球绕太阳一周的实际时间只差 26 秒，《授时历》就是采用这一数据的。这在世界的历法史上还是第一次。现在国际上通行的格利哥里历也是采用这一数据的，但格利哥里历比《授时历》晚了整整 300 年。

至元十六年（1279 年）春，在大都东城墙开始兴建大都天文台，郭守敬开始负责仪器与观察，后来担任第二任太史令。天文台分 3 层，高达 7 丈，第一层南屋是太史令等天文台负责人的办公室，向东的房间是负责推算的工作人员，向西的房间是负责观测和计时的工作人员，向北的房间为仪器储藏室。仅推算、测验、漏刻三局就有 70 人。第二层按离、巽、坤、震、兑、坎、乾、艮八方分成 8 个房间，它们分别是观测准备室、图书资料室、天球仪和星图室、漏壶计时室、日月行星室、恒星室等专业工作室。最上一层为观测台，北有简仪，中有仰仪，西有圭表，东有玲珑仪，南边是印历工作局、堂、神厨和算学的建筑。可见元大都天文台规模宏大，人员众多，组织严密，设备齐全。更令人注目的是该台拥有大量先进的观测仪器。据《元史》记载，有玲珑仪、简仪、浑天象、仰仪、高表、立运仪、证理仪、景符、窥几、日月食仪、星暑定时仪、候极仪、悬正仪、正方案和座正仪等。其中由郭守敬设计制作的就多达 13 件，其中最著名的是简仪，它是对传统浑仪进行重大革新，是一台用一高一低两个支架支撑起极轴的赤道仪，集测赤道坐标和地平坐标于一体，开创了在仪器上同时设置使用附加设备的先河，并一改传统的圆周分割法，将一圆周分成 3600 分，使刻度与读数更加精确和方便。该仪也是首次采用滚柱轴承的机械。仰仪可从仪器上读出太阳的去极度、时角和地方真太阳时，特别是发生日食时，日食全过程以及各阶段的位置和时刻，均可连续记录下来。仰仪解决了以前观测太阳时观测者光芒刺眼的苦恼，使仰视观测变为俯视观测，这些仪器在当时世界上是十分先进的。

《授时历》是我国古代的一部优秀的新历法。根据新历法推算出的节气，比较准确，因而对农业生产帮助很大。

郭守敬在天文、数学方面的科学著作很多，有《推步》《立成》《历议拟稿》等，可惜现在都已失传了。

在水利工程技术方面，郭守敬也有光辉的成就。至元二十八年（1291 年）春，他担任都水监长官，负责整修已经荒废的大都至通州的运河。他经过实地考察后，决定引白浮泉水解决了河水的来源问题，用了一年多时间疏通了这条运河，定名为通惠河。为了解决由于河床倾斜坡度造成运行的困难，他在这条运河上每隔 10 里设置一个闸门，在距离闸门半公里的地方又置斗门，使船只得以顺利通过。这样，从杭州到大都的大运河完全通航了，过去每年从南方运来的粮食到通州后就要陆运，驴马死伤不可胜数，此时通行无阻了。

郭守敬在科学技术上取得的成就是多方面的，他一生坚持不懈，亲自从事科学实验，并善于吸取前人的科研成果，因而取得了更大的成就。一直到 86 岁那年他去世时为止，他始终没有中断自己的工作，真可以说把毕生精力献给了科学事业。

王祯和《农书》

元代农学著作十分丰富，流传至今有名的农书，这就是官方司农司所编的《农桑辑要》、王祯《农书》和鲁明善的《农桑衣食撮要》。这里我们讲的是王祯和他的《农书》。

王祯是山东东平人，由于他的生平活动史料记载很少，我们只知道他曾做过两任县官：元贞元年（1295 年）任安徽旌（jīng）德县的县尹，在职六年；大德四年（1300 年）任江西永丰县尹。据《旌德县志》记载，他当县官时，生活比较俭朴，办学校，修桥梁，施医药，认真劝农，做了不少好事，受到当地人民的称赞，是封建时代的"清官"。

元朝的大统一，为全国各地经济文化的交流创造了条件。由于各族人民辛勤劳动，农业生产的恢复和发展是很迅速的。在这样的情况下，人们渴望有一部总结和指导全国农业生产技术经验的农书，这是很自然的。有这样的社会需要，才促使王祯下功夫去研究农业技术，总结农业生产经验，写出这部《农书》来。他认为：农业是天下的大本。一夫不耕，就要挨饥；一女不织，就要受寒。作为一个地方官，应该熟悉农业生产知识，否则就不能担负起劝导农桑的职责。为了写好《农书》，他平常很注意农事，仔细观察，用心考察和积累农业知识，大约在永丰任职二年后，完成了该书的初稿，后来又花了 10 年时间进行修改补充，到了皇庆二年（1313 年）时才正式付印出版。

《农书》的内容主要分三大部分：第一部分是《农桑通诀》，第二部分是《百谷谱》，第三部分是《农器图谱》。《农桑通诀》可以说是农业总论。内容包括农业史、授时、地利、耕垦、耙劳、播种、锄治、粪壤、灌溉、收获，以及植树、畜牧、蚕桑等方面，是非常系统和完整的。关于"授时"和"地利"：王祯很重视"不违农时"，认为播种一定要适合农时，不能错过时机；他对各地的气候、地形、土壤等自然条件作了比较，认为农作物应该根据环境不同而有所不同，提出了选择适宜于环境的作物和工具以及改造自然的主张。关于"播种"，他认为选种很重要，并介绍和推广占城稻等优良品种；他还主张实行多种经营和作物轮种。关于"粪壤"，他列举了大量肥源，并认为施肥是提高地力、改造土壤的关键。关于"灌溉"，他的基本思想是"天时不如地利，地利不如人事"。就是说依靠兴修水利等人事努力，可以克服天灾而夺得农业丰收，因此他特别强调灌溉的作用，具体介绍了引水的方法、南方围田和圩田的建设。

王祯在这里还主张推广北方的"锄社"来解决农忙时劳动力不足的问题。

《百谷谱》分别叙述各种农作物、菜蔬、瓜果、竹木等的种植培养法。这一部分主要是介绍农作物品种，其中最值得我们注意的是棉花的推广。元朝时棉花主要产于南方，后来北方和西北也渐渐种植，但当时有人以"风土不宜"为理由，认为北方不宜种植。王祯觉得这种看法是错误的，他说：种不好棉花是因为种植不认真、不得法造成的，于是他在书中详细介绍了种植的方法，并断言：种植棉花，南北方都可以获利。

《农器图谱》是《农书》中最有创造性的部分。书中绘出各种农具，农业机械图和田制、农舍、灌溉工程、运输工具、纺织机具图共 306 幅，每幅图后面都有一段文字说明，描写这种工具的构造、来源、演变和用法。其中许多是当时最新式的农具和器具。如出现了用四牛拉的犁，节省施肥工序的下粪耧耘式耧车，割荞麦用的推镰和灌溉用的牛转翻车、高转筒车等。

我国古代历来有编写农书的优良传统，但是还没有一部书能从全国范围的角度来总结农业生产经验。后魏贾思勰的《齐民要术》虽然很有价值，但还仅仅限于黄河中下游一带；南宋陈旉的《农书》也只限于江浙一带；元初的《农桑辑要》主要也是北方地区的。而且这些农书离开王祯那个时候已经有几十年或者几百年了。王祯这部书兼论南北，对南北农业技术和农具的异同、功能进行分析比较，这在中国农书编写史上还是第一部。

王祯不仅是一位杰出的农学家，也是一位杰出的机械设计师和印刷技术革新家。东汉杜诗制造的利用水力鼓风来炼铁的"水排"，到元朝时已经失传，王祯经多方搜访，加以研究、改进，把古人用皮囊鼓风改用木扇（简单的风箱）鼓风，对提高冶炼技术有重大意义。王祯还创制了木活字，并且成功地把它用来印刷。他在旌德县撰写《农书》时，估计到字数很多，雕版有困难，就亲自指导木工花了两年时间，制造了3万多个木活字，并试印了他自己编写的《旌德县志》，全书有6万多字，只用了一个多月时间就印了100部，效果很好。王祯把这次造木活字的方法与排版、印刷经验，写成《造活字印书法》附在《农书》后面。他发明的"转轮排字盘"，工人只要坐着推动转盘，就可以拣字，大大节省了印刷工人的劳动强度。

当然，由于时代的局限，王祯书中难免一些迷信色彩。但是，王祯的《农书》是通过对劳动人民的接触，通过自己的实践而写出来的。书中流露出对劳动人民的同情和朴素的唯物主义思想。他说："种田太艰难了！那些高高在上的统治者们却不知道衣食从何处来的，只知道享受，不知道农夫农妇的苦，反而对他们拼命地剥削和压榨！"书中还多次强调了"人定胜天"的思想，《农书》始终是一部杰出的科学著作，王祯也不愧为中国古代杰出的农学家、科学家。

《农桑辑要》和《农桑衣食撮要》

元代虽是马上民族建立的，但是，他们入主中原后，吸收汉文化，十分重视农耕。元代农学方面颇有成就。除了王祯的《农书》外，还有两部比较重要的农学著作。这就是《农桑辑要》和《农桑衣食撮要》。

至元二十三年（1286年）元朝向全国颁行《农桑辑要》。该书是为了推广先进的农业技术，由司农司组织农业专家于1273年编写的，它吸收了13世纪以前的农业耕作经验。全书共分7卷，包括典训、耕垦、播种、栽桑、养蚕、瓜菜、果实、竹木、药草、孳畜等10个部分。典训主要是介绍我国古代有关农业的传统习惯和重农言论；耕垦主要是介绍整地技术和丰产经验；播种、瓜菜和药草等部分讲各类农作物和果木的栽培技术；孳畜是介绍家畜的饲养技术。最后还有"岁用杂事"排列了农家12个月的主要农业生产以外的行事历。

《农桑辑要》是继《齐民要术》之后我国的又一部重要的农书。书中有20多种农作物是《齐民要术》没有记载的，加之对农业技术的推广，是我国农业发展史上的一件大事。

至顺元年（1330年）元代农学家鲁明善撰成农学专著《农桑衣食撮要》。

共二卷。按月令记述我国各族人民的农事活动。该书对于耕种方法和饲养技术等有比较详细的记载。全书分为十二个月，每个月应种应收什么农作物，栽种什么树木，家畜应注意什么，怎样贮藏蔬菜，如何腌制肉类等，都一一详细记载。其记录以中原地区农事为主，兼及西北少数民族地区的农业和畜牧业经验，记述了牧羊种、造酥酒、晒干酪等方法，具有明显的民族特色。也反映了我国各民族在生产方面的相互渗透和相互吸收。

纺织家黄道婆

黄道婆出生在一个穷苦农民的家庭里，家住松江乌泥泾（今上海市徐汇区）。她的生卒年代和身世没有详细记载，大约生活在13世纪中叶的南宋末期和元朝初期。她的名字也没有留下来，后人称她为黄道婆或黄婆婆。

黄道婆从小受尽苦难生活的熬煎，被迫给人家做童养媳。在她18岁那年，再也不能忍受这牛马般的生活，决心逃跑。有一天夜里，黄道婆在茅草屋上挖了个洞，逃到黄浦江边，悄悄躲在一艘即将远航的海船中。这样，她一直漂流到远离故乡的海南岛崖州（今广东海南黎族、苗族自治州崖县）。

黄道婆生活的时代，正是植棉业传到江南的时候。棉花自印度传入我国，经过南、北两路：南路，经过南洋的国家，传入现在的云南。约在公元1至2世纪之间的东汉时代。云南的少数民族哀牢人当时生产出一种名叫"白叠花布"的纺织品。这是我国植棉、织布的最早记录。北路，传入西域（今新疆），约在公元5至6世纪的南北朝时代。

上海地区的植棉业，是由南路传进的。首先传入乌泥泾，种植在一块名叫"八千亩"的地方。随着棉织技术逐渐被人掌握，棉织品很受群众欢迎。因此，黄道婆很小就学会纺织技术。不过当时乌泥泾的棉纺织技术，是非常落后的。

黎族地区自11世纪（北宋中期）以后，就已大量种植棉花，棉纺织业也有所发展。在南宋周去非所著的《岭外代答》一书中，介绍纺织情况："取其茸絮，以铁筋碾去其子，即以手握茸就纺，不烦缉绩，以之为布最为坚善"。当时生产的棉织品种类很多。赵汝适在《诸蕃志》中记载黎族："妇人不事蚕桑，惟织吉贝（棉花）花被、缦布、黎幕"。光是往南宋都城临安（杭州）"进贡"的，就不下20多种，还能织出坚厚的兜罗棉、番布、吉布等多种棉纺织品，其中被染成各种彩色的"黎单"（宽幅床单）、"黎饰"（幕布）等，更为精美，远销内地。在这样的环境中，黄道婆虚心向黎族姐妹学习，很快就掌握了全套的操作技术，成为技术高超的纺织能手。

元朝建立后，江南地区的生产逐渐恢复，经济有了好转。但是，乌泥泾的棉纺品技术仍处于落后状态，随着人们对棉布需要的日益增加，亟待解决的问题就是生产工具的改进和生产技术的提高。正在这时，黄道婆从崖州回来了。

黄道婆在黎人织布技术基础上，发明创造了从轧籽、弹花到纺纱织布全过程的新生产工具，确立了一套较完整的生产工序。

第一道工序：轧棉去籽。原来人们一直用手剖去籽的方法，手指极易疲乏，工作效率很低。黄道婆创造了轧棉搅车，用4块木板装成大框，上面树立两根木柱，高度在一尺五寸左右，柱头镶在一根方木下面，柱的中央装着两个曲柄转轴，利用两轴间相互碾轧，将棉籽从棉絮内排挤出来。

第二道工序：弹花。用4尺多长，强而有力的绳弦竹弓替换了原来一尺四寸长、弹力轻微的线弦小竹弓。用弹椎敲击弓弦开棉，代替指拨弦弹花，保证了成纱质量。

第三道工序：纺纱。她创造了一种3个纺锭的脚踏纺车，比原来手摇一个纺锭的纺车劳动强度减轻了，生产效率提高数倍。

第四道工序：整经和织布。她改进了原先所使用的投梭织布机，能织出各种美丽的棉布。

黄道婆的纺织技术普遍地传播。乌泥泾靠棉织为生的增到千余家。"乌泥泾被"闻名全国各地。我国人民就是从那时开始普遍穿棉布衣服的。

黄道婆热心地教当地妇女"错纱配色""综线挈花"，深受尊敬。她在人民心中留下了不可磨灭的印象。她去世后，当地人民怀着悲痛的心情埋葬了她。后人为了纪念她，又给她立过祠。直到现在，当地人还用歌谣歌颂着她。黄道婆对纺织技术的革新和推广，反映了我国古代各族人民对生产经验的交流，具体地说明了劳动群众创造了古代社会的文明。

黄道婆对纺织技术的革新和推广，为我国棉纺织业的发展做出了突出贡献。

元朝学校教育与科举制

社学属于正规教育之外的教育面广泛的一种社会教育。它是元代教育中一个极富特色的教育形式。

元代规定每社设立一所学校，选择通晓经书者为学校的老师，在农闲时教农民子弟读书。社学的建立大大加强了对农民的文化教育和农桑耕种技术的传播，有利于朝廷的统治。社学出现以后发展极为迅速，到至元二十三年（1286年），各种学校已达20166所。两年之后增至24400余所。社学发展盛况空前，二十八年（1291年），诸路设立学校之数为21300多所。

元代的私人教学因受统治者鼓励而得到充分发展，私学不仅促进了一般教育，还补充了学校教育的不足，更有意义的是私学促进了专门学术研究的发展。

元代史传中记载了许多靠家学和自学成才的人物，如雷膺、许谦等，反映了元代家学和自学从师现象的普遍存在。私人办学在元朝也较为普遍，如董士选曾聘名儒虞集的父亲虞汲在家塾中教导子弟等，在少数民族及西域诸族居住地区，私人办学者也不少。据《元史》记载，蒙古族的月鲁不花，因受业于韩性先生，"为文下笔立就，灿然成章"。元开国之初，成吉思汗的孙子蒙哥曾命其弟在征服西域的过程中，把西域著名天文学家送到国内，请其讲授。他还注意学习西文教学，是我国最先接触和翻译欧几里得《几何原本》的人。可见元代各民族学者在兴办私学、研究科学文化方面都表现出极高的热情。

元代作为一多民族国家，其文化教育在民间以私学的形式广泛展开，内容丰富，教育涉及专业技术、宗教、音乐美术等多个方面，反映了多民族国家多元化共同发展的繁荣景象，为统一国家教育事业的发展，做出了积极的贡献。

皇庆二年（1313 年）十一月，元廷下诏科举取士。

元初，科举制度没有受到重视，仁宗即位后，命中书省议行科举，于十一月正式下诏科举取士，定于 1314 年正式实行。

元朝的科举考试，一般是每 3 年举行一次，共举行过 9 次。分为乡试、会试和殿试三层。乡试于当年 8 月举行，蒙古人、色目人试经问、策问二场，汉人、南人试明经、古赋、策问三场。全国共设乡试会场 17 处，从考生中选出 300 人参加第二年在大都举行的会试，会试科目与乡试相同。从中选出 100 人，其中蒙古人、色目人、汉人和南人各 25 名，以参加殿试。根据考试结果分为 3 等，每等从这四类人中各选 1 人，后增至 3 人。进士及第，封六品官；第二等赐进士出身，封七品官；第三等赐进士出身，封八品官。

元朝建筑艺术

元代建筑最有代表性的要算道教建筑永乐宫和元中都城的建成。

元代对道教十分尊奉。全真派道士丘处机往中亚晋见成吉思汗，宣传教义及为政之道，深得成吉思汗欢悦，给予道教免赋役的特权。自此道教势力大盛。忽必烈时虽曾一度受到排斥，但自此之后直到元末，道教与其他宗教一样受尊奉。元代道观祠庙建造很多，元大都的东岳庙、河北曲阳北岳庙德宁殿和山西洪洞水神庙都是元代著名的道教建筑。其中位于（今山西省永济市）的永乐宫就是元代道教建筑中的典型代表。

永乐宫是元代道教全真教的三大宫观之一，原位于黄河边的永乐镇。传说八仙之一的吕洞宾就在这里出生，那里的山川非常秀丽。永乐宫的建造前后共同用了 110 年的时间，从定宗二年（1247 年）修建大纯阳万寿宫，后来改称永乐宫，然后逐步建成各主体殿堂，到至正十八年（1358 年）完成各殿中的壁画为止，差不多经历了整个元代。

永乐宫中的三清殿建筑最为宏伟壮丽，殿中奉祀三清神像，画阔 7 间，进深 4 间，长 28.44 米，宽 15.28 米，殿中四壁绘制着巨型壁画"朝元图"。殿中为扩大空间采用了减柱法建造，仅后部设有 8 根金柱，其余均省去不用。用黄蓝琉璃制作的层脊上有两只高达 3 米的龙吻，造型生动，非常引人注目。无极门又称龙虎殿，原为永乐宫的宫门，后部明间台阶退入台基内呈纳陛形制，造型非常罕见。纯阳殿又名混成殿，内有吕洞宾像，故又称吕祖殿。最后是纪念全真教祖师王重阳和他的弟子的重阳殿，也称为七真殿。纯阳殿和重阳殿壁面均分别绘制吕纯阳、王重阳生平故事的壁画。

永乐宫建筑规模十分浩大，原来在永乐宫周围还建有许多祠庙，但现在只剩下了永乐宫一处。永乐宫沿中轴线依次布置宫门、龙虎殿、三清殿、纯阳殿、重阳殿 5 座殿堂，除宫门是经清代改建外，其余 4 座殿堂均保持着元代时的建筑风貌，组成了一组雄伟、浩大的道教建筑群。

永乐宫的 4 座元代建筑在建筑上和艺术上均取得了巨大成就。其一是它在总体布局上突破了中国古代建筑的廊院式结构，在同一条轴线上布置殿堂，使空间关系主次分明。其二是它采用了减柱法等一系列革新手法，扩大了建筑空间，对明清的建筑技术产生了重大的影响。三是它的殿中保存了大量元代彩画，彩画的构图和色彩运用均有许多创新。四是各殿中共有 960 多平方米的巨幅壁画，题材多样，色彩绚丽，在建筑史、绘画史中都极为罕见。尤其是三清殿中的"朝元图"壁画，泰定二年（1325 年）由马君祥等人绘制而成，描绘了诸神朝拜元始天尊的故事，以 8 个帝后像为中心，周围有金童、玉女、星宿、力士等共 286 尊，场面开阔，气势恢宏。这些壁画都成为我国古代壁画中的经典佳作。

中都城建设，发扬了中国传统建筑术，建筑结构和形式承袭宋代旧制，但在砖石结构、材料和装饰方面有所创新。又采用了许多兄弟民族的建筑造型，并创造了完全新的式样。在宫廷布局方面进一步发展了"千步廊"。城市恢复了宋以前的坊里封闭制度。城东西两面相当于今北京旧城东西城墙，南抵今东西长安街，北抵今德胜、安定门外土城旧址。都城规模宏大，宫殿壮丽，为当时世界少有的大城。《马可波罗行纪》描绘当时北京的景象是"城中有壮丽宫殿，复有美丽官邸""全城规划有如棋盘，其美善之极，未可言宣"，"世界诸城，无能与比"。

明　朝

（1368—1644 年）

明初诸案

胡惟庸案

朱元璋自建明朝始就在考虑废丞相之职。胡惟庸案成为其废丞之由。

胡惟庸，凤阳定远人，是最早跟随朱元璋的文臣之一。他是明朝第一个也是唯一的一个"平民"丞相。胡惟庸独居相位4年。朱元璋对于胡惟庸那套借君主的好恶以报个人恩怨的奸臣手法是洞若观火。朱元璋让他当丞相，是因为他可供利用。

利用存在隔阂仇怨的人互相监督，是朱元璋惯用的权术。洪武七年（1374年）六月，他将汪广洋从广东召回来，任命为左御史大夫。果然有个叫韩宜可的不怕死的御史，上章弹劾胡惟庸与右御史大夫陈宁、御史中丞涂节擅作威福。朱元璋假装大怒，说他诬陷大臣，抓进锦衣卫关起来。不久却又将他放了，并没有治罪。洪武十年（1377年）十月，朱元璋提升胡惟庸做左丞相，让汪广洋做右丞相以牵制胡惟庸，翌年四月，朱元璋命礼部定奏章式样，禁天下奏事关白（报告）中书省，不知胡惟庸的自我感觉如何。第二年七月，吉安侯陆仲亨、江夏侯周德兴、宜春侯黄彬在临清练兵地被逮捕回南京。其中，陆仲亨与胡惟庸的关系密切。

这些迹象说明朱元璋在中书省问题上将有重大行动。这时，发生一件胡惟庸的儿子在大街上骑马横冲，跌落下马，被过路马车轧死的事件。胡惟庸不由分说把马车夫捉住，擅自杀了。朱元璋见他如此专横，甚为生气，要他偿命。到洪武十二年九月发生了占城（今越南南部）贡使事件。占城贡使到南京进贡，把象、马赶到皇城大门口，让守门的宦官发现了，报告给朱元璋。朱元璋一听，大怒，命令将胡惟庸和汪广洋抓起来，关进监狱，说他们蒙蔽欺君。二位丞相不愿承担罪责，认为接待贡使是礼部的责任。朱元璋遂将礼部的官员也统统关了起来。

两相入狱，御史们才彻底明白皇上的意思，便纷起攻击胡惟庸擅权植党，祸乱朝廷。御史中丞涂节为了保命，揭发胡惟庸毒死刘基的事，并说当时汪广洋任左御史大夫，是知情人。朱元璋对这件事很敏感，若是把事情的真相暴露了，对自己不利，便横下一条心，要大开杀戒。他先是逼迫汪广洋自杀，然后采取刑讯逼供，让涂节编织了一个胡惟庸结党造反的口供，于是株连蔓引，许多人都被牵连进去。到洪武十三年正月，将胡惟庸、涂节、御史大夫陈宁都给杀了，同时宣布废除中书省，将六部尚书的品级由三品升为二品，改组御史台与都督府。御史台改称察院，只保留监察御史，后来调整为都察院。都督府改组为前、后、中、左、右五军都督府，分别统管各地的卫所。

蓝玉党案

蓝玉党案是胡惟庸案的继续。蓝玉，凤阳定远人，英勇善战，深得朱元璋器重。但在其功高位显之时，蓝玉在 4 件事情上引起了朱元璋的不满，一是不把朝廷命官和朝廷制度放在眼里，二是逼奸元王妃，三是说过燕王朱棣的坏话，四是权力欲过强。这最终导致了其杀身之祸。

洪武二十六年，锦衣卫指挥蒋瓛告蓝玉谋逆，蓝玉下狱被杀。吏部尚书詹徽曾奉旨参与审讯。蓝玉不肯认罪，詹徽呵斥，要他从速招来，不要株连他人。蓝玉大呼："徽即臣党。"于是，詹徽由执法官变成阶下囚。还有些士人，仅仅因为是蓝玉的家庭教师，或仅仅因为替蓝玉题画，也作为奸党被杀。当然，追究蓝党，主要的目标是勋臣。朱元璋颁《逆党录》，布告天下，有国公 1、列侯 13、伯 2、都督 10 余人列名其中。被治罪的勋臣，许多与蓝共过事。因蓝玉案被杀的人数达 15000 名。

通过胡、蓝党案，勋臣武臣被扫除殆尽。洪武年间封侯，也就在 50 人左右，两案即除去 30 多人。朱元璋为了巩固朱氏家庭的统治，同时也是为了平息新兴贵族地主集团同社会各个阶层之间的矛盾，有必要进行反对勋臣的斗争。但杀人太多，造成朝中无将的局面，对以后的政治斗争产生的影响也是他始料不及的。

空印案和郭桓案

洪武中期，曾发生两大事件，则完全是针对文职系统官员的。

首先是空印案。明朝的地方官员每年到户部送核钱粮、军需等事时，必备空白文书。采取这一办法，解决了地方官府的困难，但也确实产生欺瞒和不负责任的后果。洪武十五年（1382 年），朱元璋发现了这个情况，下令严办，凡携带空白文书的衙门，主印者处死，佐贰官以下发戍边区。实际上，被杀的不止掌印官，稍有牵连者，就会被处死。

对滥杀官吏，太子朱标持有不同的看法。朱元璋要他复讯案犯，许多人被减罪免罪。朱元璋曾问御史袁凯，在这件事情上，他与太子谁对？这是很难回答的问题，稍有不慎，便会有性命之虞。多亏袁凯聪慧，想出两句得体的话："陛下法之正，东宫心之慈。"朱元璋听了感到很舒服，依从朱标减免的要求。但细想起来，袁凯这人持议两端，过于圆滑，厌恶之心难免生出。为了保命，袁凯不得不佯装疯癫。

空印案风波未平，郭桓案又起。洪武十八年，有人告发户部右侍郎郭桓与北平布、按二司官员李彧、赵全德等人勾结贪污，朱元璋下令治六部左右侍郎以下京官及有关地方官员罪，死者达数万人。郭桓究竟如何与北平官吏行奸，很难说清。据朱元璋后来公布的材料看，郭桓贪污有两个数字。一个数字是有关浙西地区的，该地区秋粮应收 450 万石，郭桓等仅收 60 万石，收钞 80 万锭，折抵 200 万石，另有 190 万石未收，而令浙西各府出 50 万贯钞，"各分入己"。一个数字是关于全国的。郭桓盗卖 3 年来军卫积粮约 700 万石，如果加上其他各仓，以及各布政司伙同郭桓等所盗卖的仓粮，总数在 2400 万石。

即使按 190 万石或 700 万石来说，数字也是相当可观了。追论起赃物，只得说某亲朋好友家若干，某殷实富家有若干。全国各地许多大、中地主被牵连进去，抄家问罪，"中人之家多破产"。

文字狱

明初对用字的避讳很多，如不用"元"字，洪武元年改写成洪武原年。朱元璋过分看重字词的使用，在更多的情况下，不是出于礼仪的规定，而是出于他本人的特殊心理。有人因用了他所忌讳的字词，而招来杀身之祸，这种情况叫"文字狱"。

文字狱的残忍，不仅"千古所未有"，其荒谬绝伦之处，已到匪夷所思之境地。凡上奏表中有下列文辞者，皆被杀："作则垂宪""垂子孙而作则""仪则天下""建中作则""圣德作则"因为"则"音若"贼"，朱元璋有心病，故以为是讽刺他曾为贼。另外的如："睿性生知""天下有道"被解释"生"为"僧""道"为"盗"。而"藻饰太平"被解为"早失太平"，皆处斩。杭州教授上表有"光天之下，天生圣人，为世作则"的话，太祖"览之大怒曰：'生者，僧也，以我尝为僧也，光则薙发也，则字音近贼'，遂斩之"。有位远方僧说来自"殊域"，太祖认为"殊"分开为"歹朱"，也被砍头！尚有以言语得祸者。太祖微服出访，有个老姬称皇帝为"老头儿"，结果那一带的居民都被抄家。有人绘一大脚女怀中抱一西瓜，贴在墙上。因朱元璋常自称"淮西布衣"，马皇后是天足，故被释污辱皇后为淮西大脚，搜主绘者不得，屠其街坊。

文字狱是朱元璋在思想统治上走向极端的产物，特别集中地表现出朱元璋的多疑性格和复杂心理。

南北榜案

洪武三十年（1397 年）丁丑科考试，是开科以来第六届。翰林院学士刘三吾、吉王府纪善白信蹈为考官，于会试考生中选取中第的 51 人，都是长江以南地区的士人。正试中，定闽县陈郏、吉安尹昌隆、会稽（今浙江绍兴）刘谔为一甲。北方诸生，大概还有那些落第的南方诸生议论纷纷，齐声说：刘三吾是湖广茶陵（今属湖南）人，取士有私，偏向同乡。朱元璋命翰林院侍读张信、侍讲戴彝等 12 人复阅落第试卷，每人 10 份，取文理优异者，但选中的试卷又很不理想。有人宣称：刘三吾勾结张信等人，故意挑选不好的试卷进呈。朱元璋怒，兴狱治罪：刘三吾年老，被谪戍，张信、白信蹈论死；陈郏不得入翰林院，授礼宾司仪署丞，并且终因此案被杀。朱元璋亲自阅卷，取中 61 人，六月廷试，以韩克勤、王恕、焦胜为第一甲。

这科会试两次张榜，一次在三月，一次在六月，一次中第的都是南士，另一次中第的都是北人，故称"春、夏榜"，又称"南、北榜"。

后来，出现了按南、北比例取士的趋势。仁宗洪熙元年（1425年），以10分为率，南人取6，北人取4。再后，又分为南、北、中卷，北卷包括北直隶、山东、山西、河南、陕西；中卷包括四川、广西、云南、贵州及南直隶的凤阳、庐州2府、和滁州、徐州、和州3州；南卷包括浙江、江西、福建、湖广、广东及南直隶除凤阳等2府3州以外的地区。以百人为率，规定南卷取55名，中卷取10名，北卷取35名。这是宣宗宣德年间（1426—1435年）以后的事情了。划分地区规定取士比例，使朱元璋取天下士的思想得以制度化。

靖难之役

朱棣是明太祖朱元璋的第四子。洪武三年（1370年）四月封为燕王，治理北平。十三年开始进驻封地。受太祖特许，王邸用元旧宫殿。由于北平毗邻蒙古，因此为防御元残余势力侵扰，故特诏配以精锐重兵，归其指挥，以拱卫京师，并任傅友德为将军，指挥军队听其节制。同秦王樉、晋王枫分道督诸将北征。后因秦、晋二王久不出师，只有燕王率傅友德军多次出塞征伐，直抵迤都山，生擒敌将乃儿不花等；又时常巡边，筑城屯田，建树颇多，是明初军功最显著的塞王之一。

洪武二十五年（1392年），皇太子朱标病死，朝廷经多次商议，以标子允炆为皇太孙，做皇位继承人。对此，朱棣颇为不满。朱允炆天资聪敏，但却生性怯懦，优柔寡断。太祖每令对诗多不符合旨意。一次，太祖出句"风吹马尾千条线"，他竟答以"雨打羊毛一片毡。"太祖非常不高兴。恰好当时朱棣在场，乘机对曰："日照龙鳞万点金"。对仗工整，气势雄壮，太祖一听非常高兴，连称"好对语！好对语！"因此对棣倍加宠爱，曾一度萌发更换皇位继承人的念头。经翰林学士刘三吾劝谏："若此，将置其二兄秦王、三兄晋王于何地？"太祖终于为遵守传统礼法稳定政局，方才作罢。虽如此，但却在无形中诱发起了朱棣谋夺皇位继承权的欲望。且当初诸王封国时，太祖曾决定给每王配置一学问僧为师傅，以辅佐其行事。洪武二十八年（1395年），僧道衍向棣毛遂自荐，声称"大王如能用我，当奉一顶白帽子给你戴！""白"字加在"王"字上恰恰便是一个皇帝的"皇"字，隐喻"保你做皇帝"！这正迎合了朱棣心意，朱棣十分高兴。不久，燕王果然请求允许以道衍为自己师傅，并赐名姚广孝，时常出入燕邸。广孝才智过人，燕王得其辅佐，如虎添翼，更加助长了其谋取皇位之心。企图试探一下姚的心意特出句："天寒地冻，水无一点不成冰。"姚马上对以"国乱民愁，王不出头谁作主"。二人会心一笑，于是靖难之谋便定了下来。

洪武三十一年（1398年）闰五月，太祖驾崩，皇太孙继位，是为建文帝，史称明惠帝，以明年为建文元年。燕王棣赴京奔父丧，但行至淮安，便接到朝廷关于"诸王临国中，毋到京师会葬"的"遗诏"。棣甚恼火，想必是建文宠臣齐泰、黄子澄等改了诏书，但实情不明，只好暂时返回。

同年七月，建文帝果然颁布了"削藩"令，并首先从朱棣同母弟周王橚开刀。先派大将军李景隆统兵到了封地逮捕朱橚到京，不久便废为庶人，全家发配云南。朱棣见周王被抓以后，完全证实了齐、黄用事。于是便挑选壮士为护卫，以"勾军"为名，广招"异人术士"。这时，齐王榑、代王桂等也相继被削，湘王柏甚至被迫自焚而死。随后，朝廷更下令"今后诸王均不得节制文武官员"，更进一步限制诸王权力。这就更迫使朱棣高度警惕，加紧练兵，准备起事。

十一月，有人向朝廷告发燕、齐有变。建文帝问黄子澄"是谁当先"？子澄答："燕王虽久称病，实则整日练兵，广招能人，反意已明，宜急图之。"齐泰也说："今有蒙古入寇警报，正好以防边为名，派将驻开平，悉调燕藩护卫兵出塞，去其羽翼，便可图之。"于是命工部侍郎张昺为北平布政使，谢贵为都指挥使，观察如有所举动，便进而图之。恰当此时，燕王妻弟徐辉祖也曾告燕王密谋的原因，被加太子太傅，与李景隆同掌六军协谋攻取燕。

建文元年（1399年）正月，燕王派长史葛诚入京奏事。葛竟把实情都报告给了朝廷，并愿充当内应。返回后，燕王见他脸色有异，心疑之。二月，借拜见新帝之机，燕王亲赴京城密察虚实，以谋对策。当时，户部侍郎卓敬密奏建文帝说："燕王智虑绝人，酷类先帝，而北平又为强干之地，金元兴起之所，应徙封南昌以绝祸根。"建文帝读过后起身，第二天召敬问："燕王骨肉至亲，何得说此？"敬答："隋文、杨广非父子耶？"沉默了一会，曰："卿勿再说。"于是，当燕王返回后，建文还是一度派耿瓛掌北平都司事，景清任北平布政司参议，监视燕邸动静。不久，又派都督宋忠以备边为名，率兵3万，并调燕府护卫精锐归忠指挥，驻扎在开平；用耿瓛在山海关练兵，徐凯在临清练兵；密敕张昺、谢贵严加戒备，对燕府形成包围之势；（宋忠）又釜底抽薪，悉调燕骑指挥关童入京师。朱棣深知朝廷用意，入觐回来后便装病卧床，愈来愈重。四月，太祖逝世周年之日，燕王派世子高炽暨弟高煦、高燧为代表赴京祭祀，以"令朝廷勿疑"。齐泰请求留下燕世子为人质。黄子澄则坚决主张放回，以免燕王疑。当高炽等返回后，燕王开始大喜："吾父子复得相聚，天助我也。"于是更能加紧暗地里练兵，而表面上却佯装疯癫，有时满街乱跑，狂呼乱喊，抢人酒食，时而卧地不起，甚至盛暑围着火炉发抖，喊"冷极"。从而使朝廷侦知逐渐相信。六月，正在双方都紧锣密鼓的备战之际，燕府护卫百户倪谅竟逃往京师，向朝廷告发燕王谋反。建文集团则以此为由，下诏斥责燕王不忠，下令逮捕朱棣及其官属。密令张昺、谢贵速围燕府，并多次敕燕府旧人北平都指挥使张信，前往逮捕燕王。张信在其母劝阻和感召下反戈一击，提前告知棣。棣遂令护卫指挥张玉率壮士800入城守卫。不久，圣旨到。七月，谢贵、张昺围攻燕府，飞矢入内，要燕王逮所属官，自动投降。朱能以"交割所逮官属"

为名，邀请贵、旵入府。当二人到后，棣设宴进上新瓜以招待。棣持瓜怒斥说："百姓还知道宗族相恤，我身为天子亲属，却时时想置我于死地。朝廷既如此，我还有什么事不可干？"猛然摔瓜为号，护卫军纷纷上前，生擒贵、旵，并痛击内奸卢振、葛诚。燕王大声说："我有何病？实是朝中的奸臣和你们这些人逼的呀！"于是，燕王亲手杀了二人，围解。

七月初五日，燕王正式誓师，援引《祖训》中"朝无正臣，内有奸逆，必举兵诛讨，以清君侧之恶"条文，以"诛齐泰、黄子澄"为名，起兵靖难。取消了建文年号，仍称洪武三十二年。设置官属，任张玉、朱能、丘福为都指挥佥事。第二天，留郭资辅世子守北平，亲率大军抵达通州，指挥房胜不战而降。用张玉计，攻下了蓟州、遵化，解除后患，然后又向南推进。一场以夺皇位为实质的武装斗争开始了。十六日，燕王以"居庸险隘，北平之咽喉，我得此，可无北顾忧"，挥军攻占据庸，转攻怀来，开平、龙门、上谷、云中守将望风归降。燕王又攻克了永平，克滦河，直趋南下。由于北平多年一直为基地，因此附近州县卫所，一呼百应，士气旺盛，并有鞑靼兵马为后盾，南方宫中还有太监为内应，朱棣不仅兵精粮足，而且对建文集团内动静虚实，了如指掌。加之指挥得当，又有姚广孝等能者相助，出谋划策，因此在斗争中始终处于优势地位。建文集团相反，虽位居正统，兵众粮足，但因建文帝生性怯懦迂腐，缺乏魄力，处事优柔寡断，易信谗言。因此先后任用耿炳文、李景隆分镇真定、河间。结果，耿先大败于真定，困守孤城；李代耿后，虽乘燕军攻大宁之机而围攻北平，但在北平军民合击下又大败，逃回德州。建文无奈，答应罢免齐泰、黄子澄的兵权（实则仍典兵如故），以求罢兵。燕王知有诈，不听，继续进攻德州。建文二年（1400 年）四月，燕王连续攻下德州、济南，景隆只身走。唯铁铉、盛庸代景隆坚守济南，燕军久攻不下，只好暂回北平。由于守城有功，铁铉升为兵部尚书，盛庸升历城侯。九月，盛庸受命北伐，以副将军吴杰进攻定州、都督徐凯屯驻沧州，自己固守济南，以逸待劳；而燕王则佯攻辽东，暗渡直沽直捣沧州，破城捉凯，大获全胜。但在东昌大战中，勇将张玉战死，燕王也因有建文诏戒，敌将"莫敢加刃"，几次化险为夷。在这次战役中，幸运的是有朱高煦援救，方转败为胜。

建文三年（1401 年）二月，燕王自撰文隆重祭奠张玉等阵亡将士，以鼓舞士气。三月，夹河大战，开始盛庸主力遭到惨败，退守德州。建文又佯诏"窜逐齐泰、黄子澄于外，令有司籍其家，以谢燕人"，实则命齐、黄外出募兵勤王。燕王识破其计策，连下顺德、广平，名义上表达迎降。八月，攻破保定，解了北平之围，回师京都。此间，燕王起兵 3 年，仅得永平、大宁、保定等地，且有得有弃，死伤较重；而南军分布广，也时有告捷，因此朝廷开始松懈。又因建文御宦官极严，宦官多恨建文而欲拥立燕王，京城虚实详细密告于燕王。燕王决心尽快结束这场战争，于是打算破釜沉舟，决一死战，他不再随便攻城，而在十二月出师直奔金陵。

建文四年（1402年）正月，建文帝令魏国公徐辉祖主山东。燕军连续到达汶上、沛县，直捣徐、淮。三月，到了宿州，攻破萧县，大败明主将平安于小河。接着，同徐辉祖大战于齐眉山，自午至酉，难分胜负。骁将王真、陈文、李斌相继战死，兼之暑雨连绵，土湿多疫，诸将皆欲暂息。燕王认为"兵事有进无退，否则便会解体"。朱能也以"汉高十战九不胜，卒有天下，岂可有退心"来鼓舞战士，以迎接更大的决战！而建文集团却因暂时的小胜冲昏了头脑，听信谗言，以"京师不可无帅"为由，撤回徐辉祖，放松了戒备。燕王先用分兵进扰，使敌兵势力分割削弱，应顾不暇，然后乘敌将何福移兵灵璧就食之机，展开大战。四月初八日，燕王亲率诸将首先登城，军士紧跟其后。三声炮响，敌军以为是自己的信炮，纷纷争出，城门堵塞不得出，自相践踏，一片混乱。燕军乘机涌入，攻破其营，生擒平安、陈晖等大将，何福仅以身免，燕王大获全胜。与此同时，宋贵又成功截击了前往援助济南的辽军，并全歼其军，这样南军的势力更加衰弱了。五月，燕王连下泗州，拜了祖陵；巧渡淮水，取盱眙，乘胜直捣扬州，攻克仪征。于是建文帝又派使以"割地南北"议和。燕王称"凡所以来，为奸臣耳。得之，谒孝陵，朝天子，求复典章之旧，免诸王罪，即还北平。"并指出此议和实为"奸臣缓兵之计"，拒绝接受。议和未成之后，建文集团便自恃长江天险，打算募兵勤王，进行顽抗。

六月初一日，燕王汇集高邮、通、泰船于瓜州，向京城进发，在浦子口大败盛庸军，又得子高煦的援兵，势力盛极。一时朝臣多暗地里派使者向燕王献计充内应，前往增援前线的陈瑄，亦率舟师降了燕。燕军势力更加旺盛。初三日，燕王誓师渡江，舳舻相衔，旌旗蔽空，金鼓大震，声威浩荡，当时，盛庸列兵沿江200里迎战。燕王指挥诸将先登，以精骑数百冲入敌军阵营，庸师溃，单骑逃走，余众都投降。随后移师长江咽喉镇江，守将不战而降。此时举朝震惊。建文除令谷王穗、安王楹分守都门外，又派遣李景隆和诸王反复同燕王求和。燕王仍以"欲得奸臣，不知其他"为由，盛宴后送回。建文帝无计，方孝孺坚请守城待增援。齐泰、黄子澄分别奔赴广德州、苏州逃难征兵，都没有取得成效。十一日，燕军进入朝阳，谷王和景隆献出金川门，朝廷文武都迎降。建文帝左右仅剩数人，于是关闭了所有的后妃宫，纵火焚之。在烈火中，建文帝不知去向。

朱棣入宫后，进行大肆报复行动。建文谋臣齐泰、黄子澄、方孝孺先后被磔，诛灭九族。拒草"即位诏书"的方孝孺和藏刀上殿行刺的景清，更祸灭十族，不仅株及九族，连门生之门生，姻亲之姻亲，均不放过，史称"瓜蔓抄"。前后被杀者数以万计，镇压十分残酷。

七月初一日，朱棣正式登基，史称明太宗（嘉靖时改谥"成祖"），以明年（1403年）为永乐元年，升封地北平为北京，改京师为南京，统一了明代南北两京之制。一切恢复太祖时旧制。"靖难之役"就此宣告结束。

明成祖迁都北京

明太祖的军队打到北京以后，元顺帝跑掉了，元朝失去了在长城以内地区的统治权。尽管如此，元顺帝的军事力量、政治机构都还存在。因此，他经常派遣军队往南打，要收复失地。他认为这个地方是他的，他们已经统治了八九十年。而当时明朝的都城是在南京。为了抵抗蒙古的进攻，明太祖只好把他的许多儿子封在长城一线做塞王。可是现在情况变了，明成祖自己跑到南京去了；此外，原来封在热河的亲王叫宁王，宁王部下有大量蒙古骑兵。明成祖南下争夺帝位之前，先到热河，见到宁王就绑票，把宁王部下的蒙古骑兵都带过来了。他利用这些蒙古骑兵作为自己的军事主力，向南进攻取得了胜利。从此之后，他就不放宁王回热河，而把他封到江西去。这样一来，在长城以北原来可以抵抗蒙古军进攻的力量便没有了。原来他自己在北京，现在自己到了南京，因而就削弱了明太祖时代防御蒙古军进攻的力量，防御线有了缺口，顶不住了。因此，他不能不自己跑到北京来指挥军队，部署防御战。因为他自己经常在北京，当然政府里的许多官员也都跟来北京，北京慢慢变成了政治中心。于是他开始修建北京，扩建北京城，大体上是根据元朝的都城来改建的。元朝时北京南边的城墙在哪里呢？在现在的东西长安街。明朝就更往南了，东西长安街以南这个地区是明朝发展起来的，德胜门外 5 里的土城是元朝的北城。明朝往南缩了 5 里，明成祖营建北京是有个通盘安排的，他吸取了过去多少朝代的经验。所以街道很整齐，几条干线、支线把整个市区划成许多四四方方的小块。有比较完整的下水道系统，有许多中心建筑。从明成祖到北京以后，前后 30 多年，重新把北京建成了一座名城。和这个时期的世界其他各国比较，北京是当时世界各国首都中建筑比较合理、有规划的、最先进的城市。没有哪一个国家的首都比得上它。有人问：北京还有外城，外城是什么时候建筑的？外城的修建比较晚，是在 1550 年蒙古军包围北京的紧急情况下，为了保卫首都才修建的。但是因为这个工程太大，只修好了南边这一部分，其他部分就没有修了。至于现在的故宫、天坛那些主要建筑，也都是在那个时代打下的基础。应该说明，现在的故宫并不是原来的故宫，认为明成祖修的宫殿一直原封未动地保留到现在是错误的。故宫曾经经过多次的扩建和改修。过去三大殿经常起火，烧掉了再修。起火原因很简单，就是太监放火。宫廷里有许多黑暗的事情，太监偷东西，偷到不可开交的时候，事情包不住了，就放火一烧了事。烧掉了再修，反正是老百姓出钱。明清两代宫廷里经常闹火灾就是这个道理。故宫的整个建筑面积有 170000 平方米左右，光修故宫就用了 20 年的时间。我们人民大会堂的建筑面积是 174000 多平方米，比整个故宫的有效面积还大。明朝修了 20 年，我们只修了不到 1 年的时间，这个比较是很有意思的。由于从明成祖一直到明英宗连续地营建北京，政治中心就由南京转到北京来了，北京成为国都了。

以北京作为一个政治、军事的中心，就近指挥长城一线的军事防御，抵抗蒙古族的军事进攻，保证国家的统一，从这一点来说，明成祖迁都北京是正确的。但是，仅仅只把政治、军事中心建立在北京还是不够的。当时东边从辽东起，西边到嘉峪关止，敌人从任何地方都可以进来。当然，从山海关往西有一道万里长城。可是城墙是死的，没有人守还是不能起作用。所以，必须要在适当的军事要点布置强大的军事力量。因此，明朝政府在北方沿边一线设立了所谓"九边"，而"九边"是逐步发展起来的。开始只建立了 4 个镇，即辽东、宣府、大同、延绥。跟着又增加了 3 个镇：宁夏、甘肃、蓟州。以后又加上太原、固原 2 镇。这 9 个军事要塞，在明朝合称"九边"，是专门对付蒙古族的。每一个军事中心都有很多军队，譬如明朝后期，光在蓟州这个地方就有 10 多万军队。

九边有大量的军队，北京也有大量的军队。这些军队吃什么呢？光依靠河北、山东、山西这几个地区的粮食是不够供应的，必须要从南边运粮食来。要运粮食，就要有一条运输线。当时没有公路、铁路，只能通过运河水运，把东南地区的粮食集中在南京，通过运河北上。一年要 300—400 石粮食来北京养活这些人。所以运河在当时是一条经济命脉。这种运输方法，当时叫做漕运。为了保护这条运输线的完全，明朝政府专门建立了一个机构，派了十几万军队保护运河沿线。明朝是如此，清朝也是如此。

把军事、政治中心放在北京，北方的问题解决了。可是发生了另外一个问题：南方发生了事情怎么办？于是就把南京改为陪都。陪都也和首都一样，除了没有皇帝之外，其他各种组织机构，北京有一套，南京也有一套。北京有六部，南京也有六部。因为南京没有皇帝，便派一个皇帝亲信的人做守备。当时的大学叫国子监，国子监也有两个：一个叫"北监"，一个叫"南监"。北监在北京，就在孔庙的旁边。北监、南监都刻了很多书，叫北监本和南监本。当然，陪都和首都也有区别，首都的六部（吏、户、礼、兵、刑、工，六部的部长叫尚书，副部长叫侍郎）有实权，而陪都的六部没有实权。所有的事情都集中在首都办。南京的这些官清闲得很，没有什么事情可做。这些人大都是些政治上不得志的人，在北京站不住脚，有的年纪大了，做不了什么事，就要他到南京去做一个闲官，有饭吃，有地位，可是没有什么事情可做。我们研究这个时代的历史要了解这一点。那么，他在南方搞一套机构的目的是什么呢？第一，以南京为中心来保护运河交通线；第二，以南京为中心，加强对南方人民的统治。南方各个地区发生了人民的反抗斗争，就可以就近处理、镇压。

明成祖迁都北京，这不但是抵抗蒙古族南下的一个最重要的措施，同时也为北京附近地区生产的发展、文化水平的提高、都市的繁荣创造了有利的条件。